Einmal Palästina und zurück

Ein jüdischer Lebensweg

The Berlin International Center for the Study of Antisemitism (BICSA) /
Studien zum Nahen Osten, Band 4
(Herausgeber: Dr. phil. Clemens Heni)

Karl Pfeifer

Einmal Palästina und zurück
Ein jüdischer Lebensweg

Berlin: Edition Critic, 2015

Impressum
Druck: CS, Charleston (NC), USA
ISBN 978-3-9815919-2-7 (Buch)
ISBN 978-3-9815919-3-4 (E-Book)
Umschlaggestaltung (Frontcover): Kahane Design, Berlin
18 Abbildungen
Publiziert im März 2015

Neuausgabe

Die erste Ausgabe dieses Bandes erschien in der Edition Steinbauer, Wien, im Jahr 2013. Herzlichen Dank an die Edition Steinbauer für die Überlassung der Abdruckrechte. Leicht überarbeitete Ausgabe.

Weitere bibliographische Angaben bei der Deutschen Nationalbibliothek, www.dnb.de

Bestellen Sie im Buchhandel, online oder direkt beim Verlag:
Edition Critic
E-Mail: editioncritic@email.de
Fax: +49 (0)3212 1415566
Tel.: +49 (0)30 4209 6371
Postanschrift:
Sophie-Charlotten-Str. 9–10
14059 Berlin
www.editioncritic.de

Inhalt

Vorwort 7
Zum Geleit: Ein bewegtes Leben. Von Mary Kreutzer und Thomas Schmidinger 8
Kindheit in Baden 11
Erste Erfahrungen in Ungarn 24
Schwierige Jugendjahre in Budapest 34
Januar 1943 – Abschied von Europa 45
Ein neuer Lebensabschnitt beginnt 56
Noar Gimel im Kibbuz Schaar Haamakim 66
Der Zweite Weltkrieg geht zu Ende 79
Freiwillig im Palmach 90
Der Bürgerkrieg beginnt 104
Kampf um die Unabhängigkeit 118
Die Wende im Krieg und der Kampf um den Negev 132
Nach dem Krieg und Rückkehr nach Europa 145
Nachwort: Karl Pfeifer, bevor ich ihn kennenlernte. Von György Dalos 157
Glossar 159
Literaturverzeichnis 161

Vorwort

Viele Tausende Bücher wurden über die Ereignisse der dreißiger und vierziger Jahre des vergangenen Jahrhunderts geschrieben. Warum also noch ein Buch?

Die Antwort auf diese Frage ist nicht einfach, wie ja auch meine Geschichte, die ich erzähle, nicht einfach ist. Ohne mich auf ein Tagebuch zu stützen, mit nur wenigen Fotos und Briefen aus dieser Zeit, mache ich den Versuch, meine Erfahrungen so zu beschreiben, dass spätere Erkenntnisse als solche gekennzeichnet sind.

Seit Ende des Zweiten Weltkriegs stelle ich mir selbst oft die Frage, wie war es möglich, dass Du überlebt hast, wenn so viele Deiner nächsten Angehörigen ermordet wurden?

Mit dieser Frage werden Überlebende bis heute konfrontiert, oft geht damit eine Umkehr des Prinzips der Unschuldsvermutung einher.

Ich erlebte eine glückliche Kindheit in Baden bei Wien und verstand erst Jahrzehnte später, wieso meine Eltern nostalgisch an die Habsburgmonarchie zurückdachten und nach dem Anschluss ausgerechnet nach Ungarn flüchteten.

Die Erfahrung, die ich damals machte, plötzlich eine neue Sprache lernen zu müssen, machen heute viele Kinder, doch mit dem Lernen der ungarischen Sprache sollte ich auch – nach dem Wunsch meiner Eltern – eine neue, ungarische Identität erwerben.

Wie aus mir kein Ungar wurde und wie es mir mitten im Zweiten Weltkrieg, im Januar 1943, gelang von Budapest nach Haifa zu kommen, meine Jugend im Kibbuz sowie als Freiwilliger ab 1946 im Palmach und ab 1948 in der israelischen Armee, schildere ich im vorliegenden Buch ebenso meine Rückkehr nach Österreich im September 1951.

Obwohl ich nie Staatsbürger war, fühle ich eine tiefe Verbundenheit mit Israel. Auch deshalb war es mir wichtig, meine Geschichte, die eng mit der Staatswerdung Israels verknüpft ist, zu beschreiben.

Wenn schon die Gegenwart oft mit einem Zerrglas betrachtet wird, dann geschieht dies im gesteigerten Maß mit der Umschreibung der Geschichte des 140 Jahre alten Konflikts zwischen Juden und Arabern im Heiligen Land. Ich bemühe mich zu schildern, *„wie es eigentlich gewesen ist“*. Meine Herangehensweise ist natürlich subjektiv, doch die Fakten stimmen und ich versuche diese aus der Zeit heraus zu erklären. Dabei begnüge ich mich nicht mit meinen eigenen Erinnerungen, sondern habe auch die Erkenntnisse von Historikern einfließen lassen.

Zum Geleit: Ein bewegtes Leben.

Von Mary Kreutzer und Thomas Schmidinger

Karl Pfeifer kämpfte gerade in einer zermürbenden gerichtlichen Auseinandersetzung gegen eine extrem rechte Wochenzeitung. Da sich aus der österreichischen Presse kaum jemand dafür interessierte, landeten wir schließlich nach einem der Verhandlungstage mit ihm und seiner Frau Dagmar in einem Kaffeehaus und kamen so zum ersten Mal in den Genuss, einige Geschichten aus dem bewegten Leben eines Mannes zu hören, der zwar der Generation unserer Großväter angehörte, die österreichische Geschichte des 20. Jahrhunderts aber aus einer völlig anderen Perspektive erzählte als unsere Vorfahren. Dass Karl Pfeifer seinen Rechtsstreit mit dieser Zeitschrift bis zur letzten Instanz ging und schließlich beim Europäischen Gerichtshof für Menschenrechte doch noch gewann, hat sicherlich mit seiner trotzig-widerspenstigen Kraft und Überzeugung im Kampf gegen Faschismus und Antisemitismus jeglichen Couleurs zu tun.

Für uns war Karl aber von Anfang an auch ein geistreicher und witziger Geschichtenerzähler, dessen Leben so viel von der österreichischen, ungarischen und israelischen Geschichte abbildete, dass wir ihn schon seit Jahren dazu drängten, endlich seine Autobiographie niederzuschreiben.

Da er sich hartnäckig gegen solche Vorschläge wehrte, blieb uns nichts anderes übrig, als gemeinsam mit Maria Pohn-Weidinger und Ingo Lauggas selbst Hand anzulegen und zu seinem achtzigsten Geburtstag durch einen Film zumindest einige seiner Erzählungen für eine breitere Öffentlichkeit zugänglich zu machen. Für uns ergaben sich im Zuge der Drehaufnahmen einzigartige Begegnungen mit seinen Jugendfreunden in Israel, die bei Karls Besuchen geradezu wieder jung zu werden schienen. Naftali Lissauer-Ayalon, der Karl damals in Budapest für die linkszionistische Jugendbewegung Schomer Hazair „organisiert" hatte, konnte uns in Haifa noch von Karls jugendlicher Begeisterung für Zionismus und Sozialismus berichten; und Jusuf Ben-Porat, der Jugendleiter seiner Schomer-Gruppe in Budapest, erzählte uns von der zionistischen Erziehung, die er für Karl und die anderen zur Vorbereitung auf die Alija organisiert hatte. Auf den Plastiksesseln vor einem Kaffeehaus am Tel Aviver Kikar Rabin, nur wenige Meter von dem Ort entfernt, an dem am 4. November 1995 Itzak Rabin ermordet wurde, schwelgten der damals neunzigjährige ehemalige Jugendleiter und sein ehemaliger Schützling in Erinnerungen an die geheimen Treffen der Jugendlichen im vom deutschfreundlichen Horthy-Regime beherrschten Ungarn.

Da neunzig Minuten aber nicht einmal für jene Geschichten ausreichen, die Karl bei einem einzigen Heurigenbesuch erzählen kann, freut es uns umso mehr, dass er sich nun doch entschlossen hat, ein Buch über seine Kindheit in Baden bei Wien, die Flucht seiner Familie aus Österreich, den rettenden Kindertransport aus Ungarn nach Palästina und seine Beteiligung am israelischen Unabhängigkeitskrieg zu verfassen.

Dieses Buch ist auch deshalb von großer Bedeutung, weil viele Angehörige unserer Generation heute gar nicht mehr wissen, dass es die zionistische Linke war, die den Aufbau Israels vorangetrieben hatte und sich der überwiegende Teil jener Männer und Frauen, die diesen Staat gründeten als fortschrittliche Sozialisten und teilweise sogar Kommunisten verstanden hatten, die sich selbst im Kampf mit dem britischen Imperialismus sahen. Gerade im Palmach, in dem Karl diente, verstanden sich die Elitesoldaten und -soldatinnen der späteren israelischen Armee als Vorhut des Fortschritts.

Die heute in der politischen Landschaft Israels weitgehend marginalisierte Linke war in den 1940er-Jahren der Träger des Zionismus. Der zionistische Revisionismus spielte nur eine geringe, die nationalreligiösen Bewegungen fast überhaupt keine politische Rolle. Dementsprechend waren auch die politischen Sympathien der Linken in Europa andere als heute. Während heute große Teile der Linken weltweit Israel ausschließlich als Aggressor beurteilen, sahen sozialdemokratische und kommunistische Parteien nach der Schoa in den Bemühungen des Jischuvs, einen jüdischen Staat in Palästina zu gründen, einen fortschrittlichen Akt der Entkolonialisierung. Die Position des damaligen sowjetischen Vertreters und späteren Außenministers Andrei Gromyko in der Debatte über die Teilung Palästinas im November 1947, dass nur die Schaffung zweier souveräner Staaten die *„legitimen Forderungen des jüdischen Volkes"* erfüllen würde, von dem immer noch *„Hunderttausende ohne ein Land nur in kurzfristigen Unterkünften und speziellen Camps in einigen westeuropäischen Ländern leben"*, wurde bei der Gründung Israels von der überwältigenden Mehrheit der Linken weltweit mitgetragen. Erst nach dem Sechstagekrieg 1967 und mit der Besatzung des Westjordanlandes, des Gaza-Streifens und des Golans sollten sich die Sympathien großer Teile der europäischen Linken ändern.

Gerade weil diese Perspektive der linkszionistischen Staatsgründer Israels heute in Vergessenheit zu geraten droht, sind die persönlichen Erinnerungen von Karl Pfeifer nicht nur spannend zu lesen, sondern auch von einer unschätzbaren historischen und politischen Bedeutung. Hier schildert einer der letzten dieser Gründergeneration seine persönlichen Erlebnisse in den Kämpfen des israelischen Unabhängigkeitskrieges. Dass er dies aus seiner eigenen subjektiven politischen Perspektive tut, zugleich aber mit einer notwendigen historischen Kontextualisierung versieht, macht dieses Buch umso wertvoller. Dabei wird keine scheinobjektive Geschichtsschreibung suggeriert, sondern ein Zeitzeuge berichtet über das, was er erlebt hat, wie er es selbst gesehen hat und wie er es aus heutiger Perspektive beurteilt.

Diese Perspektive ist selten geworden, was nicht nur mit der politischen Rechtsentwicklung Israels und dem langsamen Ende der Generation der Staatsgründer zu tun hat, die zugleich die Generation der Überlebenden der nationalsozialistischen Konzentrations- und Vernichtungslager ist. Diese Perspektive liegt auch quer zu einer ethnisierten und religiösen Deutung des Nahostkonfliktes, wie sie in den letzten zwanzig Jahren überhand genommen hat.

Was eine Fortsetzung dieser Erinnerungen für die Jahrzehnte nach Karl Pfeifers Rückkehr nach Österreich allerdings auch noch zeigen würde ist, dass es durchaus relevant ist, was ein Einzelner tut, wenn sich dieser Einzelne nicht opportunistisch mit den Gegebenheiten abfindet.

Kindheit in Baden

„*Sei immer stolz ein Jude zu sein*". Diese Aufforderung meines Bruders sollte mich ab meinem elften Lebensjahr zu Entscheidungen führen, die mein Leben retteten, in einer Zeit, die Juden scheinbar keinerlei Anlass zum Stolz bot.

In meinen Träumen erscheinen mir meine Eltern und Verwandten, die ihre Jugend in der „glücklichen alten Zeit" erlebten. Es war die Welt von Vorgestern, aus der meine Eltern kamen. Im Habsburgerreich aufgewachsen und von ihm geprägt, sprachen sie nostalgisch von der „Friedenszeit" und meinten die Epoche vor 1914. Dabei erinnerten sie sich vor allem an eine Liberalität, eine Humanität, eine Generosität und Sicherheit, die es damals auch gab. Die k. u. k.-Monarchie der Habsburger, die in den Nachfolgestaaten der Zwischenkriegszeit nachwirkte, wurde auch durch das mehrsprachige und mobile jüdische Bürgertum zusammengehalten. Meine Eltern gehörten diesem Bürgertum an, das sich nach 1918 plötzlich in verschiedenen Staaten wieder fand, die meisten Familienmitglieder in Ungarn. Sie sprachen Deutsch, lasen deutschsprachige Bücher und bewunderten die deutsche Kultur.

Mein Großvater väterlicherseits hieß Anton Pfeifer und wurde 1850 in Pressburg/Pozsony, dem heutigen Bratislava geboren, das damals zum ungarischen Teil der Monarchie gehörte. Es gibt eine Familienlegende, laut der mein katholischer Großvater als Gehilfe zu einem streng orthodoxen jüdischen Getreidehändler in Westungarn kam und sich in die Tochter verliebte. Als sie heiraten wollten, rief der Urgroßvater den Großvater zu sich und stellte ihn vor die Alternative: Entweder er konvertiere in Deutschland zum Judentum – in Ungarn war dies zur damaligen Zeit verboten –, dann bekäme die Tochter eine beträchtliche Mitgift und sie könnten heiraten. Oder die Tochter würde konvertieren und Katholikin werden, dann hätte er keine Tochter mehr, würde sieben Tage trauern, seinen Anzug zerreißen, Asche über sein Haupt streuen und die Tochter würde keinen Heller erhalten. Der Großvater überlegte nicht lange und wählte die erste Möglichkeit. Nach der Eheschließung ließ sich die Familie in Balatonboglár nieder. Großvater Anton sprach fließend Ungarisch, wie damals die meisten Pressburger, aber seine Muttersprache war Deutsch. Deshalb legte er sehr viel Wert darauf, dass seine drei Kinder, Gizella, mein 1882 geborener Vater Ludwig und der jüngste Sohn Arthur, Deutsch auf muttersprachlichem Niveau lernten. Alle drei absolvierten eine deutschsprachige Schule.

Von meinen Großeltern mütterlicherseits weiß ich sehr wenig. Sie hießen Buchwald und hatten fünf Kinder, Lajos, Ernö, József, Nelly und meine Mutter

Margit, die 1888 in Lepsény, nicht weit vom Balaton geboren wurde. Die Großeltern waren nicht sehr reich, aber sie ermöglichten ihren Söhnen eine gute Ausbildung.

Meine Eltern heirateten 1908. Im gleichen Jahr nahm mein Vater eine Stelle beim österreichisch-ungarischen Heer an und sie zogen nach Wiener Neustadt. Beide sprachen Deutsch und ein Umzug zwischen den einzelnen Landesteilen war während der Monarchie jederzeit möglich. Außerdem blieben sie in der Nähe der Familien in Balatonboglár und Lepsény. 1913 wurde mein Bruder Erwin in Wiener Neustadt geboren.

Bald darauf riss der Erste Weltkrieg die Familie auseinander. Mein Vater wurde 1914 zur ungarischen Armee eingezogen und kämpfte bis 1916 an der Front in Galizien. Nach einer Erkrankung an der Ruhr wurde er ins ungarische Hinterland versetzt, wo er bis Kriegsende blieb. Meine Mutter zog mit meinem Bruder nach Kriegsbeginn wieder zu ihrer Familie nach Lepsény, da es für sie im Kreis der Verwandten leichter war, mit den Härten des Krieges zurechtzukommen und sie auch in der Nähe meines Vaters sein wollte. Nach Kriegsende blieben meine Eltern erst einmal in Ungarn.

Nach dem Zerbrechen der Monarchie gab es in Ungarn eine kurzlebige demokratische Republik und ab 1919 die von Béla Kun angeführte kommunistische Räterepublik, die nur 133 Tage dauerte. Die Siegermächte des Ersten Weltkriegs hatten kein Interesse an einer Ausbreitung des Kommunismus in Mitteleuropa und unterstützten den konterrevolutionären Admiral Miklós Horthy bei der Niederschlagung der Räterepublik.

Die Tatsache, dass unter den Volkskommissaren Menschen jüdischer Abstammung überrepräsentiert waren, diente den Sondereinheiten Horthys als Rechtfertigung für Pogrome gegen Juden und Kommunisten.

Während der Monarchie hatten die meisten ungarischen Nationalisten die Ungarisch sprechenden Juden als zum „Ungarntum" zugehörig betrachtet, weil sie sonst in ihrer Reichshälfte in der Minderheit gewesen wären. Nach dem Ersten Weltkrieg sollte sich das radikal ändern. Der Weg ging – wie es Franz Grillparzer 1849 voraussah – *„von Humanität durch Nationalität zur Bestialität"*.

Wahrscheinlich führte auch dieser *weiße Terror* zu Beginn der Herrschaft von Reichsverweser Horthy dazu, dass meine Eltern nach Österreich zurückkehrten und die österreichische Staatsbürgerschaft erwarben.

Mein Vater vertrat als Reisender einen deutschen Wissenschaftsverlag am Balkan und in der Tschechoslowakei. Er besuchte Akademiker, die meistens in Österreich-Ungarn ausgebildet worden waren und verkaufte ihnen die neuesten Bücher dieses Verlages.

Anfang der zwanziger Jahre übersiedelten meine Eltern nach Baden bei Wien, wo sie ein Zweifamilienhaus erwarben. Hier wurde ich am 22. August 1928 im Zitaheim im Helenental geboren.

Abbildung 1: Haus Marchetstraße. Meine Eltern erwarben das Haus Anfang der zwanziger Jahre. Als die letzte Hypothek bezahlt war, mussten sie das Haus einem Ariseur für einen Spottpreis überlassen.

Weder die Familie meines Vaters noch die meiner Mutter noch meine Eltern selbst waren streng religiös. Alle waren sich aber ihres Judentums sehr bewusst. Es wäre nicht ohne Konsequenzen geblieben, hätte sich jemand in der Familie taufen lassen. In der Regel wurde dann jede Beziehung abgebrochen. Schon als Kind wurde ich ermahnt, mich nie taufen zu lassen. Selbstverständlich ging man zu den Feiertagen in die Synagoge. Mein Vater tat das auch am Samstag, wenn er in Baden war. Diese war ein richtiges Beth Haknesset, ein Haus der Zusammenkunft.

Es war der wöchentliche gesellschaftliche Treffpunkt der Badener Juden. Man beschäftigte sich nicht die ganze Zeit mit Beten, sondern wenn das Ritual es gestattete, tauschte man auch Meinungen und Neuigkeiten aus. Ich wurde immer mitgenommen und erinnere mich noch, wie zu Simchat Tora, dem letzten Fest im Herbst, die Damen aus dem ersten Stock Süßigkeiten für uns

Kinder herunterwarfen. Es war eine angenehme Atmosphäre und ich freute mich immer, wenn wir in die Synagoge gingen. Wir Kinder mussten nicht stillsitzen und durften im Hof miteinander spielen.

Gesellschaftlich waren die Badener Juden während der Ersten Republik – mit wenigen Ausnahmen – isoliert. Was nicht bedeutete, dass man sich auf der Straße nicht grüßte oder kein Gespräch führte. Aber meine Eltern hatten nur jüdische Freunde und ich nur jüdische Spielkameraden.

Behütet aufgewachsen, war ich als Nachzügler natürlich auch etwas verwöhnt. Von unterwegs brachte mein Vater mir oft ein Spielzeug mit und es war immer ein besonderes Erlebnis, gemeinsam mit der Mutter den Vater vom Bahnhof abzuholen. Meist fuhren wir dann mit einem Fiaker nach Hause. Zwischen seinen Reisen nahm mein Vater sich Zeit für mich und unterhielt sich viel mit mir. Allerdings war ich außerhalb der Schule fast nur mit Erwachsenen zusammen. Den nichtjüdischen Nachbarkindern erlaubten ihre Eltern nicht, mit mir zu spielen. In unserer näheren Nachbarschaft wohnten keine jüdischen Familien mit gleichaltrigen Kindern, so dass ich meine jüdischen Spielkameraden nur in der Synagoge oder bei Festen traf. Ich beschäftigte mich viel allein und las schon in der Volksschulzeit viel und gern. Sicher war ich deswegen auch etwas frühreif.

Meine Mutter hatte ein gutes Herz. Nie hat sie einen Schnorrer – die meisten kamen aus Polen und waren orthodox – abgewiesen. Ihr Papiergeschäft, das sich neben einer Schule befand, ging bald ein, weil sie nicht das Herz hatte, mittellosen Schülern die paar Hefte, um die sie baten, zu verweigern. Es war für sie auch selbstverständlich, nach dem Tod ihrer Schwester Nelly deren Tochter Juci in Baden aufzunehmen. Juci war ein paar Jahre älter als ich und wie eine große Schwester für mich. Sie besuchte in Wien die Hotelfachschule und sprach wie meine Mutter Deutsch mit einem ungarischen Akzent.

Baden war im Österreich der Zwischenkriegszeit ein Sonderfall. Im Gegensatz zu Wien, wo die meisten Juden die sozialdemokratische Partei wählten, gab es in der Kurstadt eine ungeschriebene Vereinbarung zwischen den Juden und der konservativen christlichsozialen Partei. Die *schwarze* Stadtverwaltung half bei Einbürgerungen und Gewerbegenehmigungen, dafür wählten die meisten Juden sie. Als einmal Anfang der dreißiger Jahre Mitglieder des in Baden außerordentlich starken Antisemitenvereins im Sommer einen internationalen Kongress abhalten wollten, sagte ihnen – so das Gerücht – Bürgermeister Kollmann: *„Seid's deppert? In der Saison können wir uns doch keinen Antisemitismus leisten!"* Nach dem Anschluss an Nazideutschland 1938 befand er sich im ersten *Österreichertransport* ins Konzentrationslager Dachau.

Noch gab es aber ein Mitteleuropa, noch wirkte eine gewisse Tradition der Habsburgermonarchie nach. Die Juden kamen gern nach Österreich, so auch unsere Verwandten aus der Tschechoslowakei, Ungarn und Jugoslawien, die jedes Jahr im Sommer ein paar Tage bei uns verbrachten. Der Zusammenhalt der Familie war sehr stark. Mit mir sprach man Deutsch, doch untereinander sprachen die Erwachsenen Ungarisch, wenn ich ihr Gespräch nicht verstehen sollte. Sie fuhren in der Regel am späten Nachmittag mit der Elektrischen, wie man die Badener Lokalbahn nannte, nach Wien und gingen ins Theater oder in die Oper. Einige Male fuhr ich mit meinen Eltern nach Bratislava. Sie benützten diesen Ausflug, um mich neu einzukleiden und neue Bata Schuhe zu kaufen, aber auch um gut essen zu gehen.

Zum Urlaub reisten wir in die Hohe Tatra oder an die Adria nach Jugoslawien, wenn wir nicht in das schöne Strandbad im nahen Helenental gingen, wo wir eine ständige Kabine hatten. Die Welt – so schien es – war noch in Ordnung. Obwohl meine Eltern sich nicht mit Politik beschäftigen wollten, beschäftigte sich diese intensiv mit ihnen. Nach der Machtübergabe an die Nationalsozialisten 1933 kamen die ersten jüdischen Flüchtlinge aus Deutschland und erzählten, was sie erlebt hatten. Meine Eltern waren überzeugt, im gemütlichen Österreich könne solches nicht geschehen. Dem immer gewalttätiger werdenden, in Österreich tief verwurzelten Antisemitismus begegneten sie mit: *„Die Suppe wird schon nicht so heiß gegessen werden, wie sie gekocht wird"*.

Aber die Zeiten waren nicht so, wie meine Eltern sie sich wünschten und vorstellten. In der Schule wurde ich fast täglich mit einem noch *gemütlichen* Antisemitismus konfrontiert. Freilich erzählte ich die entsprechenden Erfahrungen nicht zuhause. Ich weiß es nicht genau, aber es war sicherlich die Befürchtung dabei, dass man mir nicht geglaubt oder die Erlebnisse als nicht so kränkend empfunden hätte wie ich. Wahrscheinlich wollte ich einfach meine Eltern, insbesondere meine Mutter, nicht beunruhigen.

In meiner Erinnerung taucht eine oft durchlebte Situation aus meiner Volksschulzeit auf. Als jüdisches Kind musste ich während des katholischen Religionsunterrichtes das Klassenzimmer verlassen. In der darauf folgenden Pause beschimpften mich meine Mitschüler regelmäßig als *„Gottesmörder"* und warfen mir vor, *„den Heiland gekreuzigt"* zu haben. Ich wurde angerempelt und herumgestoßen. Der Katechet aber stand im ersten Stock am Fenster, blickte auf die muntere Kinderschar und lächelte gütig. Es schien mir damals, dass ich einer sehr harten Prüfung ausgesetzt war. Und doch musste ich nach dem Anschluss erfahren, um welch lächerliches Vorspiel es sich nur gehandelt hatte.

Mein Bruder Erwin, der 15 Jahre älter war, absolvierte von 1931 bis 1933 eine Buchhandelslehre in Wien. Seit seiner Kindheit war Erwin ein begeisterter Skifahrer, der einmal sogar eine Meisterschaft in Niederösterreich gewann.

Als er Mitglied im Alpenverein werden wollte, wurde ihm das aufgrund des Arierparagraphen verwehrt. Meinen Bruder schmerzte es, aber für Juden war in diesem angesehenen österreichischen Verein in den dreißiger Jahren kein Platz mehr.

Da eine gleichberechtigte Teilnahme am gesellschaftlichen Leben nicht möglich war, blieb die jüdische Jugend Badens – wie ihre Eltern – mehr oder weniger unter sich. So trat Erwin der jüdischen Jugendbewegung Betar bei. Diese zionistische Organisation hatte 1931 eine Gruppe in Baden gegründet und war rasch zur stärksten jüdischen Jugendorganisation in Baden geworden. Ein wichtiger Programmpunkt für Betar bestand in der Vorbereitung auf die Alija, die Einwanderung nach Palästina. Weil auf legalem Weg kaum noch Genehmigungen dafür zu erhalten waren, versuchte die Organisation die Einwanderung auf illegalem Wege zu organisieren. Auch aus Baden beschritten ab Mitte der dreißiger Jahre einige Mitglieder von Betar diesen Weg.

Betar war die Jugendorganisation der Revisionistischen Partei, die vom mehrsprachigen, aus Odessa stammenden Schriftsteller und Journalisten Zeev (Vladimir) Jabotinsky angeführt wurde. Im Jahr 1923 hatten die Briten die Gültigkeit der Balfour-Erklärung von 1917, mit der Juden ein nationales Heim im Heiligen Land zugesichert worden war, auf das Gebiet westlich des Jordans eingeschränkt. Es kamen weniger Einwanderer ins Land und die Besiedlung schritt nur langsam voran. Dies und erbitterte innere Streitigkeiten gefährdeten die Existenz der zionistischen Bewegung und es wuchs die Unzufriedenheit mit der offiziellen zionistischen Politik, der man Verrat am Erbe von Theodor Herzl vorwarf. Die rechtsstehende Opposition wurde von der Revisionistischen Partei angeführt.

Ein wichtiges Erlebnis für meinen Bruder war ein Kongress in Prag, wo er als Sekretär die Tasche von Zeev Jabotinsky tragen durfte. Die Partei und Betar träumten von einem jüdischen Staat, der eine Armee und selbstverständlich auch eine jüdische Flotte besitzen sollte. Italien war damals – Jahre vor den 1938 eingeführten Rassegesetzen – ein Vorbild für sie. Erwin zog es nach Italien, nach der Hafenstadt Civitavecchia in der Nähe Roms. Dort absolvierte er eine Marineschule, die nur jüdische Schüler hatte. 1935 erhielt mein Bruder das Fluss- und Küstenschifffahrts-Kapitäns-Patent. Erwin besuchte noch einmal Baden, um sein Patent anerkennen zu lassen und um sich zu verabschieden. Bei der nächsten Reise mit dem italienischen Schulschiff, das im Hafen von Jaffa anlegte, nützte er seinen Landurlaub, um illegal im Land zu bleiben. Sein Beginn war sehr schwierig und als der vom Mufti von Jerusalem, Hadj Amin el-Husseini, dem späteren Nazikollaborateur, angeführte arabische Aufstand 1936 begann, meldete mein Bruder sich als Hilfspolizist bei den

Briten und konnte so seinen Aufenthalt legalisieren. Damals trat Erwin auch der jüdischen Selbstverteidigungsorganisation Hagana bei.

Meine Eltern verfolgten die Nachrichten aus Palästina sehr aufmerksam. Im Vorzimmer unserer Wohnung hing die blau-weiße Büchse des KKL, des jüdischen Fonds zum Erwerb von Boden im Land Israel. Und unsere Gäste pflegten auch zu spenden. Wir besuchten mehrere Dokumentationsfilme über die Aufbauarbeit der Pioniere im Heiligen Land, die den Boden pflügten und gleichzeitig ein Gewehr trugen. Man sprach vom Zertifikat, der Erlaubnis, ins britische Mandatsgebiet Palästina einzuwandern. Mitte der dreißiger Jahre war Auswanderung für die meisten Badener Juden eine Möglichkeit, von der man jedoch hoffte, dass sie nicht notwendig werden würde. Aber die allgemeine Lage verschlechterte sich zusehends nicht nur in Deutschland, sondern auch in Österreich. Ich kann mich noch an den Kanonendonner im nahen Wien im Februar 1934, als das Bundesheer den sozialdemokratischen Schutzbund niederschlug, und an die Kerzen in den Fenstern nach der Ermordung von Bundeskanzler Dollfuß im Juli des gleichen Jahres erinnern.

Abbildung 2: Dritter Geburtstag 1931 im Badner Kurpark: Der Autor im Matrosenanzug.

Immer häufiger sprach man zu Hause von den Nazi, hoffte auf Mussolini, der damals die Stütze des klerikalfaschistischen Ständestaates war. Gleichzeitig glaubten die Erwachsenen, die Demokratien würden sich für Österreich einsetzen. Man dachte mit Nostalgie an die Friedenszeiten, als *„unser guter Kaiser"* noch lebte. Die Zeichen waren an der Wand, aber man wollte oder konnte sie nicht sehen. Immer mehr verfolgte, geflüchtete Glaubensbrüder aus Deutschland kamen zu uns. Die Eltern erschraken, wenn sie deren Klagen hörten. Doch sie waren sicher, in Österreich konnten die Nazi keinen Fuß fassen, die österreichische Maxime *„leben und leben lassen"* würde doch einen Anschluss verhindern. Und sagte nicht *„unser Kanzler"*, dass Österreich der bessere deutsche Staat sei?

Die Badener Juden wussten, wo ihr Platz war. Sonntags Vormittag gingen Christen in die Kirche, während Juden das Kaffeehaus am Josefsplatz besuchten. Manchmal durfte ich mitgehen und die dort aufliegenden Illustrierten anschauen. Nachmittags war das Kurkonzert im Kurpark angesagt, wohin man mich im Matrosenanzug mitnahm und mich ermahnte, absolut still zu sitzen. Meine Begeisterung für diese Art Musik wurde dadurch nicht gefördert.

Abbildung 3: Geburtstag 1934

Einmal am Sonntag in der Früh kroch ich zum Vater ins Bett und rieb mich an seiner unrasierten Wange. Er hörte die Nachrichten über den Bürgerkrieg in Spanien und im Radio wurde über *„die Roten"* und *„die Weißen"* gesprochen. Ich fragte meinen Vater, wer denn die Besseren sind. Er ließ mich versprechen, es keinem zu sagen und antwortete: *„Die Roten"*. Das Zutrauen meines Vaters, ein Geheimnis zu bewahren, erfüllte mich mit Stolz.

Das Jahr 1938 begann traurig. In den Jahren davor hatte ich zu Sylvester – das im Gegensatz zu den christlichen Feiertagen wie Weihnachten und Ostern auch von uns gefeiert wurde – aufbleiben dürfen. Wir hatten immer Gäste und einmal wurde sogar Blei gegossen. Im Radio gab es lustige Sendungen und um Mitternacht tranken die Erwachsenen ein Glas Sekt. Doch der Jahreswechsel 1937/38 wurde nicht gefeiert, die Eltern hörten besorgt Radio und ich musste früh zu Bett. Danach blieb für mich erst einmal alles noch beim Alten, die Schule war wie immer und an den freien Tagen ging ich Rodeln. Mein Vater war zu Beginn des Jahres wieder beruflich in der Tschechoslowakei unterwegs.

Zum Glück blieben einige seiner Briefe und Postkarten, die er meinem Bruder Erwin schrieb, erhalten. Sie spiegeln wider, wie mein Vater binnen vier Wochen seine Hoffnung verlor. Am 30. Januar 1938 schrieb er aus Aussig (Usti nad Labem): *„Ich danke Dir bestens für Deine in kluger Form dargebrachten Mitteilungen. Wir wollen hoffen, dass es niemals dazu kommen wird, dass die Juden in Österreich entrechtet werden! Ich bin zwar kein Optimist in dieser Hinsicht, aber meiner bescheidenen Meinung nach kann sich der kleine Staat keinesfalls solche Experimente erlauben als Nazideutschland!* [...] *Es ist sehr brav von Dir, dass Du für den Fall einer zwangsweisen Auswanderung uns beizustehen gedenkst, wofür ich Dir auch im Namen unserer Lieben danke. In diesem Falle, würden wir doch nicht mit leeren Händen ankommen, denn sowohl für das Haus als auch Einrichtungsgegenstände ein bedeutender Betrag herauszuschlagen wären. Ich wiederhole, dass ich mit Gott hoffe, dass es dazu nicht kommen wird!"*

Seine Hoffnungen erfüllten sich nicht und am 28. Februar schrieb er folgende Postkarte aus Bratislava: *„Denn wie Du aus den Zeitungen erfahren hast, bei uns jetzt das Spiel auf Leben und Tod geht. Wir haben nun ungemein große Angst trotz beruhigenden Worten von Schuschnigg. Ich befürchte, wenn nicht dringend von den Großmächten Hilfe kommt, wir das Spiel verlieren werden. Wir sind schmerzhafter Weise vollkommen ratlos. Wenn wir an das Vorbild der deutschen Glaubensgenossen denken, dann ergreift uns ein Grauen. Gebe der Allmächtige, dass sich alles zum Besseren wendet, denn diese unbestimmte Angst ist auf die Dauer nicht erträglich."*

Dann kam der Anschluss am 11. März 1938. Meine Mutter war in Panik und telefonierte verzweifelt mehrmals mit meinem Vater, der sich noch in der Tschechoslowakei befand.

Bereits am Abend des 11. März war das Badener Rathaus mit der Hakenkreuzfahne beflaggt und von der SA bewacht. Über Nacht veränderte sich die Atmosphäre in der gemütlichen Kurstadt radikal. Baden war eine kleine Stadt, man kannte die Juden persönlich. Unmittelbar nach dem Anschluss begannen die Übergriffe und Erniedrigungen auf offener Straße. Juden mussten nicht nur die aufgemalten Parolen von den Straßen waschen, sie wurden dabei auch beschimpft, bespuckt, getreten und geschlagen. Vor den Geschäften jüdischer Kaufleute wurden SS- oder SA-Wachen postiert, um potentielle Kunden abzuschrecken.

Im ersten Stock unseres Hauses wohnte Familie Weber, die aus dem Sudetenland stammte. Professor Weber unterrichtete Englisch, Deutsch und Latein am Bundesgymnasium in Baden. Ihre Tochter Herta arbeitete als Sekretärin in Wien und war ungefähr so alt wie mein Bruder. Ich kann mich nicht erinnern, dass zuvor Frau Weber mit meiner Mutter lange Gespräche geführt hätte. Doch jetzt kam sie zu uns, um meine Mutter zu trösten und um sie auf dem Laufenden zu halten. So berichtete sie über einen jüdischen Arzt, einen *„Roten"*, der während des Ständestaates Ausgesteuerte, das heißt diejenigen, die keine Arbeit hatten und keine Arbeitslosenhilfe mehr erhielten, gratis behandelte und nun ergötzten sich ausgerechnet einige seiner ehemaligen Patienten daran, wie er mit anderen Juden gezwungen war, die vaterländischen Parolen auf der Straße mit Lauge und Zahnbürsten zu entfernen.

Zum Glück erklärte sich Frau Weber bereit, die Einkäufe für meine Mutter zu tätigen. Ich wurde in der Schule krank gemeldet und durfte nicht aus dem Haus. Aus dem Radio dröhnten die nicht enden wollenden *„Sieg Heil"*-Rufe und die Sprechchöre *„Ein Volk, ein Reich, ein Führer"*. Dann sprach – nein schrie – der *„Führer"* und wieder die gleichen Sprechchöre. Ich hatte furchtbare Angst und dachte, die Menschen wären verrückt geworden. Es war eine Massenhysterie, die ich mir nicht erklären konnte.

Der Pöbel war entfesselt, gestern noch hoffnungslos und am Rand der Gesellschaft, heute schon Mitglied der Volksgemeinschaft und stolz darauf, Arier zu sein. Viele Polizisten holten sich das Hakenkreuzabzeichen unter dem Revers hervor und trugen es demonstrativ. Am Tag der Hitlerrede am Wiener Heldenplatz war die Fahrt mit der Badener Bahn gratis, damit auch jeder – der wollte – zum Jubeln hinfahren konnte. Die Stadt war wie leergefegt.

Immer noch gab es Juden, die die Schuld für diesen drangsalierenden Antisemitismus bei den Juden selbst suchten. So zum Beispiel Frau Ödenburger – eine Freundin meiner Mutter – die uns nach dem Anschluss besuchte und für den Antisemitismus die reichen Jüdinnen verantwortlich machte, denen sie vorwarf, ihren Schmuck ostentativ zu tragen.

Ein paar Tage nach dem Anschluss kam mein Vater zurück. Nun ging alles sehr schnell. Nachdem die letzte Hypothek auf unser Haus bezahlt war, mussten wir es verkaufen, natürlich weit unter dem Wert. Wie ich erst später erfuhr, bot mein Vater das Haus zuerst unseren Mietern an. Obwohl Professor Weber die finanziellen Mittel gehabt hätte, wollte er sich nicht an diesem Raubzug beteiligen. Schließlich kaufte ein stadtbekannter Nazi das Haus. Doch das Geld sahen meine Eltern nicht. Um das Land verlassen zu können, wurde unser ganzes Vermögen unter dem Titel *Reichsfluchtsteuer* kassiert. Eine positive Ausnahme in diesen schweren Wochen war der deutsche Verlag, der zwar meinen Vater nach dem Anschluss kündigen musste, ihn aber nicht in Österreich, sondern in Ungarn ausbezahlte, damit er das ihm zustehende Geld auch wirklich erhielt.

Meine Cousine Juci musste die Wiener Hotelfachschule – die judenrein sein wollte – verlassen. Im Besitz eines ungarischen Reisepasses konnte sie zwar sofort nach Ungarn zurück, aber ihre Berufsausbildung durfte sie nicht beenden. Sie nahm bei der Familie eines jüdischen Anwaltes in Budapest den Posten eines Kindermädchens an.

Meine Eltern führten endlose Gespräche auf Ungarisch. Sie wollten mich nicht mit ihren Sorgen belasten, doch selbstverständlich übertrug sich ihre Unruhe auch auf mich. Im April ging ich wieder in die Schule. Da verfolgten mich ein paar uniformierte ältere Hitlerjungen auf dem Weg nach Hause. Ich lief verzweifelt den Hügel hinauf und als ich am Zaun des Nachbarhauses in der Marchetstraße 55 ankam, erwischten sie mich: *„Saujud, sag Heil Hitler"*, riefen sie mir zu und einer drückte mir mit der Hand die Kehle zu. Ich war entschlossen lieber zu sterben, als das zu sagen. Doch ich hatte Glück, die Nachbarin, eine Adelige, kam heraus, versprach den Kerlen ein paar Ohrfeigen und die liefen tatsächlich weg. Die Dame fragte mich nach meinem Namen und wo ich wohne. Als sie erfuhr, dass ich in der unmittelbaren Nachbarschaft zu Hause bin, nahm sie mich an der Hand, läutete und erklärte meiner erschrockenen Mutter, dass sie mich nicht mehr allein in Schule gehen lassen dürfe. Ab dem nächsten Tag musste ich zuhause bleiben. Mein Lehrer hatte meiner Mutter geraten, mich aus der Schule zu nehmen, da er für meine Sicherheit nicht mehr garantieren konnte. Weil ich ein guter Schüler war, bekam ich schon vorab mein Abschlusszeugnis für die vierte Volksschulklasse. Ich durfte das Haus und den Garten nicht mehr verlassen. Die meiste Zeit verbrachte ich mit Lesen meiner Karl May Bücher. In ihnen ging es noch gerecht zu, die Guten siegten und die Bösen wurden besiegt.

Ende Mai oder Anfang Juni 1938 – die Kirschen waren schon reif – stieg ich auf den Kirschbaum. Plötzlich war der Himmel von Wolken bedeckt, man konnte Donner aus der Ferne hören, ein Gewitter stand bevor und ich haderte mit Gott, ja stritt seine Existenz ab und forderte ihn heraus. *„Wenn es Dich gibt, dann sende einen Blitz, der mich treffen soll"*. Doch es geschah nichts. Meine Mutter rief mich zum Mittagessen. Ich brüstete mich, etwas im Garten entdeckt zu haben. Mein Vater fragte mich lächelnd, was ich denn entdeckt hätte, und naiv wie ich war, antwortete ich: *„Es gibt keinen Gott"*. Er gab mir eine schallende Ohrfeige und wieder sprachen meine Eltern unter sich Ungarisch. Ich träumte davon, zu meinem Bruder Erwin zu gelangen, der damals Hilfspolizist war. Er hatte mir zum neunten Geburtstag eine Karte mit den Worten *„Sei immer stolz ein Jude zu sein"* geschickt. Diese Karte beeindruckte mich nachhaltig. Erwin und vor ihm die meisten Zionisten, die aus assimilierten Familien kamen, machten sich Sorgen um den Eindruck, den Juden in den Augen der Nichtjuden hinterließen. Sie dachten in Kategorien wie Ehre und Stolz. Theodor Herzl überlegte sogar einen Orden *„Ritter der Judenehre"* zu schaffen und postulierte: *„Die Welt soll ja durch uns etwas kennen lernen, was man seit 2000 Jahren nicht für möglich hielt: Die Judenehre."* (Herzl, Theodor: S. 114)

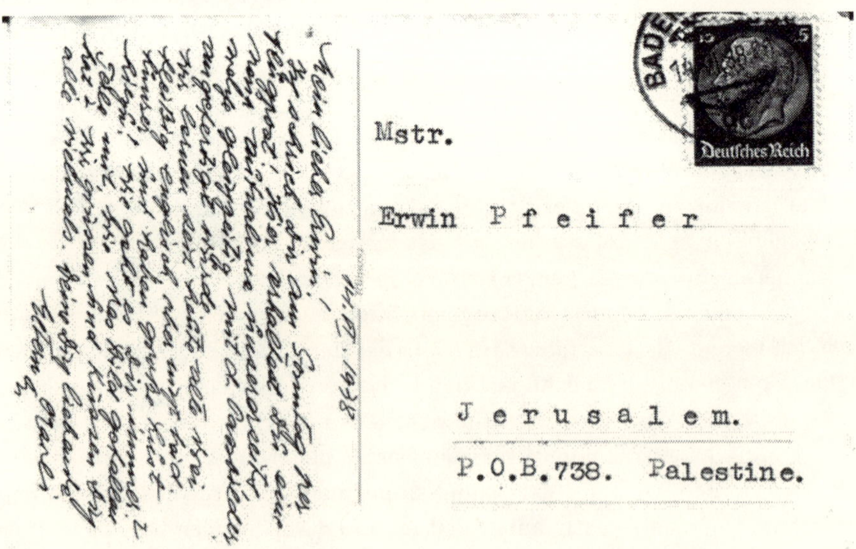

Abbildung 4: Postkarte an Bruder Erwin in Jerusalem vom 14. Juni 1938

Wie sehr wollte ich damals stolz sein auf mein Judentum, später – denke ich heute – rettete die Erinnerung an diese Ansichtskarte mein Leben. Doch 1938 gab es keinen Anlass zum Stolz. Dieser allein hätte auch nicht genügt. Ich fühlte, diejenigen, die uns so beschimpften, konnten nicht Recht haben. Ich war doch nicht anders als sie. So wie Erwin in einer jüdischen Umgebung zu sein, malte ich mir in den schönsten Farben aus. Mein Bruder war außer Stande uns zu helfen. Um ins Heilige Land einwandern zu können, hätten meine Eltern 1000 englische Pfund für ein *Kapitalisten-Zertifikat* gebraucht. Vielleicht hätten wir diese Summe aufbringen können, aber mein Vater war damals 56 Jahre alt und befürchtete, keine fremde Sprache mehr erlernen zu können. Er hatte im Ersten Weltkrieg in der ungarischen Armee gedient und fühlte sich auch als Ungar. Wir hatten Verwandte in Ungarn und der Gedanke lag nahe, in das Geburtsland meiner Eltern zurückzukehren. Offiziell und legal durften Juden, die keine ungarische Staatsbürgerschaft besaßen, nicht mehr nach Ungarn ziehen, auch wenn es ihr Geburtsland war. Aber irgendwie gelang es meinen Eltern, ungarische Reisepässe von der nicht gerade judenfreundlichen ungarischen Administration zu bekommen. Im Juli 1938 kamen wir mit ein paar Koffern nach Wien, wo wir in ein Taxi stiegen und in den ersten Bezirk fuhren. Mein Vater holte unsere Pässe in der ungarischen Botschaft in der Bankgasse ab, während meine Mutter mit mir am Heldenplatz im Taxi wartete. Die ungarischen Pässe wurden uns mit der Bedingung ausgefolgt, nur ja nicht über Hegyeshalom – also auf dem direkten Weg – nach Ungarn einzureisen. Wir mussten vorher nämlich einige Stempel in unseren Pässen sammeln, damit diese einen korrekten Anschein bekamen. So begaben wir uns auf eine Reise durch mehrere Staaten.

Abbildung 5: Karl Pfeifer mit den Eltern, 1938

Erste Erfahrungen in Ungarn

Dem zehnjährigen Buben, der ich war, stand ein Abenteuer bevor. Für meine Eltern war es eine Katastrophe. Alles, was sie sich erarbeitet hatten, wurde ihnen geraubt. Sie waren unbescholtene Bürger gewesen und wurden nun innerhalb weniger Wochen zu besitzlosen, von anderen abhängigen Flüchtenden. Bald sollte auch ich merken, nichts war mehr so wie früher.

Eine legale Auswanderung für Juden war im Sommer 1938 kaum noch möglich. Ungefähr zu der Zeit, als meine Eltern verzweifelt bemüht waren, Österreich zu verlassen, fand vom 6. bis zum 14. Juli die Konferenz von Evian statt. Dabei sollten die Vertreter von 32 Staaten Möglichkeiten finden, die Auswanderung von Juden aus Deutschland und Österreich zu erleichtern. Aber im Verlauf der Konferenz wurde schnell deutlich, dass kein Land – außer der kleinen Dominikanischen Republik – bereit war, Flüchtlinge aufzunehmen. Mit dem Scheitern der Konferenz wurden wieder einmal die Erwartungen der Juden enttäuscht, dass die Staatengemeinschaft sie aus einer zunehmend bedrohlichen Situation retten würde.

Am Wiener Westbahnhof nahmen wir den Zug bis zur Schweizer Grenze. Meine Eltern wussten, dass es eine Reise ohne Wiederkehr war. Mir hatten sie nur gesagt, dass wir nach Zürich zu Onkel Lajos fahren. Auch wenn ich mit meinen zehn Jahren die Tragweite des Ganzen noch nicht ermessen konnte, so spürte ich doch, dass unser bisheriges Leben vorbei war. Der Bahnhof war voll von Uniformierten, die mir schreckliche Angst einflößten. Im Zug wurde die furchterfüllte Atmosphäre vorerst nicht besser. Polizisten und SS-Männer gingen durch die Waggons und mehrmals wurden unsere Pässe kontrolliert. Meine Eltern waren leichenblass, meine Mutter zitterte und mir hatten sie verboten, überhaupt zu sprechen. Doch alles ging glatt. Nach langen, bangen Stunden erreichten wir die Grenzstation Buchs/St.Gallen und stiegen in einen Schweizer Zug um, der uns nach Zürich bringen sollte. Im Gegensatz zu dem von einer Dampflok gezogenen, rußschwarzen österreichischen Zug war dieser elektrisch betrieben und blitzsauber.

Die Erleichterung meiner Eltern war spürbar und ich durfte wieder reden. In Zürich erwartete uns am Bahnhof meine Cousine Elsi, die Tochter von Onkel Lajos und Tante Rózsi. Bis zu ihrer Wohnung am Stampfenbachplatz waren es nur ein paar Schritte.

Der Bruder meiner Mutter war bereits vor 1914 in die Schweiz eingewandert und hatte während des Ersten Weltkrieges die Vernunft, dem ungarischen Einberufungsbefehl keine Folge zu leisten. Er erhielt unmittelbar nach dem Krieg die Schweizer Staatsbürgerschaft und war stolz darauf, in seinem neuen Heimatland Milizdienst geleistet zu haben. Beruflich hatte Onkel Lajos als Weinhändler erfolgreich Fuß gefasst.

Wir aber hatten – als mittellose Juden – keine Chance, eine Aufenthaltserlaubnis in der Schweiz zu bekommen und konnten deshalb nur kurz bleiben. Während dieser Zeit versuchte mein Vater verzweifelt, eine Vertretung zu bekommen, irgendein Schweizer Produkt zu finden, um mit dessen Vertrieb in Ungarn unseren Lebensunterhalt zu sichern. Leider gelang es ihm nicht. Meine Mutter fuhr mit mir über den Gotthardpass nach Italien voraus. Nach unserer Ankunft im riesigen Mailänder Bahnhof fühlten wir uns vollkommen verloren. Da meine Mutter den Anschlusszug nach Venedig nicht fand, irrten wir einige Zeit umher, bis uns endlich ein deutsch sprechender Italiener weiterhalf. Von Venedig ist mir nur in Erinnerung geblieben, dass ich mich beharrlich weigerte, in die St. Markus Kirche zu gehen. Die Dunkelheit und der schwere Weihrauchgeruch schreckten mich ab. Jahrzehnte später fand ich im Nachlass meiner Cousine Juci eine Ansichtskarte aus Venedig, die meine Mutter im August 1938 nach Budapest gesandt hatte. Sie schrieb: *„Ich hätte nicht gedacht, daß ich unter solchen traurigen Umständen Venedig sehen werde."*

Von Venedig fuhren wir über Triest und Rijeka nach Varasdin in Kroatien, wo Onkel Ernö, ein anderer Bruder meiner Mutter mit seiner Frau Ada lebte. Sein Haus befand sich nicht weit von den Gleisen. Immer, wenn ein Zug vorbeifuhr, nahm er seine goldene Taschenuhr hervor, um zu prüfen, ob der Zug auch pünktlich sei. Onkel Ernö hatte als Eisenbahnbeamter in der Monarchie Karriere gemacht. Bereits vor dem Ersten Weltkrieg war er Stationsvorstand in Varasdin, wo er seine Frau kennen lernte. Während des Krieges wurde er Stationsvorstand in Sopron. Als die Horthytruppen 1919 im Ort einmarschierten, stellten sie Onkel Ernö an die Wand und wollten ihn, einen jüdischen Sozialdemokraten, erschießen. Zu seinem Glück fuhr eben ein Wiener Zug ein. Die österreichischen Eisenbahner, die ihn kannten und schätzten, retteten sein Leben, aber er kam ins Anhaltelager Siófok. Im Sommer 1938 sah ich im Garten am Rücken meines Onkels rote Streifen, die Spuren der damaligen Züchtigung mit Hundepeitschen. Onkel Ernö erzählte, das hätten die *„Horthyfaschisten"* getan. Nach einigen schrecklichen Monaten in Siófok wurde er auf Betreiben seines Bruders in der Schweiz aus dem Anhaltelager entlassen. Aus seiner Stellung gejagt, seiner Pension beraubt, ging er sofort nach Varasdin zurück. Vier Jahre nach unserem Besuch wurden Onkel Ernö und seine Frau von den kroatischen Ustaschafaschisten im Konzentrationslager Jasenovac ermordet, ebenso seine Tochter Lucy mit ihrem Mann und ihrer Tochter Tanja. Allein seinem Sohn Imre und dessen Familie gelang die Flucht nach Italien und später Argentinien.

Abbildung 6: Großvater Anton Pfeifer, 1938 vor seinem Haus in Balatonboglár.

In Varasdin warteten wir auf den Vater, der erst später aus der Schweiz nachkam, und fuhren mit ihm nach Ujvidék (Novi-sad). Hier übernachteten wir bei entfernten Verwandten und fuhren dann an einem Sonntag bei regem Grenzverkehr mit dem Zug nach Ungarn. Ich durfte, da ich nicht Ungarisch konnte, wieder einmal nicht sprechen. An der ungarischen Grenze zeigten meine Eltern ihre ungarischen Pässe her, die nicht einmal kontrolliert wurden und wir befanden uns endlich in Ungarn. Es ging auf ein paar Tage nach Balatonboglár ins Haus meines Onkels Arthur, des jüngeren Bruders meines Vaters. Großvater Anton lebte bei ihm. Obwohl bereits hoch betagt, las er im Zwielicht ohne Brille die Zeitung, trank ein Glas Wein und paffte an einer Zigarre. Ich grüßte artig mit *„Kisztihand"*. Er streichelte meinen Kopf und ermahnte mich, anständig Ungarisch zu lernen.

Ich kann mich nicht erinnern, dass der Großvater viel mit mir gesprochen hätte. Woran ich mich aber genau erinnere ist, dass er furchtbar empört war über die *„Hitlerei"* und über die Juden diskriminierenden Gesetze, die so genannten *Judengesetze*, die damals in Ungarn eingeführt wurden. Ich glaube, er war der einzige in der Familie, der sich darüber aufregte. Mein Großvater starb 1939, so blieb ihm die Deportation erspart.

In Budapest konnten wir gleich in eine, von den Verwandten eingerichtete Wohnung in bester Lage in Buda einziehen.

Meine Eltern hatten beschlossen, mich in ein Internat zu geben, weil ich in einer rein ungarischen Umgebung schnell die Sprache lernen sollte. Anfang

September brachte mein Vater mich in das jüdische Internat in Debrecen. Obwohl im Internat eine strenge Ordnung herrschte, fühlte ich mich unter so viel Jungen sehr wohl. In der Früh marschierten wir nach dem Frühstück in Dreierreihen zum jüdischen Gymnasium und kehrten Mittag ebenso zurück ins Internat. Nach dem Mittagessen gab es eine Stunde Pause. Danach machten wir unsere Hausaufgaben und konnten, nachdem ein Erzieher diese geprüft hatte, in den Hof gehen und dort Hand- oder Fußball, Pingpong oder Schach spielen oder ein Buch lesen. Ich aber erhielt in den ersten Monaten von einem älteren Schüler Nachhilfeunterricht in ungarischer Sprache und anderen Fächern. Nach dem Abendessen durften wir noch ein wenig aufbleiben, dann aber mussten wir uns waschen und es ging ins Bett. Samstags besuchten wir die Synagoge und der Sonntag war ganz frei.

Nach drei Monaten sollte ich eine Prüfung über die vier ungarischen Volksschulklassen ablegen. Ich fürchtete mich, denn mein Ungarisch war noch nicht gut. Es war Dezember und das Klassenzimmer war geheizt, doch ich schlotterte vor Angst. Zuerst kam ein kalvinistischer Pfarrer in den Raum, der mich fragte, warum ich so zittere, es sei doch geheizt im Raum. Ich sagte, *„weil ich Angst habe"*. Der Pfarrer legte seine Hand auf meine Schulter und sagte: *„Du brauchst keine Angst zu haben, wir sind keine Deutschen, Du bist ein Ungar wie wir"*. Er fragte, ob ich ein Gedicht auswendig aufsagen kann. Ich antwortete, ich habe das revolutionäre Gedicht von Petőfi *„Auf die Beine Ungarn"* gelernt. *„Du hast diese Prüfung schon bestanden"*, beruhigte mich der Pfarrer, der auch Vorsitzender der Prüfungskommission war. So kam es, ich absolvierte die Prüfung mit *Ausgezeichnet*. Das restliche Schuljahr fiel mir viel leichter.

Als mich im Juni 1939 meine Eltern am Budapester Bahnhof abholten, konnte ich bereits fließend Ungarisch sprechen. Von da an sprachen sie und die Verwandten nur noch Ungarisch mit mir.

Den Sommer 1939 verbrachte ich bei meinem Onkel Arthur in Balatonboglár. Nach dem Ersten Weltkrieg, in dem er als Offizier diente, hatte er seinen Namen von Pfeifer auf Puskás ändern lassen. Onkel Arthur war nicht nur ein erfolgreicher Holzhändler, sondern auch Direktor der lokalen Wasserwerke und ein angesehener Bürger.

Seine drei Kinder waren älter als ich und insbesondere die beiden Söhne waren meine Vorbilder. Sie waren gute Sportler, schwammen viel, segelten und spielten Tennis. Ihr Haus stand nicht weit vom Plattensee und am Strand konnten wir uns in der Kabine der Familie umziehen.

Da ich die erste Klasse des Gymnasiums fast mit Auszeichnung absolviert hatte, musste ich mich nicht mit Lernen beschäftigen und konnte die Ferien voll genießen. Nach vier Wochen am Plattensee kehrte ich erholt zurück zu den Eltern, um dann meinen Geburtstag noch in der Wohnung in der Törökgasse, nicht weit von der Margaretenbrücke und dem Lukácsbad, wohin ich jeden Tag ging, zu feiern.

Mein Vater arbeitete weiterhin als Buchvertreter in der ungarischen Provinz, was unter den damaligen Bedingungen bedeutete, nur bei Juden anklopfen zu können. Ein weiteres Jahr im Internat konnten sich meine Eltern nicht mehr leisten und auch die Wohnung in Buda musste aufgegeben werden. So wurde ich im jüdischen Gymnasium Budapest angemeldet. Auch wenn sich die finanzielle Lage verschlechtert hatte und wir in eine billigere Wohnung im Stadtteil Zugló, in der Nähe des Gymnasiums ziehen mussten, tat es mir gut, wieder bei den Eltern zu sein.

Für Gymnasialschüler war damals das Tragen einer Kappe mit dem Wappen der Schule Pflicht. Ich war mächtig stolz, als ich am ersten Schultag im September 1939 allein zum jüdischen Gymnasium in Budapest gehen durfte. Kaum war ich in die Nähe des Gymnasiums gelangt, als mich Schüler einer Nachbarschule als *„stinkenden"* und *„schmutzigen"* Juden beschimpften. Meine Mitschüler taten so, als ginge sie das nichts an. Mich aber trafen diese Zurufe, vor allem aber die Untätigkeit der Erwachsenen, die nichts dagegen taten und ruhig zuhörten, wie ein Schlag. Ich sah keinen großen Unterschied zu dem, was ich in Baden ein Jahr zuvor, im Frühjahr 1938, erlebt hatte.

Noch in Debrecen hatte ich mich – so wie meine Familie – als Ungar gefühlt, aber nun war ich jäh in der alltäglichen ungarischen Realität angekommen. Ich erinnerte mich wieder an die Aufforderung meines Bruders: *„Sei immer stolz Jude zu sein".* Auch wenn ich nicht unbedingt stolz darauf war, Jude zu sein, sah ich keinen Grund, mich deshalb – wie einige meiner Klassenkameraden – zu schämen. So reifte auf dem kurzen Weg zur Schule mein Entschluss, auch kein Ungar sein zu wollen.

Heute weiß ich, dass die Gesellschaft auch die Zugehörigkeit bestimmen kann, damals erahnte ich dies intuitiv und rebellierte gegen den lächerlichen Patriotismus derer, die man ab 1938 im einst liberalen Ungarn ausgrenzte und per Gesetz diskriminierte.

Bereits 1920 hatte die ungarische Nationalversammlung das Numerus clausus-Gesetz beschlossen. Es bestimmte, dass die im Land lebenden *„Rassen und Nationalitäten"* nicht über ihren Prozentsatz in der Bevölkerung an den Hochschulen und Universitäten studieren durften. In erster Linie waren Juden davon betroffen.

Nach dem Anschluss Österreichs an das *Dritte Reich* wurde der Druck der Rechtsextremen auch in Ungarn stärker und so kam es zu mehreren Juden diskriminierenden Gesetzen.

Am 29. Mai 1938 trat das so genannte erste *„Judengesetz"* *„zur Sicherung des effektiveren Gleichgewichts des gesellschaftlichen und wirtschaftlichen Le-*

bens" in Kraft, wonach in den Presse- Rechtsanwalts- Ingenieurs- und Ärztekammern nicht mehr als 20 % Juden, d. h. der Religion nach *„Israeliten"* sein durften, das gleiche galt für die Handelsangestellten. Am 5. Mai 1939 wurde das zweite *„Judengesetz"* beschlossen, das unabhängig von der Religion diejenigen als Juden qualifizierte, die wenigstens einen Elternteil oder zwei Großeltern hatten, die der jüdischen Religion angehörten. Sie durften nicht in gehobenen Positionen beschäftigt werden. Im Oberhaus des ungarischen Parlaments stimmten auch die Würdenträger der Kirchen dieser Diskriminierung der Juden zu.

Am 18. August 1941 wurde das dritte *„Judengesetz"* beschlossen, *„über die Modifizierung des Ehegesetzes und die Verordnungen zum Schutz der Rasse bezüglich der Ehe".* Jeder sexuelle Verkehr außerhalb der Ehe zwischen Juden und Nichtjuden wurde als *„Rassenschande"* geahndet. Zum Teil hatte dieses Gesetz strengere Bestimmungen als die Nürnberger Rassengesetze. Diesmal hatten die Vertreter der Kirchen dagegen protestiert, denn es betraf viele ihrer Gemeindemitglieder, so dass der Gesetzesvorschlag geändert wurde und der Justizminister in gewissen, klar definierten Fällen, eine Ausnahme machen durfte.

Die Konservativen glaubten, mit diesen Gesetzen den Rechtsextremisten den Wind aus den Segeln genommen zu haben. In Wirklichkeit aber ermunterten sie diese damit noch mehr. Die Gesetze fachten die durch die Kriegserklärung an die Sowjetunion entstandene Hysterie gegen den *„Judeo-Bolschewismus"* sogar noch weiter an.

Auf Grund dieser Vorarbeit konnten nach der deutschen Besatzung am 19. März 1944 immer entschiedener die Grundsätze der offenen Verfolgung und der Rassenideologie verwirklicht werden, vom Tragen des gelben Sternes bis zur Pflicht, sogar die Fahrräder den Behörden zu übergeben und ebenso die Vertreibung aus den Wohnungen in die Ghettos.

Reichsverweser Miklós Horthy dankte nach der deutschen Besatzung nicht ab und die von ihm eingesetzte Regierung unter Ministerpräsident Döme Sztójay kollaborierte enthusiastisch mit Eichmanns kleinem Stab. So konnte man binnen neun Wochen mehr als eine halbe Million ungarischer Juden in die Vernichtungslager deportieren. Anfang Juli 1944, nach energischen Protesten der Alliierten und der neutralen Staaten sowie des Vatikans, stoppte Reichsverweser Horthy die beabsichtigte Deportation der Budapester Juden. Doch nach dem Putsch der von Ferenc Szálasi angeführten Pfeilkreuzler am 15. Oktober 1944 wurden 50 000 jüdische Männer, Frauen und Kinder in Todesmärschen in Bewegung gesetzt, um an der österreichischen Grenze einen Schutzwall zu errichten. Während dieser Märsche kamen viele in Folge des Hungers und der Brutalität ihrer Wächter um. Weil die Pfeilkreuzler nicht mehr in die Vernichtungslager deportieren konnten, wüteten sie blutig im Ghetto von Budapest. Tausende Juden wurden an das Ufer der eiskalten Donau getrieben und dort erschossen. Noch lange danach schwammen Leichen in der Donau.

All das konnte ein elfjähriger Schüler natürlich nicht wissen oder vorausahnen, aber die Erfahrung des Anschlusses, das hysterische Schreien der Massen *„Ein Volk, ein Reich, ein Führer"* lag mir noch in den Ohren. Vielleicht auch, weil ich manchmal am Radioempfänger spielte, wo ich wieder ähnliche Töne hören konnte. Das bekräftigte meinen festen Entschluss, doch kein Ungar sein zu wollen.

Wenn ich auch in Budapest als Jude beschimpft wurde, wo gab es da einen Unterschied zu Österreich? Da halfen alle Beteuerungen der lieben Verwandten nicht, das sei ja nur der Pöbel, der da schimpft. Da half auch nicht der Stolz, dass schon ein Urgroßvater unter Kossuth während der Revolution von 1848/49 für Ungarn gekämpft hatte. Ich war und blieb ein Ausgeschlossener und daraus folgte für mich: Es macht keinen Sinn zu lernen. Das verkündete ich auch meinen Mitschülern. Doch damit nicht genug: Jeden Samstagvormittag mussten wir die Synagoge der Schule besuchen, um in einer uns damals unbekannten Sprache Gebete anzuhören. Ich versicherte meinen Mitschülern, es gäbe keinen Gott, und wir, die man täglich beschimpfte, seien sicher auch nicht auserwählt. Meine Mitschüler zeigten allerdings wenig Verständnis für meine Ansichten.

Nur mein Klassenkamerad György Lissauer sprach mich Anfang 1940 an und meinte, es gäbe ein paar Jugendliche, die ähnlich dachten wie ich. Er lud mich zu einer Feier ein, was ich mit Begeisterung annahm.

Das Fest fand in der Wohnung der Familie Lissauer statt. Ein Zimmer war mit einer großen Karte Palästinas und einer blauweißen Fahne mit Davidstern geschmückt. Besonderen Raum nahmen die Bilder aus den Kibbuzim ein, den landwirtschaftlichen Siedlungen, die junge Einwanderer gegründet hatten. Ich wurde einem jungen Mann vorgestellt, der mir geduldig zuhörte und zustimmte, *„wir sind keine Ungarn und es gibt auch keinen Gott."* Hier fühlte ich mich wohl.

Langsam erfuhr ich, in welcher Gesellschaft ich gelandet war. Es war die zionistisch-sozialistische Jugendbewegung *Schomer Hazair*. Viele ihrer auch als *Schomrim* bekannten Mitglieder dieser 1913 in der k. u. k.-Monarchie gegründeten Bewegung, stammten aus bürgerlichen Familien, die meisten von ihnen waren durchaus assimiliert, hatten polnische oder deutsch-österreichische Bildung genossen. Sie waren zu dem Schluss gekommen, dass sie als einzelne und auch als Gruppe ihre kulturelle und geistige Erfüllung nur finden könnten, wenn sie sich am Aufbau einer neuen Gesellschaft im Land Israel beteiligten. Die Ideen und Symbole der deutschen Jugendbewegung beeinflussten sie ebenso stark wie Martin Buber, der gegen Kriegsende in einer Aufsehen erregenden Rede in Wien erklärt hatte, die Jugend sei die *„ewige Glückschance"* der Menschheit, eine Chance, die sich in jeder Generation von neuem bot und die immer wieder versäumt wurde. Die Schomrim glaubten, dass Jugend ein Wert an sich sei, und dass nur junge Menschen frei von Bindungen an Familie, Klasse und gesellschaftlichen Status Revolutionäre sein konnten. Sie glaubten an eine spezifische Jugendkultur, die echter und harmonischer ist als die der Erwachsenenwelt mit ihren Kompromissen und verlogenen Konventionen.

Diese Jugendbewegung, die einiges von den Pfadfindern übernahm, verbreitete sich nach dem Ersten Weltkrieg in ganz Mittel- und Osteuropa, so auch in Ungarn. Ihre drei Grundsätze waren und sind: gesellschaftliche Gleichheit, nationale Unabhängigkeit und die Besinnung auf die jüdischen kulturellen und ethischen Werte.

In Ungarn konnte diese zionistische und sozialistische Bewegung nur wenige junge Juden erreichen. Zu stark war der Geist der Assimilation. Meine Verwandten in der Provinz vertrauten blind dem *tausendjährigen ungarischen Christentum* und glaubten, ihnen werde das Schicksal der Juden in Polen oder der Slowakei erspart bleiben. Diese Illusion bezahlten die meisten mit ihrem Leben.

Auch der strukturelle Antisemitismus der Horthyzeit konnte nichts an der Bereitschaft der Juden, sich an die neuen Gegebenheiten anzupassen, ändern. Obwohl nur sechs Prozent der ungarischen Juden irgendwelche Sympathie für den Zionismus hatten, waren damals alle zionistischen Jugendbewegungen verboten und für den Fall einer Razzia nannten wir uns *Hanoar Haivri*, die *Hebräische Jugend*. Unsere Bewegung war als kommunistisch verschrien. Tatsächlich kam es immer wieder vor, dass ältere Mitglieder zu den Kommunisten wechselten.

Im Schomer Hazair spielten einige aus der Slowakei geflohene junge Juden eine führende Rolle, in der Regel waren sie im Judentum verwurzelter als die meisten ungarischen Juden und hatten – so wie ich – bereits die Erfahrung eines äußerst aggressiven Antisemitismus gemacht. Über die Slowakei kamen auch junge Flüchtlinge aus Polen, mit denen wir aber kaum Kontakt hatten, da sie kein Ungarisch sprachen.

Nach dem deutschen Einmarsch in Ungarn am 19. März 1944 hat der Schomer Hazair alle seine Kräfte mobilisiert, um Juden zu retten. Insbesondere geschah dies durch eine Dokumentenfälscherwerkstätte. Erst nach 1990, dem Ende des Sozialismus, konnte die Geschichte dieser wahren Helden des

Widerstandes publiziert werden. Denn davor wurden hauptsächlich die Taten der wenigen illegalen Kommunisten gewürdigt.

Unsere Jugendgruppe wurde von Jusuf Schönberger (Ben Porat) geleitet, dem Sohn eines jüdischen Pädagogen, der uns mit viel Geschick behandelte. Unter der Woche trafen wir uns öfters in der Wohnung der Familie Lissauer, wo wir über Palästina und über die besondere Form des jüdischen Sozialismus in den Kibbuzim diskutierten.

Außer mit György (Naftali) Lissauer verband mich bald auch eine enge Freundschaft mit Meir Berger (Harari) und Amram Ausländer, die beide aus dem Nordosten Ungarns kamen. Meir war etwas älter als wir, Tischlergeselle und immer zu einem Spaß aufgelegt.

Die meisten Aktivitäten der aus zehn Mitgliedern bestehenden Gruppe wurden am Sonntag abgehalten. Da trafen wir uns vor dem Westbahnhof, um mit der Tram nach Buda zu fahren, wo wir dann in den Hügeln wanderten, Geländespiele veranstalteten und unser mitgebrachtes Essen verzehrten. Wir träumten davon, Ungarn zu verlassen, um nach Palästina zu gelangen. Die sozialistische Idee von den Kibbuzim faszinierte uns. Für mich wurde die Bewegung lebenswichtig. Die Schule glaubte ich straflos vernachlässigen zu können.

Im Frühjahr 1940 besuchte ich die internationale Messe in Budapest. Ich reihte mich ein in die längste Schlange, um den sowjetischen Pavillon zu besuchen und war ganz begeistert, als ich dort ein kleines Stück sowjetischer Schokolade erhielt. Ungarn hatte damals eine Grenze zur Sowjetunion und pflegte so wie die verbündeten Deutschen korrekte diplomatische Beziehungen. Das Land befand sich noch im tiefsten Frieden, denn an dem Angriff auf Polen 1939 – mit dem Ungarn traditionell gute Freundschaft pflegte – war es nicht beteiligt. Zehntausende polnische Flüchtlinge strömten ins Land und vielen polnischen Soldaten und Offizieren gestattete man inoffiziell die Weiterreise nach Jugoslawien, von wo aus sie nach England gelangten. Auch in Balatonboglár befand sich ein polnisches Flüchtlingslager.

Mit Großbritannien und den USA bestanden zu dieser Zeit noch diplomatische Beziehungen. In den Kinos konnte man auch britische Filme sehen, wie zum Beispiel den damals sehr populären Märchenfilm *Der Dieb von Bagdad*, einer der ersten Farbfilme.

In den Sommerferien 1940 war ich wieder ein paar Wochen bei meinem Onkel in Balatonboglár. Während dieser Zeit nahm meine Mutter das Risiko auf sich, mit ihrem ungarischen Pass noch einmal nach Baden zu fahren. Sie wollte ihrer Freundin, Frau Ödenburger, helfen, ins Ausland zu gelangen. Leider scheiterte sie dabei. Kein Hotel hätte meiner Mutter, einer stadtbekannten Jüdin, in Baden noch ein Zimmer vermietet. Aber unsere ehemaligen Mieter hatten keine Angst und nahmen sie für mehrere Tage auf. Im Juli 1938 hatten meine Eltern einen großen Teil ihrer Dokumente, Versicherungspolizzen und den bescheidenen Schmuck meiner Mutter ihnen anvertraut. 1940 bekam sie alles vollständig zurück. Solange es möglich war, blieben meine Eltern mit den Webers in brieflichem Kontakt.

Das Beispiel der Familie Weber zeigt, niemand war gezwungen, Juden zu drangsalieren oder ihr Eigentum zu *arisieren* und dass es auch in diesen Zeiten Menschen gab, die sich – weil sie an ihren Werten festhielten – anständig benahmen.

Ab der dritten Gymnasialklasse mussten wir am paramilitärischen Dienst Levente teilnehmen. Dieser Dienst wurde in Ungarn ursprünglich eingeführt, um die strengen Regeln des Friedensvertrages von Trianon vom 4. Juni 1920 zur Entmilitarisierung zu umgehen. Jeder männliche Jugendliche im Alter von 12 bis 21 Jahren war ab März 1938 verpflichtet, wenigstens vier Stunden pro Woche an einer paramilitärischer Ausbildung teilzunehmen. Getaufte Juden hatten eine weiße Armbinde zu tragen. Wir jüdische Kinder trugen gelbe Armstreifen.

Ein ausgemusterter Unteroffizier, der von der jüdischen Gemeinde bestochen war, uns nicht zu schlagen, führte das Kommando. Wir mussten uns in Dreierreihen aufstellen und das muntere Lied *„Ich bin der Soldat von Miklós Horthy, sein schönster Soldat"* singend zum nahen Offiziersklub marschieren, um dort beispielsweise die Toiletten zu putzen. Wenn ich zufällig in der Mitte stand, pflegte ich diesen Platz an einen meiner Schulkameraden um 50 Heller oder einen Pengö zu verkaufen, denn die anderen schämten sich wegen des gelben Streifens und wollten möglichst unsichtbar sein. Ich bedauerte sie und konnte nicht verstehen, wieso sie sich noch als Ungarn empfanden.

An einen Zwischenfall kann ich mich noch erinnern: An einer Straßenkreuzung stand ein Polizist und regelte den Verkehr. Wir mussten stehen bleiben und Straßenjungen verspotteten uns. Auf dem Gehsteig meinte ein alter Herr, der sich auf einen Stock stützte, *„das ist ein Skandal, das hätte es unter unserem guten König nicht gegeben"*, auf die Frage: *„Onkel, bist vielleicht ein Jud'?"* antwortete der alte Herr mit Empörung *„Nein ich bin geadelt worden und war Offizier im Krieg, aber diese Jungen da sind doch Menschen"*.

Meine Mutter litt sehr an den drastischen Veränderungen unserer Lebensumstände. Sicher hat auch dies mit dazu beigetragen, dass bei ihr im Herbst 1940 Leberkrebs festgestellt wurde. Vor mir versuchten alle zu verheimlichen, dass meine Mutter lebensgefährlich erkrankt war. Aber natürlich merkte ich, dass es ihr immer schlechter ging. Es war eine bedrückende Zeit, ich fühlte mich überfordert und mein Vater war nach wie vor viel unterwegs. Er musste ja versuchen, unseren Lebensunterhalt zu sichern. Den Luxus, in Budapest bei seiner schwerkranken Frau zu bleiben, konnte er sich nicht leisten.

Als meine Mutter im Frühjahr ins jüdische Krankenhaus eingeliefert wurde, fand mein Vater die Familie eines jüdischen Lehrers, die mich für ein paar Wochen gegen Entgelt aufnahm, da er sich nicht um mich kümmern konnte. Mit Schrecken erinnere ich mich an meinen letzten Besuch bei meiner Mutter im Krankenhaus. Sie war ganz gelb im Gesicht und da sie von Morphium betäubt war, erkannte sie uns nicht mehr. Zum Begräbnis im April kam die ganze Familie zusammen, ich stand unter Schock und konnte nicht einmal weinen.

Mein Vater nahm mich wieder zu sich. Eine Betreuung für mich konnte er sich aber nicht leisten. Meist war ich allein in der Wohnung, denn mein Vater war viel außerhalb von Budapest unterwegs. So wurde die Jugendgruppe immer mehr zu einer Ersatzfamilie für mich.

Schwierige Jugendjahre in Budapest

Nie hätte ich gewagt, meine ketzerischen Gedanken über Gott und die Welt zuhause oder bei Verwandten zu verkünden. In Budapest traf ich mich so oft ich konnte mit meinem Lieblingscousin Jancsi Wollner, dem Sohn meiner Tante Gizella, der älteren Schwester meines Vaters. Jancsi hatte mit Auszeichnung sein Abitur gemacht, durfte aber als Jude nicht studieren. Sein Vater hatte als Vertreter gearbeitet und war nun arbeitslos, überdies war er Sozialdemokrat. Die Zeiten waren hart, insbesondere für einen jüdischen Reisenden. Die Verwandten sprachen missbilligend darüber, dass er *„anstatt zu arbeiten im sozialdemokratischen Klub Karten spielt"*, doch das war nicht gerecht.

Jancsi selbst war in der Seidenfabrik Goldberger untergekommen, wo er Webmeister und Mitglied der illegalen kommunistischen Partei wurde. Meistens trafen wir uns in der kleinen Wohnung seiner Eltern, spazierten zum nahen Donauufer, wo wir uns auf eine Bank setzten und er mir das Schachspiel beibrachte. Jancsi war verheiratet und hatte zwei Kinder.

Mein Cousin und seine Schwester Lilly, die ebenfalls bei Goldberger arbeitete und gleichfalls zwei Kinder hatte, wohnten in einer Arbeitersiedlung der Fabrik. Er erzählte mir vom Sozialismus, von der Solidarität der Arbeiterklasse und wollte mich überzeugen, dass wir doch Ungarn wären und es unsere Aufgabe sei, den Klassenkampf zu führen.

Im Sommer 1941 wurde Jancsi zu einem Strafbataillon eingezogen und so wie viele seiner Kameraden in der Ukraine ermordet. Er war mit einem doppelten Stigma belastet, Jude und Kommunist zu sein. Seine Frau und seine

Schwester wurden mit ihren Kindern 1944 – noch unter der von Horthy eingesetzten Regierung mit Ministerpräsident Döme Sztojay – nach Auschwitz-Birkenau deportiert und dort ermordet. Die *arischen* Nachbarn sollen sich um ihr armseliges Eigentum gestritten haben.

Solidarität gab es damals fast keine. Daran glaubten hauptsächlich diejenigen, die darauf angewiesen gewesen wären. Erst viel später sollte ich erfahren, dass leider auch nicht wenige sozialdemokratische Arbeiter bereits bei den Wahlen 1939 die Pfeilkreuzler gewählt hatten. Natürlich gab es nach der deutschen Besatzung auch einzelne Fälle der Hilfeleistung. Doch diese waren wie ein Tropfen auf einem heißen Stein.

Aber ich greife vor. In jenen glücklichen Tagen, als noch die ganze Familie lebte, rückte diese zusammen. Mein Vater hatte zwei Cousins in Budapest, beide verheiratet, aber kinderlos. Beide behandelten mich, als ob ich ihr eigener Sohn gewesen wäre. Der ältere, Jenö Reich, war Direktor einer Großdruckerei. Wegen der Judengesetze wurde er offiziell als Korrektor geführt. Bei ihm sah ich die von der Zensur geschwärzten Druckfahnen der damals liberalen Tageszeitung *„Magyar Nemzet"*. Jenö Reich wurde von den Pfeilkreuzlern im Spätherbst 1944 zum Fußmarsch nach Österreich gezwungen und unterwegs erschossen. Seine Frau überlebte und heiratete noch einmal. Der jüngere Bruder Gyula magyarisierte seinen Nachnamen auf Robert. Seine Frau Joli arbeitete als Sekretärin des Generaldirektors eines sehr großen Industrieunternehmens von Ungarn. Onkel Gyula war Buchprüfer und bis 1944 selbstständig. Er und seine Frau überlebten im Budapester Ghetto. Beide Onkel hatten eine wunderbare Bibliothek und legten Wert darauf, die aktuellsten Bücher in deutscher Sprache zu besitzen, die sie von ihren Auslandsreisen, vor allem aus Bratislava, mitgebracht hatten. Anstatt die Hausaufgaben zu machen, besuchte ich nachmittags oft diese Onkel, ließ mir eine Tasse Tee und ein Butterbrot bzw. Kuchen geben und las alles, was mir unterkam. Anatol France, Ilya Ehrenburg, Egon Erwin Kisch und Ignazio Silone sind mir noch in Erinnerung.

Ganz anders waren die Verwandten meiner Mutter. Da waren Tante Juliska und ihre beiden Brüder, die nicht weit vom Ostbahnhof in einer Wohnung zusammenlebten. Hier herrschte konservativer Geist.

Bei Tante Juliska erfuhr ich zum ersten Mal von der Ritualmordbeschuldigung Tiszaeszlár. Am 1. April 1882 verschwand drei Tage vor dem Pessachfest aus diesem, im nordöstlichen Ungarn gelegenen Dorf die 14jährige Magd Eszter Solymosi. Das letzte Mal hatte man sie angeblich in der Gegend der Synagoge gesehen. Eine kleine Gruppe von antisemitischen Parlamentsabgeordneten, darunter auch derjenige von Tiszaeszlár, beschuldigten die Juden, das Mädchen ermordet zu haben, um das Blut zum Backen von Mazzes zu benutzen. Die Untersuchung durch den jungen stellvertretenden Notar József Bary, der sich bereits durch Judenfeindschaft ausgezeichnet hatte, führte gemeinsam mit der Sensationspresse zu einer bis dahin in Ungarn unbekannten antisemitischen Aufschaukelung. Das ungarische Gericht sprach die von Baron Eötvös verteidigten Juden frei.

Bezeichnend für Ungarn war, dass wie in Polen und der Slowakei auch noch nach der Befreiung 1945 solche Gerüchte auf dem Land ausgestreut wurden und es zur Ermordung von Überlebenden kam. So gab es, nachdem die kommunistische Partei Anfang 1946 eine Kampagne gegen Schwarzhändler begann, antisemitische Ausschreitungen in Ózd, Sajószentpéter, Szegvár und Tótkomlós. Es kam zum Pogrom in Kunmadaras, wo die Einwohner sich über die Forderung zurückkehrender Juden, das geraubte Eigentum herauszugeben, empörten und das Gerücht ausstreuten, Juden würden christliche Kinder ermorden. Diese Ritualmordlegende wurde noch bestärkt, weil viele glaubten, die Polizei und die Volksgerichte wären von *rachsüchtigen* Juden beherrscht. Zwei Juden wurden ermordet und 18 verletzt. Auch in Diósgyör und Miskolc kam es zu einem Pogrom mit Todesopfern.

Bei einem Besuch erzählte Tante Juliska, dass sie ein Gespräch zwischen einer jüdischen Wäscherin und ihrer Köchin belauscht hatte. Die Wäscherin, die während des Ersten Weltkrieges aus Galizien nach Ungarn geflüchtet war und ein schlechtes Ungarisch sprach, kam einmal in der Woche, um die Schmutzwäsche abzuholen. Sie beschwerte sich nun darüber, dass Pfeilkreuzler an einem Samstag im Februar 1939 nach dem Gottesdienst in der großen Synagoge in der Dohánygasse eine Bombe gegen Juden geworfen hatten. Die Köchin, die so patriotisch war, wie die meisten Ungarn damals, verharmloste den Fall, bei dem 22 Menschen verletzt wurden und es sogar einige Todesopfer gab. Sie sagte: *„Das waren doch nur ein paar Verrückte".* Die Wäscherin antwortete entrüstet: *„Wenn verrückt, warum nicht Bombe geworfen in Kathedrale?"*

In Szombathely (Steinamanger) lebte József, der jüngste Bruder meiner Mutter. Er war Beamter bei der Eisenbahn und hatte die jüngere Schwester eines katholischen Pfarrers, die zum Judentum konvertiert war, geheiratet. Sie hatten drei Kinder. Nach der deutschen Besatzung bat die Schwester ihren Bruder, ihrer Familie zu helfen. Der Pfarrer sagte, dass er ihr helfen könne, denn sie sei vom gleichen Blut, aber nicht ihrer Familie. Sie aber ging mit ihrer ganzen Familie den Weg zum Frachtenbahnhof, von wo sie alle im Viehwaggon nach Auschwitz-Birkenau verbracht wurden. Nur die beiden Töchter, die das Glück hatten, von Auschwitz zum Aufräumen von Bombenschäden nach Bremen geschickt zu werden, überlebten den Krieg.

Zuhause hörte ich manchmal Radio. Die Nachrichten waren gar nicht gut. Oft genug ertönte das mich zutiefst erschreckende Brüllen von Hitler. Im Verhältnis dazu schien Ungarn damals noch ein Paradies zu sein, mitten in einer Welt voll Unglück und Elend. Es waren genug Lebensmittel vorhanden, auch wenn es schon teilweise Rationierungen gab.

Die Erwachsenen schwärmten vom politischen Kabarett, in dem die Nazi und ihre ungarischen Helfershelfer verspottet wurden. Wochenlang summten die Verwandten das Lied *„Oi Oi Oi, az Imrédy se goi"*. Béla Imrédy war der extrem rechte Ministerpräsident Ungarns, der für den Geschmack von Horthy zu engen Kontakt mit den Deutschen pflegte. Horthy wollte ihn loswerden. Als entdeckt wurde, dass seine Großmutter eine getaufte Jüdin war, nutzte er dies als Vorwand, um ihn zu entlassen. Im Kabarett spottete man daraufhin, dass auch Imrédy kein Goi, also kein Nichtjude ist. Die Nazis kümmerte das nicht und auf ihr Betreiben wurde er nach der Besetzung im Mai 1944 von Horthy wieder als Mitglied der Regierung eingesetzt. Nach dem Krieg wurde Imrédy vom Volksgericht zum Tod verurteilt und 1946 gehängt.

Der fast tägliche Besuch im Ken, dem Heim der Jugendgruppe und der sonntägliche Ausflug gaben mir ein Gefühl der Zugehörigkeit. Als unsere Jugendgruppe am Abend des 22. Juni 1941 von einem Ausflug in den Hügeln von Buda zurückkam, erfuhren wir vom deutschen Angriff auf die Sowjetunion. Angst aber auch Freude war unsere Reaktion. Wir hofften, dies wäre der Anfang vom Ende der Naziherrschaft. Der Sommer 1941, der einen raschen Vormarsch der deutschen und ungarischen Truppen mit sich brachte, machte uns traurig. Doch wir setzten unsere Hoffnung weiter in die Sowjetunion.

Einmal im Herbst, ich war schon 13 Jahre alt, wurde ich von volksdeutschen Nachbarn bei der Polizei angezeigt. Da ich Sonntags immer mit einem vollen Rucksack aus dem Haus ging und am Abend mit einem leeren zurückkam, konnte ich ihrer Meinung nach nur ein kommunistischer Agitator sein, der Flugblätter verteilt. Dass der Rucksack Essen enthielt, kam ihnen nicht in den Sinn. Ein Polizist holte mich ab und brachte mich zur Budapester Polizeidirektion. Dort wurde ich von einem Beamten verhört. Nach ein paar kräftigen Ohrfeigen sollte ich gestehen, wer meine kommunistischen Verbindungsleute sind. Weil ich laut weinte und ständig wiederholte, dass ich gemeinsam mit Schulkameraden nur Ausflüge in die Hügel von Buda mache, kamen andere Beamte dazu. Diese meinten, ich sei ja noch ein Kind und man solle mich gehen lassen. Nach einer halben Stunde durfte ich die Polizeidirektion wieder verlassen. Ich informierte sofort meinen Jugendleiter über das Vorgefallene. Er beruhigte mich und bestätigte, dass ich mich richtig verhalten hatte. Doch danach fühlte ich mich noch weniger wohl in Budapest.

Es muss im Winter 1941/42 gewesen sein, als ich wieder einmal als *armer Halbwaise* bei der Familie Lessner zum Mittagessen war. Sie besaßen eine der großen Weinkellereien in Ungarn und wohnten in einer herrschaftlichen Wohnung. Sie waren enge Freunde meiner Zürcher Verwandten und ich nannte sie Onkel und Tante. Beim Mittagstisch sagte ich unverblümt, ich hoffe, dass die Rote Armee in Budapest einmarschieren wird. Onkel Lajos, der nur mit Stock ging, stand auf und wollte mit dem Stock auf mich einschlagen. Für ihn war dieser Gedanke unvorstellbar. Seine Frau Anna rettete mich, doch von nun an durfte ich nicht mehr im Wohnzimmer essen, sondern bekam mein Essen und ein Esspaket für zuhause in der Küche. Einige Jahre nach dem Krieg erzählte mir Tante Anna, wie die Geschichte weitergegangen war: Die „arische" Schwiegertochter von Lessners lebte auch in Budapest. Als am 15. Oktober 1944 die Pfeilkreuzler putschten, wurde im Radio verkündet, dass auf der Stelle erschossen werde, wer bei sich Juden beherberge oder verstecke. Die Schwiegertochter verlangte von den Lessners, die sich in ihrer Wohnung aufhielten, diese zu verlassen. Sie gingen in den nahen Park und hatten vor, sich mit Zyankali umzubringen. Doch es kam nicht dazu. In Tapolca, wo ihre Weingärten lagen, hatten sie einen mittellosen, begabten Schüler unterstützt und dessen Studium an der Universität bezahlt. Dieser war Beamter der Stadtverwaltung von Budapest geworden und erinnerte sich an seine Wohltäter. Er suchte Lessners bei der Schwiegertochter und fand sie im Park. Von dort brachte er sie in sein Wochenendhäuschen am Stadtrand von Budapest, wo sie bis zur Befreiung durch die Rote Armee blieben. Als die russischen Soldaten einmarschierten, kochten sie in großen Kesseln Erbsensuppe für die ausgehungerte Bevölkerung und Tante Anna erzählte, wie ihr Mann sich vordrängte, um dem ersten sowjetischen Soldaten die Hand zu küssen.

Ende 1941, Anfang 1942 glaubten er und die überwiegende Mehrheit der Juden aber noch, dass die antijüdischen Gesetze nur eingeführt worden seien, um Schlimmeres zu verhüten, dass man dem mächtigen Deutschland entgegenkommen müsse und Horthy sie beschützen würde. Eine solche Politik hätte vielleicht die Chance gehabt, ihr Ziel zu erreichen und die Juden zu retten, wenn die ungarischen Machthaber die extremen Rechten konsequent zurückgedrängt hätten, doch genau das Gegenteil davon geschah.

Die Juden diskriminierenden Gesetze, das Erstarken der Pfeilkreuzlerbewegung und die Passivität der jüdischen Gemeinden wurden in unserer Bewegung mit Sorge betrachtet, auch wenn wir im Alltag, außer den Beschimpfungen unserer Altersgenossen, nicht viel davon spürten.

Einer unserer Helden in der Jugendbewegung war der proletarische Dichter Attila József, der sich gegen die Faschisierung Ungarns gewandt und 1937

Selbstmord begangen hatte. Oft deklamierten wir seine Gedichte. Er war Kommunist gewesen, wurde aber von der Partei ausgeschlossen, um nach dem Krieg dann idealisiert zu werden. Fünf Jahre nach seinem Tod organisierte seine Schwester eine antifaschistische Gedenkveranstaltung im Vigadó, einem großen Saal, nicht weit vom Donauufer entfernt, und wir gingen hin und nahmen teil.

Mein Gefühl war widersprüchlich. Einerseits begeisterten uns die Gedichte von Attila József und die Lieder der sozialdemokratischen Chöre, andererseits aber fühlten wir, dass die Linken in Ungarn damals eine verschwindend kleine Minderheit bildeten und keinen Einfluss auf den Lauf der Dinge hatten. Wir sahen die Zeichen an der Wand.

Mein Vater hatte Anfang 1942 einen jüdischen Deserteur aus dem Arbeitsdienst in unserer Wohnung für mehrere Wochen Unterschlupf gewährt. Ich erinnere mich an einen verschlossenen und traurigen jungen Mann, mit dem ich nicht sprechen durfte und der eines Tages wieder verschwunden war.

Im Frühjahr oder Frühsommer 1942 wurde ich von meinem Jugendleiter beim Schomer Hazair gefragt, ob ich bereit wäre, nach Palästina zu reisen. Ich stimmte mit Begeisterung zu. Mein Vater und die ganze Familie versuchten mich zu überzeugen, dass ich doch in Ungarn bleiben solle, nur meine Cousine Juci unterstützte mich. Eine Verwandte, die mich überzeugen wollte, dass mir in Palästina der Tod drohe, drückte mir im Sommer 1942 das 1937 in Budapest publizierte ungarischsprachige Buch „Das gelobte Land" von Emil Ormos in die Hand. Gleich am Anfang prophezeit der Autor: *„Palästina wird nie ein jüdischer Staat werden, die verschiedenen Nationalitäten angehörigen Menschen jüdischer Religion werden nie ein Volk werden. [...] Der europäische Jude wird niemals in Palästina Wurzel schlagen, dort seine Heimat finden. Er wird ewig fremd bleiben. Und er hat sein Heim, seine Heimat verloren, wo zwar jetzt der Antisemitismus wütet, aber nur solange es ökonomische Probleme gibt."*

Ich hörte sofort nach den ersten paar Seiten auf zu lesen. Mit kritischen oder gar ablehnenden Stimmen wollte ich mich nicht beschäftigen, denn ich wollte nur weg aus Ungarn. Im Sommer 1942, nachdem Chava Ausländer, die ältere Schwester meines Freundes Amram, in langen Gesprächen meinen Vater überzeugt hatte, willigte er endlich ein, mich – so bald wie möglich – mit einem Jugendtransport nach Palästina reisen zu lassen.

Die Schule hatte ich in den vergangenen zwei Jahren vollkommen vernachlässigt. Statt Hausaufgaben zu machen oder zu lernen, ging ich nachmittags oft ins Kino, sehr gern in die *Urania*, die deutschsprachige Filme zeigte. Der Eintritt dort war zwar Juden verboten, aber meine Neugierde war stärker als meine Angst und so ich bin einfach hinein. Zum Glück wurde ich nie erkannt. Dort sah ich auch die Aufregung der Zuschauer, als der Veit Harlan-Film *Jud*

Süss gezeigt wurde. Mein Halbjahrszeugnis 1941/42 war katastrophal gewesen, ungenügend in ungarischer Sprache und Literatur sowie Stenographie, in allen anderen Gegenständen, mit Ausnahme von Gesundheitskunde und Benehmen, erhielt ich bloß genügend. Mein Vater wurde zum Schuldirektor eingeladen und gebeten, mich mitzubringen. Dr. Fuchs schlug meinem Vater vor, mich aus der Schule zu nehmen und als Lehrling unterzubringen, dann wolle er Gnade vor Recht walten lassen und mich in keinem Gegenstand durchfallen lassen. Sollte mein Vater aber darauf beharren, mich in der Schule zu lassen, dann müsste ich die Klasse wiederholen, denn eine Gesamtnote *Ungenügend* stand mir bevor.

Schweren Herzens wurde ich aus dem Gymnasium genommen und mit Hilfe von Tante Anna Lessner im August 1942 in einer Budapester Werkstätte als Lehrling angestellt. Diese gehörte der Frau eines ungarischen Generalstabsoffiziers und produzierte Lederwaren für die ungarische und deutsche Armee. Auch hier hätte ich meinen wöchentlichen Dienst bei Levente leisten sollen, doch stattdessen trieb ich mich lieber in der Stadt herum.

Als ich im November 1942 gerade die Vormittagsjause im nahen Lebensmittelgeschäft für einen der Arbeiter holte, kamen Feldgendarmen, um mich wegen meines nicht geleisteten Leventedienstes abzuholen. Der Meister sandte den zweiten, weiblichen Lehrling aus, um mich zu warnen. Ich eilte nach Hause, packte meine Sachen und fuhr zum Onkel nach Balatonboglár, um bis zu meiner Abreise unterzutauchen. Dort suchten mich die Gendarmen nicht, dazu war ich – ein vierzehnjähriger Junge – zu unbedeutend.

Eines Morgens, ich frühstückte allein mit Onkel Arthur, fragte ich ihn, ob er denn nicht daran denke, sein Geschäft zu verkaufen und mit der Familie nach Rumänien zu ziehen. Er schaute mich an, und fragte überrascht, warum er denn das tun sollte. Ich erzählte ihm, dass Juden in Polen in Öfen verbrannt werden. *„Von wo hast Du das?"* Ich behauptete, es im Radio BBC gehört zu haben, was nicht stimmte, denn ich hörte es in der Jugendbewegung. Onkel Arthur sagte, BBC dürfe man nicht hören und nicht alles, was die sagen, muss stimmen.

Aber schon am 3. April 1942 hatte die Nachrichtenagentur Reuters aufgrund von Informationen aus holländischen Kreisen in London gemeldet, dass Gas als Mittel des Massenmordes benützt wird. Der jüdisch-sozialistische Bund publizierte einen Bericht aus Warschau, in dem festgestellt wurde, *„Die Deutschen haben eine Operation in Gang gesetzt, um die jüdische Bevölkerung auf polnischem Boden zu vernichten."* Die Verfasser beschrieben detailliert, wie das geschieht und berichteten, dass 700 000 Juden bereits ermordet worden sind. Am 2. Juni 1942 hatte BBC eine Kurzversion dieses Berichtes in ihren Sendungen nach Europa ausgestrahlt. Die grauenvollen Informationen überstiegen das Vorstellungsvermögen vieler und man versuchte sie zu verdrängen. Obwohl sein Neffe Jancsi schon in einem Strafbataillon in der Ukraine geschunden wurde und das in der Familie bekannt war, meinte Onkel Arthur:*„Hier ist nicht Deutschland, hier ist nicht Polen, hier gibt es eine tausendjährige christlich-ungarische Kultur, außerdem war ich Offizier im Krieg und wurde mit dem Karlskreuz ausgezeichnet".* Diese Haltung war damals typisch für die meisten ungarischen Juden, je mehr man sie diskriminierte, umso patriotischer wurden sie.

Ich sagte bescheiden, dass ich nur 14 Jahre alt sei und trotzdem Ungarn verlassen werde. Onkel Arthur wurde mit Ehefrau, mit Tochter und Enkelin sowie den beiden Söhnen im Frühjahr 1944 nach Auschwitz-Birkenau deportiert und niemand aus dieser Familie kam zurück. Mitte Dezember rief mein Vater an und teilte mir mit, dass man mich kurz vor Weihnachten in der Werkstätte brauchte, um die Weihnachtsgeschenke auszutragen. Tatsächlich erhielten die Ehefrauen der Offiziere, die für Bestellungen verantwortlich waren, allerlei Lederwaren als Geschenk. Ich kehrte also noch einmal nach Budapest zurück, zumal auch feststand, dass unser Transport Anfang 1943 Budapest verlassen sollte. Wieder in Budapest, trug ich die Geschenke aus und erhielt überall etwas Geld oder wenigstens einen guten Imbiss.

Am Vormittag des 24. Dezember gab es eine Weihnachtsfeier in der Werkstatt und die Arbeiter, die meistens aus der Umgebung von Budapest kamen, brachten mir Geschenke für die Reise, ein Laib Bauernbrot, eine Seite Speck, ein paar Kilogramm Äpfel, und Herr Novak, der Meister, hielt eine kleine Ansprache und sagte: *„Auf uns Ungarn warten schwere Zeiten, für Euch Juden kann es aber katastrophal werden. Du tust gut daran wegzufahren."* Diese Arbeiter hatten ein besseres politisches Gespür, als die Mitglieder meiner Familie.

In der zweiten Hälfte 1942 nahm der Krieg eine günstige Wendung für die Alliierten. Die ungarische Regierung war bereit, den Alliierten gegenüber ein Zeichen zu setzen und 50 jüdische Kinder und Jugendliche – 20 Mädchen und 30 Jungen – im Januar 1943 nach Palästina ausreisen zu lassen.

Organisiert wurde unsere Reise vom *Palästinaamt* und Dr. Rezsö Kasztner, Joel Brand sowie den Verantwortlichen für die zionistischen Jugendbewegungen. Die Schwierigkeiten waren enorm. Denn um diesen Transport durchzuführen, brauchte es die Ausreiseerlaubnis aus Ungarn, die Transitgenehmigungen von Rumänien, Bulgarien, der Türkei und französische Visa für Syrien sowie natürlich die britische Zustimmung.

Die Briten hatten im Mai 1939 das Weißbuch (White Paper) erlassen. Dieses schränkte die jüdische Einwanderung zu einem Zeitpunkt ein, als die größte Not einsetzte. Anstatt jährlich 50 000 Einwanderungsgenehmigungen sollten für die nächsten fünf Jahre lediglich 75 000 ausgestellt werden.

Nach Ausbruch des Krieges konzentrierten die Alliierten all ihre Anstrengungen darauf, der Herrschaft Hitlers ein Ende zu bereiten. Die Zionisten wollten Aktionen initiieren, um die Juden zu retten, doch die Alliierten argumentierten, dass es eine Menge Völker unter der Herrschaft der Nazi gäbe, wie die Polen, Tschechen usw., und man könne die Juden nicht bevorzugt behandeln, wenn das Hauptziel der Sieg sei. Zudem wollten die Alliierten nicht den Eindruck erwecken, der Krieg werde geführt, um Juden zu retten, was die Nazi ihnen unterstellten.

Geldtransfer in den von Deutschen besetzten Teil Europas wurde von den Briten verboten. Doch ohne finanzielle Mittel war keine Rettung möglich. So mussten die Zionisten diese Vorschriften umgehen, um Juden aus Europa retten zu können. Ende 1942 wurde das Rettungskomitee Vaad ha-Hazala ins Leben gerufen. Der Jischuv, die Juden im britischen Mandatsgebiet Palästina, zählte damals weniger als 500 000 Menschen und sandte doch bis zu 20 Beauftragte nach Istanbul, um Juden zu retten. Sie mussten mit der Wehrmacht rechnen, die in weniger als einem Jahr die meisten Armeen Europas bezwungen hatte, sowie mit der deutschen Abwehr und der Gestapo. Die Delegierten waren jung, etwas naiv und sehr tatkräftig, aber sie hatten keinerlei Erfahrung, keine militärische oder nachrichtendienstliche Ausbildung. Diese Emissäre, aber auch der Vertreter des Joint, denen es in der Türkei an Sprach- und Landeskenntnissen mangelte, konnten sich dabei auf die unermüdliche Hilfe einiger Istanbuler Juden stützen.

Zuerst versuchte man, die Kinder auf dem Balkan zu retten, denn die waren in der Nähe und da sah man größere Chancen. Warum Kinder? Diese waren am stärksten gefährdet, durch Hunger und Kälte zugrunde zu gehen. Die Zionisten gingen überdies von der Annahme aus, dass die Deutschen sie vielleicht gehen lassen, da sie doch nur essen und nicht arbeiten würden.

Im Auftrag Himmlers hatte Eichmann das deutsche Auswärtige Amt bereits Anfang Mai 1942 wissen lassen, dass die Auswanderung von jüdischen Kindern *„grundsätzlich abgelehnt werden"* müsse. Allerdings sei das Reichssicherheitshauptamt bereit, *„5000 Kinder hinauszulassen, wenn dafür gleichzeitig ‚noch fortpflanzungsfähige Deutsche im Alter unter 40 Jahren', die im Ausland interniert seien, entlassen würden"*. Dieser Austausch müsste jedoch *„sofort geschehen, da sich der Zeitpunkt nähere, wo wegen der Durchführung"* der *„Judenmaßnahmen"* die Ausreise von 5000 jüdischen Kindern aus den Ostgebieten sich nicht mehr *„bewerkstelligen lassen"* werde.

Während diese Äußerung in ihrer ganzen Brutalität doch noch wenigstens *„einen kleinen Hoffnungsschimmer für die Rettung einiger jüdischer Kinder nach*

Palästina bestehen ließ", verlangte der Mufti von Jerusalem, Hadj Amin el-Husseini, die absolute *„Ablehnung solcher Pläne".*

Im Frühjahr 1943 richtete der Mufti Briefe an den ungarischen, rumänischen und bulgarischen Außenminister. An letzteren schrieb er unter anderem: *„Die jüdische Gefahr für die gesamte Welt, und insbesondere für die von Juden bewohnten Ländern, ist den meisten Völkern eine Tatsache geworden und veranlasste sie zu Selbstschutzmaßnahmen. Die Achsenmächte und ihre Verbündeten zählen zu den Ersten, die erkannt haben, dass man diesen feindlichen Elementen und ihrer Zersetzungstätigkeit durch Spionage, Schwächung der Moral, Verbreitung kommunistischer Ideen und Lähmung des Wirtschaftslebens Einhalt zu gewähren eine nationale Lebensnotwendigkeit geworden ist.* [...] *Ich möchte mir erlauben, Ihre Aufmerksamkeit darauf zu lenken, dass es sehr angebracht und zweckmäßiger wäre, die Juden an der Auswanderung aus Ihrem Land zu verhindern und sie dorthin zu schicken, wo sie unter starker Kontrolle stehen, z. B. nach Polen. Damit entgeht man ihrer Gefahr und vollbringt eine gute, dankbare Tat dem arabischen Volke gegenüber, die Ihnen ständig anerkannt, und die die freundschaftlichen Beziehungen zu Ihrem Volk noch enger gestalten wird."* (Höpp, Gerhard: S. 164, Tarach, Tilman: S. 79–80)

Großbritannien hatte die Vergabe von Palästinazertifikaten an 5000 jüdische Waisenkinder aus Bulgarien, Ungarn und Rumänien zugesagt, wobei diese nicht zusätzlich gewährt, sondern auf die aus dem Weißbuch noch offenen Zertifikate angerechnet werden sollten. *„Die türkischen Stellen gewährten jedoch nur alle zehn Tage Transitvisa für jeweils 75 Kinder mit Begleitern, unter der Bedingung, dass eine Gruppe jeweils erst dann einreisen sollte, wenn die vorherige die Türkei bereits verlassen hatte. Die türkischen Politiker begründeten diese Restriktionen mit Transportproblemen, verweigerten aber auch die Einrichtung von Auffanglagern nahe der türkisch-bulgarischen Grenze, von wo die Kinder dann hätten weiter transportiert werden können. Die Durchreisegenehmigungen sollten im Wechsel jeweils für eine Gruppe aus Bulgarien, aus Rumänien und aus Ungarn erteilt werden. Sobald es zu einer Verzögerung der Ausreise einer der vorgesehenen Gruppen kam, was angesichts der Repressalien und der Kriegssituation in all diesen Staaten oft unausweichlich war, verfielen die Transitvisa."* (Guttstadt, Corry: S. 249f.)

Letztendlich konnten nur drei Gruppen die Reise antreten. Die Zertifikate waren für 11 bis 16Jährige erteilt worden. Aber die Organisatoren waren bemüht, die Zertifikate nach Notwendigkeit und Dringlichkeit zu vergeben. Hauptsächlich sollten natürlich Flüchtlinge aus Österreich, Polen und der Slowakei berücksichtigt werden, die zum großen Teil bereits ihre Familie verloren hatten. Das führte dazu, dass die Zertifikate und Reisepässe nicht immer mit den Inhabern übereinstimmten. Einige von uns waren erst 7 oder 8

Jahre alt, andere bereits 20. Die älteren Jungen mussten sich zwei Mal pro Tag rasieren, um bei den Kontrollen nicht aufzufallen. Die meisten hatten ihre eigenen Bilder im Reisepass, es gab aber auch den Fall eines 19jährigen Mädchens, das mit dem Pass einer 15Jährigen fuhr und bei jeder Grenzkontrolle Todesängste durchstand, weil sie bereits aus dem besetzten Polen geflüchtet war.

Die religiöse Bnei Akiva benötigte ein Zertifikat für ein Mädchen, dem es gelang, aus Polen zu flüchten. Im Austausch boten sie dem Schomer Hazair eines ihrer Zertifikate an.

Dieser war einverstanden und stellte das Zertifikat mir zur Verfügung, da die darauf angeführten Daten ungefähr mit meinen übereinstimmten. Außerdem war ich Halbwaise und schon mit den Behörden in Konflikt geraten, so dass ich auf der Dringlichkeitsliste relativ weit oben stand. Der ungarische Reisepass, den ich erhielt, lautete auf den Namen Zelig Buchbinder und machte mich um ein Jahr älter, war aber mit meinem Bild versehen. Zusätzlich prangte in ihm ein großer Stempel: *„Darf nie wieder in das ungarische Königreich zurückkehren."*

Mit mir zusammen konnten aus meiner Budapester Schomergruppe noch György Lissauer, Meir Berger und Amram Ausländer ausreisen. Unsere Gruppe komplettierten noch Judith und Rina, zwei Mädchen, die aus der Slowakei geflüchtet waren und Ungarisch sprachen. Wir sechs sollten die nächsten Jahre zusammen verbringen.

Januar 1943 – Abschied von Europa

Der 5. Januar 1943 war ein kalter Tag und es schneite, als wir uns vor unserer Abreise in der Turnhalle der jüdischen Hauptschule am Bethlenplatz versammelten, um uns von den Verwandten zu verabschieden. Jeder Jugendliche durfte nur von einem Angehörigen bis zum nahen Ostbahnhof begleitet werden.

Mein Vater brachte es nicht übers Herz mitzugehen. Auch sein zweiter Sohn verließ ihn, um nach Palästina zu gehen. Er weinte bitterlich und ich sah ihn zum letzten Mal.

Der Abschied war für mich schmerzlich. Ich verließ meinen Vater und viele Verwandte, die ich nie wieder sehen sollte. Die Tatsache aber, dass mein um 15 Jahre älterer Bruder bereits 1935 ins Heilige Land gekommen war, ließ mich hoffen, nicht ganz ohne Familie leben zu müssen. Selbstverständlich war auch eine Menge Abenteuerlust dabei, die meine Phantasie beflügelte.

Meine Cousine Juci begleitete mich zum Ostbahnhof, wo wir – 50 Kinder und Jugendliche – uns vor dem Zug aufstellten und die Hatikva, die zionistische Hymne, sangen:

„Solange ist unsere Hoffnung noch nicht verloren,
die Hoffnung, zweitausend Jahre alt,
zu sein ein freies Volk in unserem Land,
im Lande Zion und Jerusalem!“

Zwei oder drei Bahnsteige weiter standen deutsche Soldaten, die glaubten, wir wären eine faschistische Gruppe und hoben ihre rechte Hand zum Hitlergruß. Sie konnten nicht wissen, wer wir waren, denn der gelbe Stern wurde in Ungarn erst nach der deutschen Besatzung 1944 eingeführt. Wir hatten keine Ahnung, welche Gefahren uns auf dieser Reise drohten und man hatte uns auch nicht über unseren Reiseweg informiert. Mir schien das ganze als ein tolles Abenteuer. Dass es auch tödlich hätte ausgehen können, war uns nicht bewusst.

Im Zug kamen noch zwei zehnjährige Jungen in unser Abteil, Butzko Hunwald vom Schomer Hazair, dessen viel älterer Bruder bereits in Palästina war und ein zehnjähriger Bub. Der Sohn orthodoxer Eltern, die nach ihrer Flucht aus Österreich als mittellose Flüchtlinge in Ungarn interniert waren, wurde mir anvertraut, weil er nur deutsch sprach. Sein Pass lautete ebenfalls auf einen anderen Namen und ich – ein Vierzehnjähriger – musste dafür sorgen, dass er seine neuen Daten auswendig lernte. Alle paar Stunden fragte er mich: *„Wer bin ich“*, denn er hatte Probleme, sich seine neue Identität zu merken. Immer wieder wiederholte ich sie ihm, manchmal etwas ungeduldig und barsch. Aber er war erst zehn Jahre alt und kam zum ersten Mal in seinem Leben – allein ohne Eltern – in eine ganz fremde Umgebung. Seine Eltern hatten ihm eingeschärft, die Kopfbedeckung nie abzulegen. Wir machten uns – auf Ungarisch – lustig über den armen Knaben, der an Gebräuchen festhielt, die wir für obsolet hielten.

Als wir in der rumänischen Grenzstation Curtici ankamen, waren viele der Zollbeamten betrunken, denn in Rumänien war gerade ein Feiertag. Unser Zug fuhr weiter, wir aber wurden in einem eiskalten Waggon in der Grenzstation abgestellt. Ein rumänisch sprechender Junge, der mit uns fuhr, überzeugte den Stationsvorstand, vor unseren Waggon eine Lokomotive anzuhängen, die dann für Heizung sorgte.

Mitten in der Nacht kam ein rumänischer Staatspolizist und beruhigte uns, der jüdische Baron Neumann aus der nahen Stadt Arad hätte ihn gebeten, uns zu schützen. Im Morgengrauen mussten wir unsere Pässe abgeben und den Waggon verlassen. Wir wurden einzeln aufgerufen, uns zu melden. Viele von uns ängstigten sich. Noch heute kann ich nicht die Erleichterung vergessen, die wir gespürt haben, als wir wieder den Waggon besteigen durften und auch mein kleiner Schützling die Prüfung bestanden hatte.

Die Eisenbahnstation Arad – nur 17 Kilometer von Curtici entfernt – war voller Juden, die ihren Augen nicht trauen wollten: Mitten im Krieg kamen zum ersten Mal jüdische Jugendliche aus Ungarn hier durch. Wir wurden mit viel Liebe empfangen und mit einer warmen Mahlzeit versorgt. Noch am gleichen Abend erreichten wir Bukarest, wo wir bereits von Vertretern der jüdischen Gemeinde erwartet wurden, die uns jede mögliche Hilfe gewährten. Wie wir später erfuhren, hatten deutsche Beamte versucht, unsere Gruppe zu überprüfen, was die rumänischen Behörden jedoch strikt ablehnten.

Am nächsten Abend, nach dem Überqueren der Donau, hatten wir in der bulgarischen Grenzstation Rustschuk kein Glück und mussten die ganze Nacht bei mehr als minus 20 Grad im ungeheizten Waggon bleiben. Mit den wenigen Decken, die wir hatten, wurden die kleinen Kinder gewärmt. Wir „Großen" froren die ganze Nacht durch. Im Morgengrauen ging es auf Nebengleisen weiter, denn in Sofia waren Juden unerwünscht. Aber bulgarische Eisenbahner kamen in unsere Abteile, umarmten uns und gaben uns etwas zu essen. Sie erbrachten mit dieser Geste einen Beweis für ihre vorurteilsfreie Haltung. Diese war auch dem deutschen Gesandten in Sofia nicht entgangen, er hatte in einem kritischen Bericht vermerkt, dass dem bulgarischen Volk *„die ideologische Aufklärung fehlt, die bei uns vorhanden ist. Mit Armeniern, Griechen und Zigeunern groß geworden, findet der Bulgare an dem Juden keine Nachteile, die besondere Maßnahmen gegen ihn rechtfertigen".* (Poliakov, Leon/Wulf, Josef: S. 71–72, Dokument CXXVI–63)

Unsere nächste Station war Stara Zagora, wo uns die warmherzigen sefardischen Juden einluden, die Nacht in ihren Wohnungen zu verbringen. Nur ich musste im Waggon bleiben, denn mein Fuß war geschwollen, ich hatte große Schmerzen und konnte nicht gehen. An der bulgarischen Grenzstation Svilengrad stiegen Gestapobeamte zu, die ich an ihrer Aussprache als Österreicher erkannte. Sie durchsuchten unser Gepäck und fragten unseren erwachsenen Betreuer in ruhigem Ton, weshalb wir nach Palästina fahren. Dieser erklärte, wir würden dort in landwirtschaftliche Schulen kommen, worauf die gemütlichen, in Ledermäntel gekleideten *Ostmärker* antworteten, das könnten wir doch auch in Polen haben. Sie würden uns gerne – kostenlos, versteht sich – dorthin befördern.

Wir wussten aber längst, was dort geschah und bestanden darauf, diese Ausbildung doch lieber im Heiligen Land zu machen.

Nach der Kontrolle ließ man uns aber vorerst für ein paar Stunden nicht weiterfahren. Unser Betreuer hatte in Bulgarien die Telefonnummer eines Ministers erhalten, der versprochen hatte, im Fall von Schwierigkeiten für uns zu intervenieren. Er zeigte dessen Visitkarte einem bulgarischen Offizier, der sofort eine Gruppe bulgarischer Soldaten um sich scharte, die den Grenzbalken hoben. Nach diesen sehr bangen Stunden durften wir in Richtung Istanbul weiterfahren. Die ärgste Gefahr war überstanden, wir hatten den deutschen Einflussbereich verlassen und waren sehr erleichtert, so vertrieben wir uns von der türkischen Grenze bis Istanbul die Zeit mit Singen von Liedern, die wir in der Jugendgruppe gelernt hatten.

In Istanbul wurden wir am Bahnhof Sirkeci von Vertretern der Jewish Agency erwartet und in eine kleine Pension in Galata gebracht, wo wir von der türkischen Polizei bewacht wurden. Das ungewohnte türkische Essen führte dazu, dass viele von uns an Durchfall erkrankten. Doch einmal durften wir – schwer bewacht – ins Kino. Wir sahen mit großer Begeisterung einen amerikanischen Kriegsfilm mit Robert Taylor in der Hauptrolle. Die Geschichte verstanden wir nicht, wir sahen nur, wie die englischen und amerikanischen Flugzeuge Deutschland bombardierten.

Gerade als wir in Istanbul waren, wurde eine besondere Vermögenssteuer beschlossen. Obwohl dieses Gesetz für alle gelten sollte, benützte die türkische Regierung diese Steuer dazu, um Juden, Armenier, Griechen und Dönme, deren Vorfahren Juden waren, die vor Hunderten Jahren zum Islam übergetreten waren, zu diskriminieren. Das Gesetz wurde ohne Durchführungsbestimmungen erlassen und öffnete so der Willkür Tür und Tor. „Echte Türken" mussten lediglich eine symbolische Summe bezahlen, doch im Fall der Juden und anderer Minderheiten war die Steuer so hoch wie das jeweilige Vermögen, so dass die meisten nicht zahlen konnten und ihr Eigentum versteigert wurde. Mit Ausnahme der Matratzen wurde den Unglücklichen alles genommen. Wenn der Raubzug nicht genug einbrachte, wurden sie verhaftet und zur Zwangsarbeit in die Dörfer Anatoliens verbracht. Unter den Betroffenen fanden die meisten Armenier Wege, um ihr Vermögen zu retten. Seit den schrecklichen Massakern und Verfolgungen im Ersten Weltkrieg hatten sie nicht mehr in Immobilien investiert. Für die Griechen in der Türkei setzten sich zumindest die beiden damals existierenden Regierungen ein, jene mit den Deutschen kollaborierende in Athen und auch die griechische Exilregierung in Ägypten. Doch die Juden hatten keine Beschützer. Sie wagten es auch nicht, ihre Stimme gegen dieses Unrecht zu erheben. Die Erinnerung an den Weihnachtstag 1941 war noch lebendig. An jenem Tag wurde das Schiff *Struma*, das an seinem Mast ein Schild *„Rettet uns"* angebracht hatte, ins Meer gejagt, wo es mit seinen jüdischen Passagieren, 429 Männern, 269 Frauen und 70 Kindern unterging.

Das britische Kolonialministerium unter Lord Moyne hatte zuvor abgelehnt, dieses Flüchtlingsschiff in Haifa landen zu lassen. All dies sollte ich erst erfahren, als ich das im Jahr 1954 in Israel erschienene Buch von Menachem Bader *Traurige Missionen* las. Menachem Bader hatte mit uns in Istanbul – wo er die Vereinigung der aus dem Schomer Hazair hervorgegangenen Kibbuzim, den Kibbuz Arzi, vertrat – gesprochen und mit Interesse unsere Berichte über die Tätigkeit der eigentlich verbotenen Jugendbewegung in Ungarn angehört. In seinem Buch schildert er unsere Gespräche mit bewegenden Zeilen und beschreibt die Bemühungen um die Rettung von Juden, die eine Gruppe zionistischer Emissäre in Istanbul unternommen hatten, die aber leider meistens vergeblich waren.

Nach vier Tagen Ruhe in Istanbul bestiegen wir den Zug auf der asiatischen Seite des Bosporus in der Station Haider Pascha und fuhren zweiter Klasse bis Beirut. Dieser Zug führte vier Klassen. Für die Weiterreise hatte uns die jüdische Gemeinde mit einem riesigen Stück Halva, einer schweren, fetten Süßigkeit, versorgt. Wir waren nach Süßem ausgehungert, fielen mit unseren Taschenmessern darüber her und verdarben uns gründlich den Magen.

Anatolien war eine ganz andere Welt. Für uns war alles neu und exotisch. An den Stationen sahen wir Bäuerinnen, die mit ihren gackernden Hühnern im Käfig einstiegen. Es wurden Orangen und Bananen angeboten, doch wir hatten dafür kein Geld. In Ankara kamen wir um 1 Uhr in der Nacht an, durften aber nicht aussteigen. Die weitere Reise durch Anatolien war problemlos, auch das Überqueren der syrischen Grenze. Hier hatten wir das Gebiet der Alliierten erreicht, französische und britische Soldaten kamen in den Zug, der nach Aleppo ging. Dort stieg ein Mitarbeiter des Mossad Alia Bet zu, jener Organisation, die sich bemühte, illegal Juden ins Land zu bringen, und er begleitete uns. Am 18. Januar kamen wir in Beirut an. Endlich durften wir den Zug verlassen und in einem Hotel am Meeresufer übernachten.

Im Zug hatten wir keine warmen Mahlzeiten erhalten und so war die Einladung in ein arabisches Restaurant für uns ein großes Erlebnis. Zwar wurden wir gewarnt, nicht zu viele Vorspeisen zu essen, diese waren aber so schmackhaft, dass wir reichlich zulangten und dann für die Hauptspeisen keinen Appetit mehr hatten.

Am 19. Januar 1943 in der Früh verließen wir Beirut mit einen Bus, der uns bis zur Grenzstation Rosch Hanikra (Ras el Nakura) brachte, dort stiegen wir um in Egged Busse mit hebräischen Aufschriften. Wir fühlten uns wie im siebten Himmel, auch wenn wir die Sprache nicht verstanden, wussten wir, dass man auf uns wartete und uns mit offenen Armen aufnahm. Im nahen Naharia – eine Stadt mit vielen deutschsprachigen Einwohnern – wartete zu unserer Überraschung eine große Menschenmenge, um uns willkommen zu heißen. Schließlich ging in Haifa nach zwei Wochen die lange Reise zu Ende. Unser erstes Quartier war in Bat Galim, einem Stadtteil von Haifa, direkt am Meer gelegen. Dort kamen wir für eine Woche ins Beth Olim, eine Quarantänestation für Einwanderer. Sofort nach unserer Ankunft verhörten uns britische Nachrichtenoffiziere über die Lage in Ungarn. Sie nahmen uns jede ungarische Münze, jeden gebrauchten Fahrschein weg, um ihren Agenten diese zur Verfügung zu stellen. Wir bekamen ein von der Mandatsmacht ausgestelltes Personaldokument. Da ich meine wahre Identität nicht preisgeben durfte, lebte ich ab sofort nicht nur unter einem falschen Namen, sondern wurde auf dem Papier gleich um ein Jahr älter und erhielt überdies einen anderen Geburtsort.

Als mich ein britischer Offizier fragte, ob sie meinen Reisepass einbehalten können, stimmte ich zu, denn ich dachte, bei erster Gelegenheit meine wirkliche Identität wiederzuerlangen. Mein Freund Naftali behielt hingegen seinen ungarischen Reisepass zur Erinnerung an seine ungarische Herkunft.

Groß war mein Erstaunen, als der Lautsprecher des Lagers Bat Galim verkündete: *„Zelig Buchbinder zum Tor".* Ich ging zum Tor und fragte, wer mich suche. Ein älterer Herr stand dort und beschuldigte mich auf Ungarisch schreiend, dass ich ein Schwindler sei und nicht sein Sohn Zelig Buchbinder. Ich war sprachlos und konnte nichts sagen. Man hatte mich zwar informiert, dass ich auf Grund eines getauschten Zertifikates die Möglichkeit erhalten hatte, Ungarn zu verlassen, aber dass der Vater von Zelig Buchbinder im Land lebte, wusste ich nicht. Dieser hatte auf einer Liste der Angekommenen den Namen seines Sohnes gelesen und drohte nun, die Briten zu informieren. Doch einige Leute erklärten ihm die Lage und hielten ihn davon ab.

Viele ungarische Juden kamen zum Zaun unseres Lagers, wollten etwas über das Schicksal ihrer Verwandten wissen, und manche gaben uns sogar ein wenig Geld. Als wir nach einer Woche zu einem Spaziergang ausgehen durften, bat mich die Gruppe, in einem Geschäft eine große Schokolade zu kaufen, da ich der einzige war, der eine Weltsprache – Deutsch – sprach. Im Geschäft stand ein alter Mann, den ich deutsch ansprach. Er antwortete empört: *„Aber, aber, du kannst doch mit mir Hebräisch sprechen, ich habe die Sprache gelernt.“* Auf meine Erwiderung, dass wir aber nicht Hebräisch können, weil wir erst eine Woche im Land seien, schenkte er uns die Schokolade und war nicht bereit, Geld dafür zu nehmen.

Die deutschsprachige Zeitung *Neueste Nachrichten* berichtete am 22. Januar über unsere Ankunft auf Seite 1:

„Kinder aus Ungarn erzählen. Die aus Ungarn im Lande eingetroffenen Kinder sind noch im Beth Olim in Haifa. Es ist auffällig, dass selbst 11–12-Jährige wie Erwachsene denken und sprechen und sehr ernst dreinschauen. Am auffälligsten ist, dass sie gut gekleidet und genährt sind. Ein 15-jähriger Junge erklärte einem Presse-Vertreter, seine Eltern hätten ihn völlig neu eingekleidet, als sie erfuhren, dass er bald abreisen solle, da sie nicht wollten, dass er sich ihrer in Erez Israel schämen müsse. Wer Geld hat, kann nach Angaben des Jungen in Ungarn noch alles kaufen, wenn auch zu überhöhten Preisen. Jeder bemüht sich, sein Geld so rasch wie möglich auszugeben, da man die Zukunft skeptisch beurteilt. Viele Kinder interessieren sich für Politik und wissen gut über den Krieg Bescheid, wenn auch natürlich vom Achsenstandpunkt aus. Die Juden in Ungarn dürfen keine Rundfunkempfänger besitzen, aber auch die nichtjüdischen Ungarn sind offenbar in Unkenntnis über die wirkliche Kriegslage, da die Zensur und die Bestimmungen über das Abhören von Nachrichten sehr streng sind. Als ein Kind hörte, dass in Wirklichkeit die Achsenmächte überall geschlagen sind und zur Defensive übergehen mussten, strahlte es über das ganze Gesicht und erklärte: ‚Wenn das nur meine Eltern wüssten.‘ Ein Kind erzählte über den Abschied von seinen Angehörigen, die Eltern hätten sich sehr gefreut, dass sie ihr Kind nach Erez Israel schicken konnten, aber es selbst habe beim Abschied geweint.“

Es begann wirklich gut. Haifa begrüßte uns mit freundlichen Menschen und Sonnenschein. Wir hatten den kalten europäischen Winter endlich hinter uns gelassen. Vor mir lag ein neues Leben im Kibbuz, über das ich alles zu wissen glaubte. Die Warnungen meiner besorgten Verwandten hatte ich zwar noch im Ohr, nahm sie aber nicht ernst, denn in meinen Augen hatten sie keine Ahnung. In Wirklichkeit war ich es, der wenig wusste über das reale Leben in dem Land, in das wir eingewandert waren.

Für uns war es Erez Israel, das Land Israel. Der hebräische Name des Heiligen Landes stand auch auf den damaligen Münzen und Geldscheinen. Den Namen Palästina verwendeten die Römer, die um 135 u. Z. ihre Provinz Judäa in Syria Palestina umbenannt hatten, um jede Erinnerung an die aufständischen Juden zu tilgen. In den späteren Jahrhunderten bis zum Ende der osmanischen Herrschaft wurde das Heilige Land nicht als eigenständiges Gebiet wahrgenommen, sondern als südlicher Teil der Provinz Syrien. Erst mit dem britischen Mandat ab 1923 gab es wieder eine politische Einheit Palästina, wobei die arabischen Einwohner sich größtenteils als Südsyrer definierten. Palästinenser waren im allgemeinen Sprachgebrauch die Juden.

Der Jischuv, die jüdische Gemeinschaft im Land Israel, umfasste vor Ausbruch des Zweiten Weltkrieges 470 000 Juden, die sich selbst verwalteten und von demokratisch gewählten Funktonären geführt wurden, die jedoch nicht die Mittel eines Staates hatten, um ihre Entscheidungen zu erzwingen. Sie konnten nur an das Gewissen und die Einsicht appellieren und das war in den allermeisten Fällen erfolgreich. *Knesset Israel*, die wie ein Parlament funktionierte, vertrat 95 % der Juden im Land. Sie wurde von den Briten anerkannt, die jeder Religionsgemeinschaft Autonomie gewährten, um ihre Angelegenheiten wie Religion, Erziehung und Gesundheitsfürsorge selbst zu regeln. Bereits die Türken hatten zuvor während ihrer vierhundert Jahre langen Herrschaft das so genannte Milletprinzip, d. h. die begrenzte Rechtsautonomie für nichtmoslemische Gemeinschaften, angewandt.

In allen wirtschaftlichen und gesellschaftlichen Bereichen gab es bereits vor den großen Einwanderungswellen eine Trennung zwischen Juden und Arabern. Die Juden wollten endlich ihre eigene Gesellschaft aufbauen. Sie schufen Schritt für Schritt ihre eigenen, unabhängigen Verwaltungsinstitutionen, hatten ihr eigenes Bildungs- und Gesundheitssystem, das sie auch selbst finanzierten. In die Spitäler des Jischuv kamen Kranke aus dem ganzen Nahen Osten. Das jüdische Kulturleben war lebhaft und auf hohem Niveau. Die angesehensten Personen waren Dichter und Schriftsteller, auf deren Stimmen man hörte. Es gab zwar wenige Theaterbühnen und Konzertsäle, doch erstklassige Künstler aus Europa. In der Regel wohnten Juden in den Städten in neuen Wohnungen, die klein und bescheiden waren, und so wurden die Kaffeehäuser zum gesellschaftlichen Zentrum, wo man sich traf. Es wurde heftig darüber diskutiert, wie man den Zionismus verwirklichen könne, wobei die zionistisch-sozialistischen, säkularen Strömungen in der Gesellschaft die Hegemonie ausübten. Auch wenn der *neue, landwirtschaftlich arbeitende Jude* ein Ideal war, lebte die Mehrzahl der Juden in den Städten und es wurde eine moderne mittelständische Industrie geschaffen. Eine Stütze dieses Aufbaues waren die

Jewish Agency und die 1920 gegründete Gewerkschaft Histradut. Die Masseneinwanderung brachte ein Aufblühen der Wirtschaft, nicht nur der jüdischen, sondern auch der arabischen. Vor allem erlebte die Bauindustrie einen großen Aufschwung. *„Ein Vergleich zwischen einigen nahöstlichen Ländern und Palästina zeigt, dass in allen Kennzahlen – Außenhandel pro Kopf, Gesundheitsausgaben pro Kopf, Import von Landwirtschaftsmaschinen pro Kopf – Palästina im Vergleich zu Ägypten, Transjordanien, Libanon, Syrien und Irak führt. Nur zwei Kennzahlen sind niedriger: die Kindersterblichkeit und die Anzahl der Einwohner pro importierten Traktoren."* (Horowitz, David: S. 12)

Die Araber Palästinas verglichen aber ihre Lebensbedingungen im Allgemeinen nicht mit den arabischen Nachbarländern oder der Türkei, sondern mit ihren jüdischen Nachbarn im Jischuv. Im Unterschied zur relativ homogenen jüdischen Bevölkerung gab es einen enormen Unterschied nicht nur im Reichtum, sondern auch in der Bildung. Die arabische Gesellschaft war zu einem großen Teil des Lesens und Schreibens unkundig, lebte in völlig anderen sozialen Strukturen und war hauptsächlich in der Landwirtschaft tätig. Trotz verschiedener Versuche war es während der Mandatszeit nicht gelungen, eigene Institutionen aufzubauen. Die einzige Institution auf Dauer war der *Hohe Muslimische Rat*, der sich mit religiösen Angelegenheiten befasste.

Für den durchschnittlichen arabischen Mann, der in einem Dorf lebte, waren politische Unabhängigkeit und Nation vage Abstraktionen, seine Loyalität galt seiner Familie, seinem Stamm und Dorf und gelegentlich seiner Region. Die Gesellschaft war mehrfach gespalten in Stadt- und Dorfbewohner sowie Muslime und Christen, die in der Regel ein höheres Bildungsniveau hatten und von der Mandatsmacht bei Stellenvergaben u. ä. bevorzugt wurden. Einige reiche Familien gaben den Ton an und die Briten taten alles, um nichts daran zu ändern. Einen besonders tiefen Graben gab es zwischen den beiden führenden Familien, den Naschaschibis und den Husseinis, zu denen der Mufti von Jerusalem gehörte. Im Unterschied zum Jischuv verließ sich die arabische Gesellschaft meist auf die Dienstleistungen der Mandatsregierung und nur die wenigsten Araber erwarben Regierungs- oder Militärkompetenz. Sie waren überwiegend konservativer als die zum großen Teil säkularen zionistischen Juden und demzufolge standen sie kulturellen, wirtschaftlichen oder gesellschaftlichen Neuerungen eher ablehnend gegenüber.

Das starke Wachstum der arabischen Bevölkerung – mehr als doppelt so viele Einwohner in weniger als einem Vierteljahrhundert – war nicht nur ein Ergebnis der besseren medizinischen Versorgung, sondern auch einer arabischen Masseneinwanderung. Die folgenden Zahlen zeigen den starken Anstieg aller Bevölkerungsgruppen:

	1922	1946
Muslime	486177	1076783
Christen	71464	145063
Araber insgesamt	557641	1221846
Juden	83790	608225
Andere	7617	15488
Insgesamt	649048	1845559

(Report to the General Assembly: S. 16)

Diese Einwanderung von Arabern nach Palästina während der britischen Herrschaft wird gern übersehen, denn die Briten erfassten diese Einwanderung nicht statistisch. Der bis heute verehrte Scheich Izz al-Din al-Quassam war ein fanatischer Prediger, nach dem sowohl Raketen, mit denen man die Juden im Süden Israels terrorisiert, und auch eine Terrorgruppe der Hamas benannt sind. Er kam 1920 mit achtunddreißig Jahren aus Syrien nach Palästina. Bis heute wird er als palästinensischer Nationalheld verehrt. Da die meisten jüdischen Einwanderer während der dreißiger Jahre jung waren, sank das Durchschnittsalter, was man nicht nur in den Kibbuzim, sondern überall im Jischuv deutlich bemerkte. Sie kamen in der Mehrheit aus Polen und Russland bzw. nach 1933 auch aus Deutschland und Österreich. Seit 1850 hatte Jerusalem eine jüdische Bevölkerungsmehrheit und auch in Haifa waren die meisten Einwohner Juden. Tel Aviv war seit seiner Gründung 1909 ausschließlich jüdisch. In den Dörfern war die Bevölkerung *„in der Regel nicht gemischt, sondern entweder arabisch oder jüdisch, allerdings konnten arabische und jüdische Ortschaften nah beieinander liegen."* (Krämer, Gudrun: S. 328)

Bereits 1937 hatte die britische Peel-Kommission, die die Ursachen des arabischen Aufstandes erforschen und eine Lösung finden sollte, eine Teilung des Landes vorgeschlagen, bei der 70 Prozent des Mandatsgebietes den Arabern zugesprochen wurde, 20 Prozent den Juden und zehn Prozent mit einem Korridor von Jaffa bis Jerusalem und Bethlehem britisches Mandatsgebiet geblieben wären. Ein Plan, der im Gegensatz zu den Juden, von der arabischen Führung abgelehnt wurde.

Während des arabischen Aufstandes 1936–1939 ging der Jischuv durch schwere Zeiten, insbesondere nach dem die Mandatsmacht im Mai 1939 das Weißbuch erließ, mit dem die jüdische Einwanderung und der jüdische Bodenerwerb radikal eingeschränkt wurden.

Es gab natürlich Massendemonstrationen gegen das Weißbuch, das auch von den Arabern nicht akzeptiert wurde, weil diese überhaupt keine jüdische Einwanderung haben wollten.

Im Negev, im südlichen Teil des Landes empörten sich andererseits einige Beduinen-Scheichs mit einem Brief an den britischen Hochkommissar gegen die Beschränkung des Landverkaufs an Juden. Sie beklagten sich, dass man damit ihr ohnehin schmales Einkommen verminderte.

Ende der dreißiger Jahre befanden sich die europäischen Juden - mit wenigen Ausnahmen - in einer schrecklichen Lage, ohne einheitliche Führung und getrennt, konfrontiert mit einem mächtigen Feind, dessen erklärtes Ziel es war, die Juden zu vernichten. Im *Dritten Reich* wurde die Lage der Juden nach dem Novemberpogrom 1938 immer prekärer. In Osteuropa hatte der Einfluss der Nazi zu einer Verstärkung des Antisemitismus geführt, was sich durch eine wachsende Zahl von physischen Angriffen und antijüdischen Gesetzen ausdrückte. Die Juden der Sowjetunion waren von jedem Kontakt mit der jüdischen Welt abgeschnitten. In den USA wiederum hatten die jüdischen Gemeinden nach der großen ökonomischen Krise Ende der zwanziger, Anfang der dreißiger Jahre Angst vor der Erstarkung des Antisemitismus und den Ressentiments gegen Flüchtlinge und Fremde. Die meisten Juden Europas wurden sukzessive entrechtet und zur Vernichtung preisgegeben und es stellte sich heraus, dass der Völkerbund total machtlos war, etwas an der Lage zu ändern.

Die Welt teilte sich, wie Chaim Weizmann, der Israels erster Staatspräsident werden sollte, damals feststellte, *„zwischen Länder, die Juden vertreiben und Länder, die sie nicht hereinlassen wollen."* (O'Brien, Conor Cruise: S. 155)

Die einzigen, die bereit waren, europäische Juden aufzunehmen und dadurch zu retten - die Zionisten im Heiligen Land -, wurden durch die Briten daran gehindert, die es sogar mit Abschreckung versuchten. *„Schiffe mit illegalen Einwanderern wurden nicht in die Häfen gelassen* [...] *aufgegriffene Illegale in Lager gesteckt, auf die Insel Mauritius deportiert - oder nach Europa zurückgeschickt* [...] *Tragödien wie die der ‚Struma' bestärkten die zionistische Führung in ihrer Entschlossenheit, den eigenen Kurs gegen alle Widerstände durchzusetzen."* (Krämer, Gudrun: S. 352)

Die Briten waren auch hart gegen die aufständischen Araber vorgegangen: *„Von 1937 bis zum Ende des Aufstandes im Frühjahr 1939 wurden über 100 von ihnen im Zentralgefängnis von Akko gehängt. Häuser von Familien, die verdächtigt wurden, Aufständische zu unterstützen, wurden gesprengt."* (Steininger, Rolf: S. 23) Ein halbes Jahr vor Ausbruch des Zweiten Weltkrieges hörten die Angriffe der Araber gegen Juden und Briten auf.

Mit Kriegsbeginn im September 1939 beschloss die Führung des Jischuv, alles in ihrer Macht stehende zu tun, um am Kampf an der Seite der Alliierten teilzunehmen, darauf hoffend, dass die Briten das Weißbuch abschaffen würden. Was leider nicht geschah. Die Führung des Jischuv bemühte sich, innerhalb der alliierten Streitkräfte jüdische Einheiten aufstellen zu dürfen, die unter weißblauer Flagge und dem Davidstern gegen die Achsenmächte kämpfen sollten. Die Briten verweigerten dies zunächst. Dennoch rief die Führung des Jischuv zur Generalmobilmachung auf und appellierte an die wehrfähigen Männer, sich freiwillig zur britischen Armee zu melden. Ungefähr 30 000 Männer und Frauen folgten diesem Aufruf, darunter auch mein Bruder Erwin. Erst im September 1944 wurde eine jüdische Kampfbrigade mit 5000 Soldaten gebildet, die an den Kämpfen in Italien teilnahm. Diese Brigade sollte nach dem Krieg eine wichtige Rolle bei der illegalen Einwanderung von europäischen Juden nach Palästina spielen.

Ganz anders war die Haltung der palästinensischen Araber. Lediglich 8000 hatten sich zu den britischen Streitkräften gemeldet und bis 1943 war fast ein Drittel von ihnen mit seinen Waffen desertiert. Hauptsächlich geschah dies während des deutsch-italienischen Vormarsches unter Feldmarschall Rommel in Nordafrika.

Ein neuer Lebensabschnitt beginnt

Wir gehörten zu den Wenigen, denen es ermöglicht wurde, während des Krieges legal ins Land zu kommen. Noch in Haifa hörten wir von der bevorstehenden Niederlage der Wehrmacht in Stalingrad. Endlich schien der Krieg sich zum Besseren zu wenden.

Nach einer Woche im Auffanglager in Bat Galim wurden wir aufgeteilt. Einige kamen in eine landwirtschaftliche Schule, die religiösen Kinder in ein *Dorf der religiösen Jugend* in der Nähe von Haifa und einige wenige konnten zu ihren Familien. Meine Gruppe – bestehend aus Naftali, Amram, Meir, Judith, Rina und mir – wurde zunächst im Kibbuz Maabarot zwischen Haifa und Tel Aviv untergebracht. Dieser war von ehemaligen Mitgliedern des Schomer Hazair aus Ungarn und Bulgarien gegründet worden.

Hier begann für uns ein neuer Lebensabschnitt. Wir waren in euphorischer Stimmung und voller Illusionen über das vor uns liegende Leben, das wir uns so oft in bunten Farben ausgemalt hatten. Bereits in Budapest, in der Bewegung, war uns klar, dass wir in einem Kibbuz leben wollten. Wir sahen darin eine ideale sozialistische Lebensform, in der jeder nach seiner Fähigkeit arbeitete und nach seinen Bedürfnissen und den wirtschaftlichen Möglichkeiten versorgt wurde.

Kibbuzim waren in der Regel landwirtschaftliche, aber zum Teil auch industrielle Siedlungen, in denen der gesamte Besitz gemeinsames Eigentum war. Die Mitglieder erhielten für ihre Arbeitsleistung keinen Lohn, sondern lediglich ein Taschengeld. Für die Erwachsenen gab es privaten Wohnraum, am Anfang sehr oft in Zelten. Die Kinder aber lebten in den meisten Kibbuzim in Kinderhäusern entsprechend ihren Altersgruppen. Eine gemeinsame Küche sorgte für die Mahlzeiten, die im Speisesaal eingenommen wurden. Gelebte Basisdemokratie war ein Grundpfeiler der Kibbuzbewegung. Alle Fragen und Probleme besprach man in den wöchentlichen Generalversammlungen und stimmte auch immer über alles ab.

Obwohl zahlenmäßig die Kibbuzbewohner nie mehr als fünf Prozent der jüdischen Bevölkerung ausmachten, spielten sie eine wichtige Rolle im Jischuv. Ihre demokratischen und egalitären Prinzipien beeinflussten die israelische Gesellschaft während der ersten Jahrzehnte. Überproportional viele Kibbuzmitglieder waren Offiziere und fielen in den Kriegen. Zu Beginn waren die Kibbuzim verhältnismäßig klein und wurden Kvuza (Gruppe) genannt. Die erste war das 1909 am südlichen Ufer vom See Genezareth gegründete Deganja. Die Kibbuzim befanden und befinden sich in der Regel auf Land, das sie vom jüdischen Nationalfonds gepachtet haben.

Obwohl es mein sehnlicher Wunsch war, in einem Kibbuz zu leben, erwartete mich ein radikaler Bruch mit meinen bisherigen Lebensgewohnheiten. In Budapest hatte ich zwar als Lehrling schon körperlich gearbeitet, aber das war nichts im Vergleich zu der Arbeit, die ich im Kibbuz kennen lernte. Hier wurde ein unterentwickelter Junge – ich war noch keine fünfzehn, sah aber wie ein Dreizehnjähriger aus – sofort zu schwerster landwirtschaftliche Arbeit herangezogen. Aufgrund der humorvollen Erzählungen, die wir in Ungarn über den Kibbuz vorgelesen bekommen hatten, hatte ich mir das ganz anders vorgestellt.

Die euphorische Stimmung war relativ schnell verflogen und es kam das bittere Erwachen für mich, herausgerissen aus meiner gewohnten Umgebung, aus meiner Familie. In der Jugendbewegung grüßten wir zwar mit *Hasak Vematz* (Hebräisch: Sei stark und tapfer) und versuchten, das auch in unserem Leben zu verwirklichen, doch das sichere Gefühl, jene, die ich liebte und die mich liebten, so bald nicht wieder zu sehen, führte dazu, dass ich mich manchmal irgendwohin – wo mich keiner sehen konnte – verkroch und bitterlich weinte.

Natürlich schämte ich mich sehr und habe niemand etwas darüber erzählt. Es galt, nicht mehr an die Vergangenheit zu denken und vorwärts zu schauen. Aber die Gedanken an meinen Vater und die Familie in Ungarn ließen sich nicht verdrängen. Obwohl jeder von uns ein ähnliches oder noch schlimmeres Schicksal hatte, sprachen wir selten unter einander darüber. Wir versuchten – jeder für sich allein –, mit unseren Problemen klarzukommen.

Die genauen Daten unserer ersten Monate in Maabarot verdanke ich dem Tagebuch meines allzu früh verstorbenen Freundes Meir Harari.

Im Kibbuz drehte sich alles um die Arbeit. Der erste Arbeitsplatz, den wir zugewiesen bekamen, war ein Orangenhain, die Aufgabe war das Pflücken von Orangen. Wir wurden um 5 Uhr in der Früh geweckt und arbeiteten bis 10 Uhr Vormittag, mit einer halbstündigen Frühstückspause. Im Januar/Februar 1943 war es in der Früh noch kalt, die Orangen waren nass vom Tau und es war keine Freude, diese pflücken zu müssen. Die Hände waren klamm und wir hätten sie am liebsten in die Tasche gesteckt. Aber wir waren im sozialistischen Wettbewerb und mussten rasch unsere Orangen pflücken. Da ich zu den kleinsten und schwächsten gehörte, war ich immer am langsamsten und hatte am Ende die wenigsten Orangen gepflückt. Mir war diese Arbeit verhasst und ich fühlte sehr bald gescheitert zu sein. Wenig erfolgreich zu sein, war eine sehr harte Erfahrung für mich.

Am Nachmittag lernten wir Ivrith (Hebräisch), was nicht leicht war. Amram und Meir kamen aus orthodoxen Familien und hatten bereits als Kinder etwas Hebräisch gelernt. Für sie war es natürlich viel einfacher als für uns andere, deren Familien assimiliert waren, sich mit den Kibbuzmitgliedern zu verständigen. Denn ich lernte erst im Kibbuz Hebräisch lesen, während meine Freunde Amram und Meir, von Kindesbeinen an schon Hebräisch lesen konnten.

Gleich zu Beginn wurde uns nahe gelegt, hebräische Vornamen zu benützen. Wir Jungen hatten bereits einen solchen Namen, mit dem wir zum Lesen der Tora anlässlich unserer Barmizwa aufgerufen worden waren. Mein hebräischer Vorname ist Eli. Die Mädchen, die noch keinen hebräischen Namen hatten, suchten sich selbst einen aus.

Am Anfang konnte ich nur mit denjenigen reden, die Deutsch oder Ungarisch sprachen. Auch deshalb war der Lesesaal des Kibbuz so faszinierend für mich, in dem es nicht nur alle hebräischsprachigen Tageszeitungen und Zeitschriften, sondern auch einiges in deutscher Sprache zu lesen gab. Ich kann mich gut an die deutschsprachige sowjetische Zeitschrift „Internationale Literatur" erinnern, die ich damals verschlang.

An das ganz andere Frühstück gewöhnten wir uns schnell. Es gab die warme Dajsza, eine Art Corned Flakes mit Milch, in die man noch Marmelade tat, Brot und Margarine und manchmal ein halbes hartes Ei und natürlich Salat, d. h. jeder konnte sich einen Tomatensalat mit Zwiebeln, Paprika, Gurken schneiden und mit Olivenöl und Essig würzen. Schwarze und grüne Oliven gab es auch und es hieß, sieben Oliven hätten den Nährwert von einem Ei. Man konnte es uns nicht verdenken, dass wir ein Ei bevorzugten. Es dauerte einige Zeit, bis wir uns an Oliven gewöhnten. Abwechslung brachte der rötliche Lacerda-Fisch, der in großen Fässern aus der Türkei importiert wurde und damals zu den billigsten Fischsorten gehörte. Heute erhält man ihn in den besseren Hotels in Israel und er gilt als Delikatesse.

Da der Alltag im Kibbuz streng geregelt und natürlich ziemlich gleichförmig war, hatten Feste und Feiertage für alle eine große Bedeutung. In den Kibbuzim des Schomer Hazair waren die Mitglieder nicht mehr religiös. Deshalb bekamen die religiösen Feste einen nationalen beziehungsweise historischen Schwerpunkt. Pessach wurde zum Fest der Freiheit. Wir feierten den Seder-Abend mit unserer eigenen Hagada, die den Schwerpunkt auf den Auszug der Juden aus Ägypten legte, aber auch aktuelle Ereignisse einbezog. Schawuot (Pfingsten) war das Fest der ersten Früchte. Sukkot, das Laubhüttenfest, wurde als Erntedankfest begangen. Chanukka war das Fest des Lichtes und des jüdischen Heroismus.

Gleich zu Beginn unseres Aufenthaltes in Maabarot feierten wir Tu Bishwat, den 15. Tag des hebräischen Monats Schwat, der immer in den Januar oder Februar fällt. Schon im Altertum war es ein Fest der Landwirtschaft. Seit Gründung jüdischer landwirtschaftlicher Siedlungen während der letzten

Jahrzehnte des 19. Jahrhunderts wurde dieses Fest zum Symbol der Zurückdrängung der Wüste. Bis heute wird es in Israel mit Baumpflanzungen durch Kindergartenkinder gefeiert. Selbstverständlich war dieser Tag auch in Maabarot von großer Bedeutung und wir Neuankömmlinge durften Bäume pflanzen, was uns das Gefühl gab, so wie die jungen Bäume Wurzeln zu schlagen.

Nachdem die Orangensaison beendet war, mussten wir nicht mehr ganz so früh aufstehen, aber unser Tagesablauf war immer noch genau verplant. Morgengymnastik von 6 bis 6.15 Uhr, dann wuschen wir uns, machten Ordnung und frühstückten. Von 7 bis 11 Uhr arbeiteten wir und nach einer Mittagspause von 11 bis 13.30 Uhr hatten wir Unterricht. Nach dem Abendessen um 18.00 Uhr gab es noch eine Stunde für Hausaufgaben und um 19.30 war täglich eine Sitzung des Kollektivs, in der wir unsere politische Schulung erhielten und die aktuellen Probleme der Gemeinschaft behandelt wurden. Bis auf wenige Ausnahmen gingen wir früh schlafen.

Gearbeitet wurde von Sonntag bis Freitag. Samstag war unser freier Tag. Oft machten wir Ausflüge ans Meer und wir genossen es, bereits im März im Meer baden zu können. Eines Abends fuhren wir mit dem Lastauto in die nahe Stadt Hedera, um unser erstes hebräisches Theaterstück zu sehen, *Schlomo Hamelech, Schlamai der Sandlar*, das von König Salomon und Schlamai, dem Schuhmacher, handelt. Wir verstanden noch nicht alles, zum Glück erläuterte unsere Betreuerin Eszter die Handlung. Mehrmals fuhren wir auch nach Hedera, um dort ins Kino zu gehen. So sahen wir noch im Januar 1943 den russischen Zeichentrickfilm *Das fliegende Fohlen* und im März den Kriegsfilm *Die Adler Stalins*.

Im Februar 1943 gab es eine große Aufregung im Land. Am 18. des Monats waren die 1226 „Teheraner Kinder" angekommen. Diese jüdischen Kinder – die meisten Waisen aus Polen – waren in der Sowjetunion interniert gewesen, bis man sie sie über Teheran, Karachi und Suez ausreisen ließ. Die Mehrzahl hatte eine jahrelange Odyssee hinter sich.

Ungefähr zur gleichen Zeit kam die zweite Jugendgruppe aus Budapest an. Bald erfuhren wir, dass mit dieser Gruppe keiner unserer Freunde gekommen war, was uns etwas enttäuschte. Für die Organisatoren der Transporte war aber die Rettung von Flüchtlingskindern aus den Nachbarstaaten Ungarns vordringlich.

Dabei waren auch Jugendliche, die aus Kroatien kamen und zum Teil ihre Eltern im Vernichtungslager Jasenovac verloren hatten. Zwei der jüngsten waren mit den Eltern nach Jasenovac deportiert worden, doch sie hängten sich an die Achse eines Zuges, der zurück nach Zagreb ging, und kroatische Nachbarn versteckten sie. Einer von ihnen war mein späterer Freund Dan. Die Gruppe aus Zagreb wurde von einer Rotkreuzschwester bis zur ungarischen

Grenzstation begleitet und dort dem Beauftragten des Palästinaamtes übergeben. Dieses betreute sie, besorgte ihnen Reisepässe und Visa. Die Gruppe kam auf dem gleichen Weg wie wir über Rumänien, Bulgarien, Türkei, Syrien und Libanon nach Haifa.

Die dritte und letzte Gruppe von Kindern und Jugendlichen, die aus Europa kam, konnte im März 1943 Bukarest verlassen. Bei dieser Gruppe kam es zu einem tragischen Vorfall.

Drei polnische Jungen wurden in der bulgarischen Grenzstation aus dem Zug geholt und wieder nach Polen geschickt. Der deutsche Botschafter Killinger berichtete darüber aus Bukarest an das Auswärtige Amt am 14. März 1943: *„Am 14. 3. fuhr der gemeldete Transport jüdischer Kinder in Staerke von 77 Personen von Bukarest über Bulgarien nach Istanbul ab. Auf bulgarischem Gebiet wurde der Transport einer strengen Durchsuchung unterzogen. Von Bukarest bis Russe wurde der Transport von 2 Damen des rumaenischen Roten Kreuzes und von Russe bis Svilengrad von 4 Damen des bulgarischen Roten Kreuzes begleitet. In Svilengrad wurde der Transport einer erneuten Durchsuchung unterzogen. Fuenf juedische Kinder, die mit chilenischen Paessen, ausgestellt von der chilenischen Gesandtschaft in Bukarest, versehen waren, wurden aus dem Zuge herausgeholt, da es sich um polnische Judenkinder handelte. Waehrend man zwei von ihnen, es handelte sich um Maedchen, weiterreisen liess, wurden drei Jugendliche auf hiesige Weisung festgehalten, und wie Bukarest mitteilt, dem SD in Nisch ueberstellt. Zwecks Unterbindung der Durchreise weiterer Transporte schlage ich vor, ueber Judenberater in Sofia bulgarische Durchreisevisum fuer Judenauswanderung aus Rumaenien kuenftighin nicht mehr erteilt wird. Wie mit Telegramm vom 12.3., Nr. 1376 mitgeteilt, wurden Durchreisevisa durch Bulgarien auf Weisung von Sofia durch die bulgarische Gesandtschaft in Bukarest erteilt."* (Dauerausstellung, Jüdisches Museum Belgrad) Insgesamt konnten 1943 nur etwa 175 Kinder und Jugendliche von Südosteuropa legal nach Palästina gelangen, was ihnen das Leben rettete.

Das Wiedersehen mit meinem Bruder Erwin gestaltete sich schwierig. Seit Anfang 1940 diente er beim britischen Militär. Am 19. Januar 1943 kam ich in Haifa an und nur einen Tag zuvor, am 18., war Erwin, der auf Heimaturlaub war, aus Haifa mit dem Zug zurück nach Bagdad gefahren, wo er stationiert war.

Seit Kriegsbeginn hatten wir mit meinem Bruder nur noch über das Rote Kreuz korrespondieren können. Diese Briefe waren offen und durften höchstens 25 Wörter umfassen. Natürlich war es unmöglich gewesen, aus Ungarn mitzuteilen: *„Ich komme jetzt nach Erez Israel"*, zumal diese Briefe monatelang unterwegs waren. Außerdem hatte man uns strikt verboten, irgendetwas

Schriftliches mitzunehmen. Also mussten wir die Adressen unserer Verwandten auswendig lernen. Auch ich hatte das getan, aber in der Aufregung der Ankunft die letzte zivile Adresse meines Bruders – er wohnte bis September 1939 in Jerusalem in Untermiete – vergessen. Leider konnte man auch nicht an die britische Armee schreiben: *„Ich möchte mit meinem Bruder in Verbindung treten, wo finde ich ihn?"* Plötzlich, nach zwei Monaten fiel mir die Adresse ein und ich schrieb an seine letzte Adresse in Jerusalem. Erwin war bereits einige Male in eine andere Einheit versetzt worden, aber schon nach zehn Tagen erhielt ich ein britisches Militärtelegramm, mit dem er mir mitteilte, meinen Brief erhalten und um einen Sonderurlaub angesucht zu haben. Erwin fuhr in der Nacht aus Bagdad weg und kam am 11. April 1943 Mittag im Kibbuz Maabarot an. Es war ein bewegendes Wiedersehen. Den ganzen Nachmittag sprachen wir miteinander, er wollte soviel wissen, jedes Detail interessierte ihn, insbesondere die Krankheit und das Ableben unserer Mutter.

Abbildung 7: Bruder Erwin als britischer Hilfspolizist, 1937.

Erwin war 15 Jahre älter als ich und wir hatten uns zuletzt im Frühjahr 1935 gesehen. Damals war ich ein siebenjähriger Bub gewesen. Inzwischen waren acht Jahre vergangen und meine ganze Welt hatte sich grundlegend verändert. Ich war in der Pubertät und zutiefst davon überzeugt, dass meine Sicht der Welt die allein richtige war. Dass Erwin, der einen anderen Entwicklungsweg gegangen war, vieles anders sah, konnte ich nicht verstehen. Für Erwin wiederum war ich noch der kleine Junge, den er zuletzt in Baden gesehen hatte.

An eine Begebenheit denke ich noch heute mit Scham. Am Abend stand im Kibbuz ein Besuch des sowjetischen Partisanenfilms *Natascha* in Hedera auf dem Programm. Meinen Bruder interessierte das überhaupt nicht, aber mir war zu diesem Zeitpunkt das kollektive Erlebnis des Kinobesuches wichtiger als ein weiteres Gespräch mit Erwin. Und so musste mein Bruder mit auf den Lastwagen. Da war eine rote Fahne und wir sind eine halbe Stunde vom Kibbuz Maabarot in die Stadt gefahren, haben die ganze Zeit Arbeiterkampflieder gesungen und uns dann den Film angeschaut. Ich weiß nicht mehr, wie viele deutsche Soldaten und Offiziere Natascha erschossen hat. Uns begeisterte das, meinen Bruder weniger. Wir sahen die Welt durch rosarote Brillen. Es war ja damals im Kibbuz auch schwierig, sie anders zu sehen. Am Abend kamen wir oft im Speisesaal zusammen und hörten die sonore Stimme des sowjetischen Radiosprechers Levitan und jemand übersetzte uns die pathetischen Ansagen. Fast immer wurde die Befreiung einer sowjetischen Stadt mit 21 Kanonenschüssen gefeiert. Auf dem Rückweg aus Hadera hatten wir einen Streit, weil Erwin meinte, der italienische Faschismus sei doch anders als der Nationalsozialismus. Natürlich hatte er damals Recht – es war noch bevor Mussolini gestürzt wurde – aber ich kompensierte meine Unwissenheit durch Beharrlichkeit auf meinem Standpunkt, ein Fehler den ich damals und noch einige Jahre lang nicht bemerkte.

Doch dann hatten wir noch einen ganzen Tag in Maabarot. Erwin hatte britische Armeekonserven und Schokolade mitgebracht. Das waren für uns Delikatessen und es gab eine kleine Feier ihm zu Ehren. An seinem letzten Urlaubstag nahm Erwin die ganze Gruppe mit nach Netanja. Wir badeten im Meer und nachdem er uns ein Eis spendiert hatte, genossen wir den Sonnenschein am Strand. Erwin schilderte seinen Militärdienst, uns interessierte natürlich jedes Detail. Aber es kamen nicht nur ernsthafte oder gar traurige Begebenheiten zur Sprache. Besonders in Erinnerung sind mir zwei Anekdoten geblieben, die uns sehr erheiterten: Mein Bruder war 1937 als Hilfspolizist in der Polizeistation Latrun, auf dem Weg zwischen Tel Aviv und Jerusalem stationiert und saß mit seinen Kameraden vor der Festung. Ein britischer Polizeioffizier fragte: *„who wants to be an interpreter?"* Mein Bruder, der glaubte, seine Deutsch- und Italienischkenntnisse wären gefragt, meldete sich. Er wurde mit den anderen freiwilligen Übersetzern in das christlich-arabische Dorf Abu Gosh versetzt und musste vor der dortigen Polizeistation Wache schieben. Dabei saß er hinter einem Schreibtisch, der vor der Polizeistation stand. Ein Araber näherte sich, berührte den Schreibtisch und sprach natürlich Arabisch. Erwin, der kein Wort Arabisch verstand, lud sein Gewehr und schrie den Araber an: *„Wahid, itnān, talāta, ruch min hon"*, der Araber lief weg. Am nächsten Tag hatte ein Arabisch sprechender Kamerad meines Bruders Dienst. Der Araber kam und beschwerte sich: *„Ich bin Tischler und führte gestern einen Auftrag in der Polizeistation aus. Mein Essen steckte ich in eine Schublade des Tisches hier, als ich es holen wollte, saß ein total verrückter Jude am Schreibtisch, der sein Gewehr lud und mich anschrie, ‚eins, zwei, drei, lauf weg'"*. Damit war Erwins Karriere als Dolmetscher bei der Polizei beendet. Später dann wurden seine Deutsch- und Italienischkenntnisse bei der britischen Armee gebraucht.

Mein Bruder ging von der britischen Polizei Anfang 1940 direkt zur englischen Armee. Er wurde nach Sarafend, damals das größte Militärlager im Land, geschickt und gefragt, ob er denn Autofahren könne. Mein Bruder konnte es nicht. Der Offizier sagte ihm, „das macht überhaupt nichts. Morgen müssen Sie eine Fahrprüfung bestehen. Sie gehen jetzt in die Kantine, dort werden Sie den Sergeant Johns drei Flaschen Bier kaufen und er wird Sie vorbereiten auf die Prüfung." Mein Bruder tat wie befohlen und Sergeant Johns stellte zwei Bierflaschen auf den Boden und eine auf den Tisch. Diese hob er an und sagte, *„das ist das Schloss auf ihrer rechten Seite, Sie müssen zuerst den Schlüssel umdrehen und ein wenig Gas geben, damit das Auto anfängt zu rollen."* Dann wies er auf die beiden Bierflaschen am Boden und erklärte, *„das hier ist die Bremse und die andere das Gas"*. In einer halben Stunde war der Lehrgang zu Ende und Sergeant Johns konnte sich wieder dem Trinken zuwenden. Am nächsten Tag stieg mein Bruder in einen britischen Militärlastwagen ein. Der Prüfer setzte sich neben meinem Bruder, der nervös am Schlüssel herumfummelte, und sagte: *„Steady, steady, ich sehe, Sie sind etwas nervös, also ich zeige Ihnen, wie man ganz ruhig den Schlüssel umdreht, ein wenig Gas gibt und losfährt."* Mein Bruder fuhr los, in den breiten Straßen des Lagers sprangen die Fußgänger zur Seite, denn er fuhr in Schlangenlinien. Nach ein paar Minuten bremste der Prüfer und sagte: *„Sie sind sehr nervös, aber Sie haben Talent und mit ein wenig Praxis werden Sie das Autofahren schon lernen."* Sechs britische Armeefahrzeuge mussten daran glauben.

Wie mein Freund Meir in seinem Tagebuch schrieb, war dieser Tag am Meer ein *„herrlicher Ausflug"*. Am 18. April ging sein Urlaub zu Ende und Erwin fuhr zurück nach Bagdad.

Einen Tag später begann Pessach mit dem Sederabend. Zuvor hatten wir sechs noch von der Kleiderkammer, die *Kommune* genannt wurde, neue Sachen bekommen. Der Seder war ein fröhliches Fest. Nach einem reichhaltigen, ausgezeichneten Abendessen wurden Tische und Bänke beiseite geräumt und es wurde getanzt. Ausnahmsweise blieben wir bis Mitternacht auf. Erst später erfuhren wir, dass an diesem Tag der jüdische Aufstand im Warschauer Ghetto ausgebrochen war.

Anlässlich des Feiertages wurde am nächsten Tag ein neuer Brunnen im nahen Wadi eingeweiht. Das war in dem wasserarmen Land immer ein bedeutendes Ereignis und deshalb durften die obligatorischen Reden nicht fehlen. Aber es gab auch Kuchen und wir sangen und tanzten um den Brunnen.

Der Erste Mai war vielleicht der wichtigste Feiertag im Kibbuz, schon am Vorabend erhielten wir einen roten Schal zu Ehren des Festes und die rote Fahne wurde auf dem hohen Wasserturm gehisst. Den Tag selbst feierten wir in Hadera mit einem Aufmarsch. Eine Woche später besuchten wir wieder das Kino, um den russischen Film *Markt in einer russischen Stadt* zu sehen. Natürlich waren die meisten Filme, die damals in den Kinos gezeigt wurden, englische oder amerikanische. Unsere Erzieher aber legten Wert darauf, uns auch die wenigen sowjetischen Filme sehen zu lassen.

Im Juni bekam mein Bruder noch einmal Urlaub. Er holte mich an einem Freitag in der Früh in Maabarot ab, um mit mir für das Wochenende nach Jerusalem zu fahren. Ich war damals das erste Mal am Busbahnhof von Tel Aviv, der einen großen Eindruck auf mich machte. Es ging sehr lebhaft zu, Verkäufer boten *„Schokolade, Kaugummi, Limonade, Eiscreme"* an. Mein Bruder sprach auf Deutsch mit einem der Verkäufer, der ebenfalls aus Österreich stammte. Als Soldat in Uniform brauchte sich Erwin nicht anzustellen und wir kamen als erste in den Bus. In Jerusalem hielt der Bus mitten in der Stadt und wir gingen zu Fuß Richtung Mea Schearim. Heute ein rein orthodoxes Viertel, wohnten damals dort auch solche Familien, wie die von Ben Zion Kaminetzki, der in den vierziger Jahren als Unteroffizier in der Polizei diente und später lange Jahre als Offizier der israelischen Polizei. Ben Zion war der Hagana-kommandant meines Bruders vor dem Krieg und über viele Jahre auch mit ihm befreundet.

Jerusalem hatte schon damals einen anderen Charakter als Tel Aviv oder gar das „rote Haifa". Hier waren die Religiösen in der Überzahl und vielleicht auch deswegen war das Einhalten der Sabbat- und Feiertagsruhe bemerkbar.

Bereits im Autobus hatte mein Bruder festgestellt, dass ich wiederholt den einmal im Monat kommenden Frisör im Kibbuz versäumt hatte. Heute würde eine solche Haarpracht nicht auffallen, damals aber waren militärisch kurz geschnittene Haare die Mode. Da er mich so nicht seinen Freunden präsentieren wollte, gingen wir zu einem Frisör. Erwin gab ihm eine Anweisung, wie kurz er meine Haare schneiden sollte, und kaum begann dieser mit seiner Arbeit, ertönte es im Eingang zum Geschäft *„Schabbes, schabbes"*, obwohl es vielleicht erst vier Uhr Nachmittag war. Dies war das Signal, die Arbeit einzustellen, das Geschäft zu schließen und die Sabbatruhe einzuhalten.

Erwin ging hinaus und versprach dem ultraorthodoxen Schreier Ohrfeigen, wenn er nicht aufhöre. Der junge Mann rannte erschrocken fort. Ich fand die Szene allerdings peinlich, auch wenn man sich im Kibbuz und in der Tnua, der Bewegung, über die *primitiven Menschen*, die noch an einen Gott glaubten, natürlich lustig machte.

Doch die tiefe Abneigung, die mein Bruder gegen Ultraorthodoxe hegte, konnte ich nicht teilen. Eher war ich neugierig, wie man noch im 20. Jahrhundert an Gott glauben konnte. Damals gab es keine Synagoge im Kibbuz und selbstverständlich wurden auch die Speisegesetze nicht eingehalten. Für praktizierende Juden ist jegliche Arbeit am Samstag verboten, selbst das Kochen oder Erwärmen von Speisen, wir aber waren oft genug gezwungen, am Samstag zu arbeiten, man nannte das einen *Tag der Mobilisierung*.

Ben Zion Kaminetzki und seine Ehefrau sowie die beiden Töchter empfingen uns sehr freundlich und ich konnte mich schon mit den beiden Töchtern Schoschana und Eti, die ungefähr in meinem Alter waren, auf Hebräisch unterhalten und freute mich zu erfahren, dass sie auch Mitglieder des Schomer Hazair waren.

Noar Gimel im Kibbuz Schaar Haamakim

Ende Juni musste unsere kleine Gruppe den Kibbuz Maabarot verlassen. Da der Kibbuz noch nicht so viele Mitglieder hatte, wurden die Kinder der Kibbuzmitglieder nur bis zum zehnten Lebensjahr in Maabarot unterrichtet. Dann kamen sie in ein Kibbuzinternat. Für uns sechs einen eigenen Unterricht durchzuführen, wäre zu teuer gewesen. Also beschloss die Kibbuzvereinigung, dass wir den Jugendlichen aus Jugoslawien und Rumänien, die im Februar, beziehungsweise im März angekommen waren, angeschlossen werden sollten. Diese befanden sich bereits im Kibbuz Schaar Haamakim (Tor zu den Tälern) in der Nähe von Haifa. Er wurde 1935 auf einem kahlen Hügel beim Eingang zum Tal Yisrael von ehemaligen Mitgliedern des Schomer Hazair aus Rumänien und Jugoslawien besiedelt. Sie waren ab 1929 ins Land gekommen, wohnten zu Beginn in Zeltlagern und litten schrecklich unter der Weltwirtschaftskrise. Oft mussten sie hungern.

Als wir 1943 in Schaar Haamakim ankamen, hatte der Kibbuz bereits 200 Mitglieder. Sie lebten in Einzimmerwohnungen in sehr einfach ausgestatteten Holzhäusern, zum Teil immer noch in Zelten. Als sanitäre Anlage diente eine lang gestreckte Baracke mit Duschen, ein Teil war für die Frauen, der andere für die Männer reserviert. Die Toiletten waren außerhalb der Häuser. Das ganze Leben war spartanisch. Zunächst wurden wir im ersten Steingebäude des Kibbuz untergebracht, ab 1945 wohnten wir in Zelten.

Bereits im Frühjahr 1939 hatte der Kibbuz eine Gruppe von Jugendlichen aus Wien und Deutschland für zwei Jahre aufgenommen. Im März 1941 kam eine zweite Gruppe aus Jugoslawien und Bulgarien, die einige Wochen vor der deutschen Besatzung Jugoslawien verließen. Einer aus dieser Gruppe, David Elasar, oder wie wir ihn nannten Dado, sollte der neunte Generalstabschef der israelischen Armee werden.

Diese beiden Gruppen vor uns gehörten wie wir zur *Jugendalia*. Diese Organisation wurde nach der Machtübergabe an Hitler im Januar 1933 von der Zionistin Recha Freier gegründet, um zehntausende Kinder und Jugendliche in das Land Israel und nach England zu bringen, und damit ihr Leben zu retten. Die Jugendalia schloss mit Kibbuzim und Schulen, die dafür auch eine Aufwandsentschädigung bekamen, Vereinbarungen zur Aufnahme von Jugendgruppen. Wir waren Zöglinge und keine Mitglieder des Kibbuz. In Jerusalem leitete Henrietta Szold, eine aus Amerika stammende Lehrerin und ehemalige Präsidentin der Zionistischen Organisation in den USA, diese Organisation. Sie besuchte uns einige Male. Henrietta Szold war eine äußerst besorgte, liebenswürdige ältere Dame und als sie mit 85 Jahren 1945 starb, trauerten auch wir um sie.

Wir waren also die dritte Gruppe, Noar Gimel, bestehend aus 30 jungen Burschen und Mädchen aus verschiedenen Ländern, unterschiedlicher Herkunft aber einem gemeinsamen Schicksal. Noar Gimel wurde für uns alle eine Ersatzfamilie und noch heute sind wir füreinander wie Geschwister, auch wenn ein Teil nicht mehr im Kibbuz lebt.

Abbildung 8: Die Gruppe Noar Gimel 1944 mit Lehrern und Betreuerin im Kibbuz. Erster v. r. Jochanan Omri, siebter v. r. Joszke Leubman, achter der Autor, zehnte Esztika.

Da wir aus verschiedenen Ländern kamen und keine gemeinsame Sprache hatten, blieb uns gar nichts anderes übrig, als fleißig Hebräisch zu lernen. Mit dieser Motivation ging auch das Lernen dieser schwierigen Sprache leichter. Relativ schnell stellten sich erste Erfolge ein. Nach einem Jahr konnte ich bereits alle Texte ohne Vokale lesen. Vokale werden in der modernen Hebräischen Sprache nur dann ausgeschrieben, wenn es zwei ähnliche Wörter gibt, ansonsten geht natürlich das Lesen schneller ohne Vokale. Das waren Momente des Erfolgs und wie schon früher benützte ich die meiste Freizeit zum Lesen. Ein junges Kibbuzmitglied, Esztika, wurde unsere Betreuerin. Sie war verantwortlich für unsere Kleidung und sonstige Ausstattung sowie Anlaufstelle für alle möglichen Probleme.

Am Anfang wurde ich eingeteilt, bei der Kaninchenzucht zu arbeiten. Mit dem Putzen der Ställe hatte ich kein Problem, doch als mir gezeigt wurde, wie Kaninchen geschlachtet werden, versagte ich total, das konnte ich nicht. Also wurde ich als Pkak, als Springer eingesetzt, der keinen permanenten Arbeitsplatz hatte wie die anderen. Mein Status in der Gruppe war dadurch nicht der beste. Am meisten gefiel mir, die Kühe, die Fleisch liefern sollten, auf die Weide zu den nahen Hügeln zu bringen und sie zu hüten. Da hing ich in Ruhe meinen Gedanken nach und oft genug dachte ich an meine Verwandten in Ungarn.

Die meisten Felder des Kibbuz lagen ungefähr eine Stunde Fahrt mit dem Pferdewagen entfernt in der Bucht von Haifa. Hauptsächlich wurde Mais angebaut. Im Frühjahr mussten wir die Pflanzen, die zu nah beieinander standen, auszupfen und im Herbst die Kolben pflücken. Diese außerordentlich schwere Arbeit mussten wir ganztägig verrichten. Gegen die lästigen Stechfliegen, die Barchatsch, schmierten wir uns mit Petroleum ein, aber das nützte nicht sehr viel, diese mochten unser frisches Blut. Oft genug haben wir uns beim Maispflücken die Hände aufgerissen. Meistens herrschte noch als Draufgabe Chamsin, ein aus der Wüste kommender, sehr heißer und trockener Wind. Dan und ich waren nicht groß gewachsen und der Mais war hoch. Nie werde ich das Gefühl vergessen, als letzter mit meinem Freund Dan mit einem Sack voller Maiskolben angelangt zu sein, nachdem schon alle anderen – mit denen wir uns im *sozialistischen Wettbewerb* befanden – *ihre* Reihe abgeerntet hatten. Wer seine Reihe abgeerntet hatte, konnte Wasser trinken und sich hinsetzen. Wer aber so wie wir als letzter kam, hatte weniger Zeit, um sich auszuruhen. Das machte mir die landwirtschaftliche Arbeit verhasst. Es war nur mein Problem, denn die anderen, die größer und stärker waren, haben das nicht so empfunden.

Wie in Maabarot waren die über zehnjährigen Kinder des Kibbuz in einem Internat im nahen Mishmar Haemek untergebracht. Unser Unterricht war – bis auf die Tage, an denen wir ganztägig arbeiten mussten – am Nachmittag in Schaar Haamakim. Die Lehrer waren zwei Kibbuzmitglieder, Jochanan Omri und Joszke Leubmann, der später seinen Namen auf Loven änderte. Jochanan stammte aus Jugoslawien und war Student der Universität Belgrad gewesen, bevor er ins Land kam. Er war für unsere naturwissenschaftliche und mathematische Ausbildung zuständig. Joszke kam aus Bessarabien (Rumänien), aus einer orthodoxen Familie und hatte seine Grundschulzeit im Cheder, einer religiösen Schule, verbracht. Er sollte uns die jüdischen Fächer nahe bringen.

Die Schule war eine Baracke mit Blechdach ohne Kühlung. Manchmal hatte es 40 Grad Hitze und im Winter war es bitter kalt. Durch die schwere Arbeit am

Vormittag waren alle übermüdet und konnten nicht gut lernen. Ich war oft so müde, dass ich manchmal während des Vortrags einschlief. Jochanan pflegte bei solcher Gelegenheit zu unterbrechen und in meine Richtung zu pfeifen. Ich wachte dann auf und wurde von der ganzen Klasse ausgelacht. Dies führte dazu, dass mir Naturwissenschaften und Mathematik Angst machten und ich mich nur für die jüdischen Fächer interessierte.

Ziel der Erziehung im Kibbuz war es, uns ein säkulares Judentum nahe zu bringen, verwurzelt in der kulturellen Tradition des jüdischen Volkes, dem Zugehörigkeitsgefühl zu Erez Israel, zur hebräischen Sprache, zu der Geschichte und den Feiertagen. Joszke – dem begnadeten Pädagogen – gelang es, uns nicht nur Hebräisch beizubringen, sondern er vermittelte uns auch die Liebe zu dieser Sprache und zu unserer alten Kultur.

Wie alle Kibbuzmitglieder war Joszke nicht mehr religiös, aber seine orthodoxe Erziehung hatte ihm ein profundes Wissen über die jüdische Religion vermittelt. Nicht nur dieses bemühte sich Joszke uns beizubringen, sondern auch die Achtung gegenüber den Werten dieser Religion. Maßstab für ihn waren die *Sprüche der Väter*, vor allem *„Bedenke, woher du kommst"* war ein Leitmotiv seiner Erziehungsarbeit.

Auch wenn der Haschomer Hazair uns zu *„neuen"*, modernen Juden, die keine strengen religiösen Gesetze mehr brauchten, um ihr Leben zu meistern, erziehen wollte, war allen bewusst, das Judentum hatte fast 2000 Jahre in der Diaspora nur überlebt, weil Juden über all diese Zeit ihre religiösen Gesetze nicht aufgeben wollten. Zum Unterricht gehörte auch der T`nach, das Alte Testament, das nicht nur die ethischen Gebote enthält, sondern unser Recht betont, in diesem Land zu leben.

Joszke war in der Lage, uns diese schwierige Lektüre leicht fasslich zu erläutern. Viel Wert legte er dabei auf die Gesetze, die das Zusammenleben der Menschen regeln. Er machte uns auf die Tatsache aufmerksam, dass bereits in diesem großen hebräischen Werk humanistische Regeln und soziale Gesetze festgeschrieben wurden, so wie in den beiden folgenden, mit denen die hierarchische Ordnung der Gesellschaft überwunden wird, denn für Fremde soll das gleiche Recht gelten wie für Einheimische: *Du sollst das Recht des Fremdlings und des Waisen nicht beugen und sollst der Witwe nicht das Kleid zum Pfand nehmen. Du sollst gedenken, dass Du Knecht in Ägypten gewesen bist und der Herr, dein Gott, dich von dort erlöst hat; darum gebiete ich Dir, dass du solches tust.* (Bibel, 5 Moses, 24, 17–18)

Wenn ein Fremdling bei dir in eurem Lande wohnen wird, den sollt ihr nicht schinden. Er soll bei Euch wohnen wie ein Einheimischer unter euch, und du sollst ihn lieben wie dich selbst; denn ihr seid auch Fremdlinge gewesen in Ägypten. Ich bin der Herr, euer Gott. (Bibel, 3 Moses, 19, 33–34)

Uns wurde eine jüdische Geschichte nahe gebracht, die wenig mit Antisemitismus zu tun hatte, ebenso die durchaus reiche, moderne hebräische Literatur, die mit der Haskala, der jüdischen Aufklärung, begann. In seinen Vorträgen über die moderne jüdische Geschichte, ausgehend von der Französischen Revolution 1789, hörten wir von einem menschenfreundlichen, universalistischen Judentum, einem Judentum als Bereicherung der Weltkultur, als einen Wert an sich. Fanatismus und religiösen Zwang gibt es auch im Judentum, doch damit wollten wir nichts zu tun haben.

Die Geographie, die Flora und Fauna des Landes lernten wir aufgrund des T'nach, dessen Helden auch die unseren waren, und während unserer Ausflüge kennen und lieben.

Es war für uns selbstverständlich, dass wir ein Recht auf dieses Land hatten und dieses Recht auch mit der Waffe in der Hand gegen diejenigen verteidigen würden, die uns dieses Recht absprechen wollten. Noch hofften wir, dass die Nachbarn uns akzeptieren würden. Denn viele unserer arabischen Nachbarn waren auch erst während der Zeit der britischen Mandatsherrschaft in das Land eingewandert, angezogen durch den einmaligen Aufschwung, den die jüdische Einwanderung gebracht hatte. Aber wir ahnten auch, dass es schwierig werden würde. Wenn wir durch manche arabische Dörfer fuhren, dann ertönte manchmal der gellende Schrei: *„Jahud!, jahud!"* (Juden!, Juden!) und das hörte sich nicht sehr freundlich an.

Ich kam als Reaktion auf den Antisemitismus zum Zionismus. Doch der Zionismus konnte und kann nicht allein darauf reduziert werden. Bis zu ihrer Gleichberechtigung und dem Erhalt der vollen Bürgerrechte – die 1793 in Frankreich begann – lebten die Juden in geschlossenen ethnisch-religiösen Gemeinden. Graf Stanislas de Clermont-Tonnerre brachte den Standpunkt der Emanzipation durch die französische Revolution auf den Punkt: *„Den Juden als Nation muss man alles verweigern; als Individuen muss man ihnen alles zugestehen."* Im damals christlich geprägten Europa erwartete man von den Juden die Aufgabe jeglicher kollektiven Identität als Vorbedingung für die Emanzipation. Ein Teil der Juden war durchaus bereit, diesen Weg zu gehen und sich zu assimilieren. Doch ihrer gesetzlichen Gleichstellung (in der k. u. k.-Monarchie 1867) folgte auf dem Fuß der moderne Antisemitismus, der nicht nur religiös, sondern auch rassistisch war. Manche glaubten, sich diesem durch Taufe entziehen zu können, andere hofften auf die aufkommende Arbeiterbewegung und auf die Garantien der neu erworbenen Rechte durch den Staat. Ganz anders war die Lage in Osteuropa, wo die Juden abgeschieden von der Mehrheitsbevölkerung in ihren Gemeinden lebten.

Der Zionismus wurde Ende des 19. Jahrhunderts zur nationalen Befreiungsbewegung des jüdischen Volkes, abgeleitet von dem Wort Zion, dem traditionellen Synonym für Jerusalem und das Land Israel. Das Anliegen des Zionismus – die Rückführung des jüdischen Volkes in sein altes Heimatland – wurzelt in der uralten Sehnsucht der Juden nach dem Land Israel, mit dem sie in all den Jahrhunderten der Zerstreuung tief verbunden geblieben waren. Das jüdische Gebetsbuch ist zutiefst zionistisch, die Rückkehr nach Jerusalem und Zion sind mehrfach darin erwähnt. Das wichtigste Gebet ist das Achtzehngebet, das Kernstück jeden Gottesdienstes. Es wird am Morgen, Nachmittag und Abend stehend gebetet und es besteht aus Lobpreisungen und Bitten: *„Nach Jerusalem, Deiner Stadt, kehre zurück in Erbarmen. Wohne in ihrer Mitte, wie Du versprochen. Baue sie auf, bald in unseren Tagen als ewigen Bau. Den Thron Davids richte bald auf in ihrer Mitte. Gelobt seist Du, Herr, der Jerusalem erbaut* [...] *und schauen mögen unsere Augen deine Rückkehr nach Zion in Erbarmen."* Es handelt sich um die 14. bzw. 17. Bitte des alltäglichen Gebets; erstere wird am 9. Aw, nach der Überlieferung der Tag der Zerstörung Jerusalems, durch einen Einschub erweitert, der beginnt: *„Erbarme dich"* oder *„Tröste die Trauernden Zions".*

Nicht erst seit dem Aufkommen des politischen Zionismus gab es Bemühungen von Juden, wieder zurückzukehren. Die aus Spanien 1492 vertriebenen Juden, die Sefardim, kamen zahlreich ins Land, wo sie sich in Jerusalem und Hebron, vor allem aber in Galilea niederließen. Die Osmanen förderten die jüdischen Gemeinden im ganzen Reich, die immer mehr Zustrom aus Spanien, Nordafrika und Italien erhielten. In Zfat (Safed) – einem religiösen und spirituellen Zentrum des Judentums – und Umgebung wohnten um 1550 bereits rund 23 000 Juden. Sultan Suleyman II. gestattete 1561 dem aus Portugal stammenden Kaufmann Joseph haNasi und dessen Tante Dona Gracia in Tiberias und sieben umliegenden Dörfern, Juden, die der spanischen oder portugiesischen Inquisition entflohen waren, anzusiedeln. 1563 begann in Zfat die erste hebräische Buchdruckerpresse zu arbeiten, das erste im Nahen Osten gedruckte Buch erschien dort 1578.

Der politische Zionismus entstand als Reaktion auf die anhaltende Unterdrückung und Verfolgung der Juden in Osteuropa und auf die wachsende Ernüchterung über die Emanzipation in Westeuropa, die doch der Diskriminierung kein Ende setzte und keine wirkliche Integration in die Mehrheitsgesellschaft brachte.

Hingegen glaubten wir damals der sowjetischen Propaganda, es gäbe dort nicht nur eine formale Gleichberechtigung, sondern in der Sowjetunion wären Rassismus und Antisemitismus mit Stumpf und Stiel ausgerottet worden. Dies war aber im Jischuv lediglich die Überzeugung einer Minderheit.

Jedenfalls war für uns die Sowjetunion, deren Rote Armee von Sieg zu Sieg stürmte, ein Vorbild. Die Sowjetbürger kämpften mit der Waffe in der Hand oder ermöglichten mit ihrer Hände Arbeit diese Siege. Die Stachanow-Bilder sah man in *Ogoniok*, der sowjetischen Illustrierten, die im Lesesaal des Kibbuz auflag, so wie auch viele andere sowjetischen Publikationen. Die Sowjetunion baute ihren Sozialismus in einem Land, wie Stalin sagte, und wir bauten unseren jüdischen Sozialismus in Erez Israel, mit den Kibbuzim als Keimzellen. Von der Wiege bis zur Bahre waren wir in einer zionistischen und sozialistischen Gemeinschaft aufgehoben, die uns auch die notwendige menschliche Wärme geben sollte. Das war nur eine von vielen Fehleinschätzungen. Wie hätte uns ein Kollektiv die Wärme einer Familie geben können? Aber damals glaubte man im Kibbuz, wenn wir von früh bis spät abends in der Gemeinschaft wären, dann würden wir den Verlust der Familie nicht mehr spüren.

Am Abend kamen wir oft im Moadon, dem Klubraum, der uns am Tag als Klassenraum diente, zusammen, um dort Musik oder einen Vortrag zu hören oder zu lesen beziehungsweise zu diskutieren. Wichtig war die Chevra (Gemeinschaft) und die Demokratie in der Gruppe. Man diskutierte über Gott und die Welt und man stimmte auch immer ab. Wenn ich heute an die diskutierten Themen denke, dann muss ich lächeln, doch damals nahmen wir alle weltanschaulichen Themen todernst.

Wir lasen natürlich die Zeitungen und erfuhren aus diesen über den Plan von Lord Robert Vansittart, Deutschland nach dem Krieg total zu entmachten. Vansittart war außenpolitischer Berater von Winston Churchill und sprach oft im Radio BBC. Und so diskutierten wir über diesen Plan. Da wir zu dieser Zeit Anhänger Stalins waren, stimmten wir bei der Abstimmung in der Gruppe, ob dieser Plan verwirklicht werden soll, natürlich gegen den „britischen Imperialisten". Sagte doch Stalin, *„die Hitlers kommen und gehen, das deutsche Volk bleibt bestehen"*. Wir glaubten damals, Hitler hätte *„die Deutschen"* nur irregeführt und die gesamte Arbeiterklasse wäre von Anfang an geschlossen gegen die Nationalsozialisten gewesen. Mit Begeisterung lasen wir Anna Seghers Buch *Das siebte Kreuz* und Arnold Zweigs Buch *Das Beil von Wandsbeck*, in denen die deutsche Arbeiterklasse und insbesondere die Kommunisten im positiven Licht gezeigt wurden.

Freilich ging unsere Begeisterung für den Kommunismus nicht so weit, den radikalen Antizionismus der Jewsekcia, der jüdischen Sektion der Bolschewiki, zu rechtfertigen. Im Gegenteil, es wurde uns erklärt, dass Stalin zwar in allen Fragen Recht hätte, aber in der jüdischen Frage sich irre. Besonders wurde die PKP, die lokale kommunistische Partei, abgelehnt, weil sie arabische Pogrome gegen Juden rechtfertigte.

In Schaar Haamakim beschäftigte man auch Lohnarbeiter, denn viele Männer des Kibbuz hatten sich zur britischen Armee gemeldet. An einen von ihnen kann ich mich erinnern, weil ich mit ihm ein paar Worte wechselte. Es war ein junger Jude aus Wien. Wir waren gerade damit beschäftigt, auf einem Feld Rüben zu ernten, als etwas Ungewöhnliches geschah. Der Sekretär des Kibbuz ging zu diesem Arbeiter und forderte ihn auf mitzukommen. Ein paar Stunden später wurde uns erklärt, dass er zur *Frakcia*, zur Fraktion gehörte, d. h. Kommunist war. Er bekam seinen Wochenlohn ausbezahlt und man setzte ihn in den ersten Bus, der nach Haifa ging. Damals gab es in den Kibbuzim, die von Mitgliedern des Schomer Hazair gegründet worden waren, die *Kollektiviut raajonit,* die ideologische Kollektivität. Das bedeutete, wer Zweifel hegte an der kollektiven Weisheit des Schomer Hazair und später der linkssozialistischen Mapam Partei, wurde aus dem Kibbuz hinausgeworfen oder -gedrängt.

Wir studierten das *Kommunistische Manifest* und andere Schriften der Klassiker Marx' und Engels wie „Die Entwicklung des Sozialismus von der Utopie zur Wissenschaft" und glaubten, nach dem Lesen einiger dieser Broschüren, die Weltgeschehnisse erklären zu können. Mehr noch als die Bücher begeisterten uns die Hymnen, die großen Versammlungen, die rote Fahne, die Symbole, die sowjetischen Filme, insbesondere die den Partisanen und dem Kampf gegen die *faschistische Bestie* gewidmeten.

Unsere Diskussionen liefen in der Regel nach sowjetischem Muster ab: Wir saßen zusammen und man musste Kritik, oft genug auch Selbstkritik üben. Es war für mich peinlich einzugestehen, dass ich nicht zur landwirtschaftlichen Arbeit taugte. Die Erziehung im Kibbuz wollte einen *neuen Menschen* hervorbringen. Die dazu erforderlichen Eigenschaften waren auch Wahrheitsliebe und Aufrichtigkeit. Der ideale *neue Mensch* sollte keinen Unterschied zwischen Worten und Taten kennen. Und da wir Sozialisten waren, mussten wir als solche in einem Kollektiv leben. Das war die Theorie, die Praxis schaute anders aus.

Die Arbeiterparteien übten im Jischuv die absolute Hegemonie aus, die politisch rechts stehenden Parteien hatten große Schwierigkeiten. Wenn die Anhänger der rechten Jugendbewegung Betar uns beim Aufmarsch am 1. Mai in Haifa störten, dann erhielten sie eine gehörige Tracht Prügel. Für uns waren es *Faschisten*, die Sowjetunion hingegen das Modell der Zukunft, *Olam hamachar,* die Welt von morgen, wie es auf Hebräisch hieß.

An eine Begebenheit kann ich mich noch lebhaft erinnern, ich war eingeteilt, mit einem anderen Mitglied unserer Gruppe, der zu den „Teheraner Kindern" gehörte, Unkraut im Kibbuz zu jäten. Da ich neugierig war auf die Erfahrungen, die er in der Sowjetunion gesammelt hatte, fragte ich ihn, wie es dort war. Eliahu Schirz, so hieß er, antwortete kurz und bündig: *„Antisemitismus und Hunger".* Ich war erschüttert, und sagte *„Antisemitismus ist doch in der Sowjetunion verboten"*, worauf er mich mit Recht darauf aufmerksam machte, dass er dort war und nicht ich. Darauf fragte ich ihn, was denn seine Eltern in Polen gearbeitet hätten, *„sie hatten ein kleines Geschäft"*. Nun war alles klar und ich plärrte heraus: *„Aus Dir spricht der Klassenstandpunkt"*, denn nach meiner damaligen Anschauung gehörte ein kleiner Händler zu den Ausbeutern, der für uns natürlich auf der politisch falschen Seite stand.

Der Winter 1943/44 brachte besonders viel Regen, ungefähr 1000 mm fielen in unserer Gegend und alle freuten sich darüber. Regen ist in einem Land, in dem es von März bis Oktober fast nie regnet, immens wichtig, um die Wasserspeicher aufzufüllen. Doch für mich hatte der Regen noch eine andere gute Seite. Wenn es so goss und ich irgendwo eingeteilt war, draußen zu arbeiten, wurde ich nachhause geschickt. Ofen gab es keinen im Zimmer, ich legte mich daher unter die warme Decke und las. Da es viele deutschsprachige Bücher in der Bibliothek gab, lieh ich auch solche aus. Durch diese Lektüre blieb ich auch in den Jahren, in denen ich fast nie Deutsch sprach, meiner Muttersprache verbunden.

Wir waren in der Pubertät, und so sandte uns die Verwaltung der Jugendalia den Psychiater Josef Friedjung, der in Wien einen Namen gehabt hatte, um uns zu beraten. Er war ein linker Sozialdemokrat und nach dem Ersten Weltkrieg sozialistischer Gemeinderat, der nach dem Anschluss ins Heilige Land geflüchtet war. Nach Kriegsende plante er seine Heimkehr, stieß dabei jedoch – wie viele andere aus Österreich verjagte Juden auf Schwierigkeiten und Widerstand – so dass er im Land blieb. Sein Hebräisch hatte einen deutschen Akzent. Zuerst sprach er mit den Mädchen in unserem Klassenzimmer. Wir Burschen aber schauten durch ein Loch in der Barackentür und beobachteten ihn, wie er den Mädchen riet, die Burschen nur bis zu den Knien und zum Kopf heran zu lassen. Was er uns Burschen riet, daran kann ich mich nicht mehr erinnern. Ich nahm die Lehren des Schomer Hazair – kein Alkohol, kein Tabak und kein sexueller Verkehr – sehr ernst und hielt mich auch daran. Obwohl eines der Mädchen ganz schüchtern Interesse für mich zeigte, wagte ich nicht, den Schritt zu tun, den sie wahrscheinlich von mir erwartete. Ich war noch sehr naiv. Zwischen anderen Mitgliedern unserer Gruppe bildeten sich schon bald Paare, die meist über Jahrzehnte zusammenblieben. Sicher auch, weil der Wunsch nach einer Familie so stark war, denn diese fehlte uns sehr. Vor allem an den Feiertagen, beziehungsweise am Sabbat fühlten wir uns sehr alleingelassen. Die Kinder des Kibbuz waren dann bei ihren Familien, zu denen wir nicht eingeladen wurden. Die einzige, die das tat, um mit uns zu reden, war unsere Betreuerin Esztika.

Eine Abwechslung war es immer für uns, wenn wir den Kibbuz verlassen konnten, um nach Haifa zu fahren. Oft genug mussten wir zur Kupat Cholim, der Krankenkasse der Histadrut. Dann bekamen wir zehn Piaster und kauften uns dafür entweder eine halbe Falafel und ein Gasos (Limonade), beziehungsweise eine Schokolade.

Manchmal, wenn es Wahlen gab, wurden wir nach Haifa oder in die Vorstädte von Haifa geschickt, um für den Schomer Hazair Propaganda zu machen. Wir gingen von Wohnung zu Wohnung und verteilten Flugblätter. In der Regel empfingen uns die Einwohner freundlich, aber es gab auch solche, die uns abwiesen.

Für unseren jährlichen Urlaub von ein oder zwei Wochen erhielten wir ein halbes palästinensisches Pfund Taschengeld. Wir wetteiferten, wer mehr davon zurückbringt und in die gemeinsame Kasse legt. Selbstverständlich hieß das nur zu trampen, statt den Bus zu nehmen, nur in Kibbuzim oder bei Verwandten zu übernachten oder wenn das nicht ging, in der Stadt auf einer Bank zu schlafen.

Wir waren alle nicht religiös, trotzdem war der Freitagabend, der Beginn des Sabbat, etwas Besonderes. Vor dem Abendessen zogen wir unsere *russischen* Hemden an, die von den Mädchen mit Folkloremotiven bestickt worden waren. Die Tische waren mit weißen Tischtüchern bedeckt und das Essen war etwas reichlicher. Es gab immer die Mana Schlischit (die dritte Portion) ein Stück Kuchen oder ein Kompott. Ich war derart darauf versessen, dass ich einmal mit einem meiner Freunde wettete, ich würde einen Käfer lebend aufessen, wenn er mir seinen Kuchen gäbe. Und ich tat es, worüber noch Jahre danach ein Spottlied gesungen wurde. Nicht ganz so unschuldig waren die nächtlichen Besuche, die einige von uns den Kühlschränken der Kinderhäuser abstatteten, um ein wenig Schokolade zu stehlen.

Nach dem Abendessen, setzten wir uns auf den Rasen vor dem Speisesaal, ein Kibbuzmitglied zog das Grammophon auf, hielt einen einleitenden kurzen Vortrag und dann hörten wir klassische Musik, zum Beispiel Mozarts *Kleine Nachtmusik* oder die Klavierkonzerte von Beethoven. So lernte ich nach und nach klassische Musik kennen und lieben.

Ein lustiges Ereignis war der Besuch des jugoslawischen Königs Petar 1943 in Schaar Haamakim. Es gab ein feierliches Bankett zu seinen Ehren. Dina, ein jugoslawisches Mädchen aus unserer Gruppe, hielt eine kleine Ansprache. Sie war wie üblich in kurzen Hosen und der König schaute nur auf ihre wohlgeformten Beine. Ein andermal kam eine Gruppe jugoslawischer Partisanen, die auf dem Weg in die Sowjetunion waren, um dort zu Piloten ausgebildet zu werden. Sie sangen mit tiefen Stimmen Partisanenlieder über Marschall Tito und wir begeisterten uns für diesen.

Mein Bruder besuchte mich einige Male in Schaar Haamakim und angesichts meiner Schwierigkeiten, mich an die landwirtschaftliche Arbeit zu gewöhnen, machte er mir den Vorschlag, dass ich eine britische Schule besuchen könnte. Als Soldat hatte er die Möglichkeit, mich auf Zypern in einem britischen Internat unterzubringen. Ich lehnte ab, weil ich keineswegs das Land verlassen und mich wieder in einer fremden Umgebung einfügen wollte, wo ich niemanden kannte. Auch hatte ich Angst, wieder eine neue Sprache lernen zu müssen. Trotz aller meiner Probleme, sah ich das Kollektiv noch immer als mein Ideal.

Ein regelmäßiger Kontakt mit meinem Vater war nicht möglich. Lediglich mit Hilfe des Internationalen Roten Kreuzes konnten sporadisch offene Briefe gewechselt werden. Aber diese gestatteten keinen wirklichen Austausch. Mit meiner Tante Rozsi in der neutralen Schweiz stand ich zwar in einem mehr oder weniger regelmäßigen Kontakt. Aber die Sorgen um meine zurückgebliebenen Verwandten blieben.

Abbildung 9: Rotkreuzbrief meines Vaters vom 18. Mai 1944.

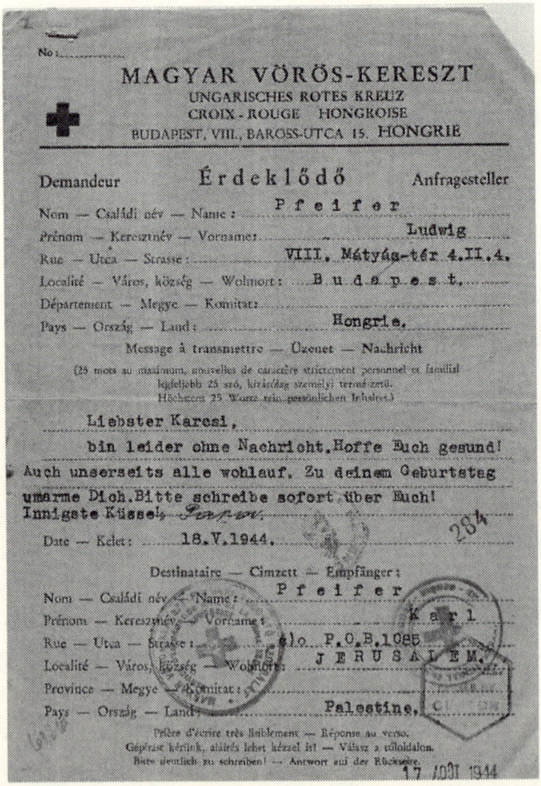
No: ....

MAGYAR VÖRÖS-KERESZT
UNGARISCHES ROTES KREUZ
CROIX-ROUGE HONGROISE
BUDAPEST, VIII., BAROSS-UTCA 15. HONGRIE

Demandeur — Érdeklődő — Anfragesteller
Nom — Családi név — Name: Pfeifer
Prénom — Keresztnév — Vorname: Ludwig
Rue — Utca — Strasse: VIII. Mátyás-tér 4.II.4.
Localité — Város, község — Wohnort: Budapest.
Département — Megye — Komitat:
Pays — Ország — Land: Hongrie.

Message à transmettre — Üzenet — Nachricht
(25 mots au maximum, nouvelles de caractère strictement personnel et familial
legfeljebb 25 szó, kizárólag személyi természetű.
Höchstens 25 Worte rein persönlichen Inhaltes.)

Liebster Karcsi,
bin leider ohne Nachricht. Hoffe Euch gesund!
Auch unserseits alle wohlauf. Zu deinem Geburtstag
umarme Dich. Bitte schreibe sofort über Euch!
Innigste Küsse!

Date — Kelet: 18.V.1944.

Destinataire — Címzett — Empfänger:
Nom — Családi név — Name: Pfeifer
Prénom — Keresztnév — Vorname: Karl
Rue — Utca — Strasse: c/o P.O.B.1085
Localité — Város, község — Wohnort: JERUSALEM.
Province — Megye — Komitat:
Pays — Ország — Land: Palestine.

Prière d'écrire très lisiblement — Réponse au verso.
Gépírást kérünk, aláírás lehet kézzel is! — Válasz a túloldalon.
Bitte deutlich zu schreiben! — Antwort auf der Rückseite.

17 AOÛT 1944

Als dann am 19. März 1944 die deutsche Wehrmacht Ungarn besetzte, packte uns *Ungarn* die panische Angst um unsere Verwandten. Aber es war nicht nur Angst. Es war auch ein irrationales Schuldgefühl darüber, dass wir das Land verlassen hatten, während unsere Familien dort geblieben waren. Obwohl ich schon fast 16 Jahre alt war, verkroch ich mich wieder in eine Ecke und weinte.

Ich beneidete die Kibbuzmitglieder, die sich zur britischen Armee gemeldet hatten und mit der Waffe in der Hand gegen die Nazi kämpften. Es gab auch Momente, wo ich daran dachte, mich älter auszugeben und bei der Rekrutierungsstelle in Haifa zu melden. Doch ich hatte Angst, dass man bald mein richtiges Alter herausfinden und mich mit Schimpf und Schande nach Schaar Haamakim zurückschicken würde.

Um zu erfahren, was in Ungarn vorging, las ich damals alle Zeitungen, die im Lesesaal vorhanden waren, in erster Linie natürlich *Al Hamischmar*, die Tageszeitung der Bewegung und der Partei. Jeder, der so wie ich täglich wenigstens eine halbe Stunde im Lesezimmer des Kibbuz verbrachte, und die In- und Auslandsnachrichten las, war darüber traurig, dass es – obwohl die Zeitungen nach der deutschen Besatzung Ungarns korrekt über die Ereignisse berichteten – keinen Aufschrei der Empörung gab. Man konnte überall in der Stadt Haifa, die wir gelegentlich besuchten, Plakate sehen, die auf die Verfolgung der Juden in Europa aufmerksam machten. Es gab auch Trauerkundgebungen, doch wir waren machtlos, hatten keine Armee und keine Möglichkeit, den Juden in Ungarn zu helfen.

Als wir ins Land gekommen waren und ungarische Juden uns am Zaun des Einwanderlagers in Haifa begrüßt hatten, sprachen wir auch mit einer jungen Frau in britischer Uniform, die uns befragte. Erst nach dem Krieg erfuhren wir, dass es Chana Szenes war, die 1944 mit einem Fallschirm in Ungarn landete, um den Juden zu helfen. Sie wurde verraten und in Budapest von einem Kriegsgericht der Pfeilkreuzler zum Tode verurteilt und hingerichtet. Diese tapfere Frau war auch eine begabte Dichterin, deren Lied *Eli, Eli* bis heute immer wieder gesungen wird. In Israel – nicht aber in ihrer Geburtsstadt Budapest – sind Straßen und Plätze nach ihr benannt.

Im Frühjahr 1944 gab es im deutschen Einflussbereich lediglich noch drei große jüdische Gemeinden, in Ungarn, Rumänien und Bulgarien. Doch während unter den Juden in Rumänien und Bulgarien die Zionisten stark vertreten waren, wurde die zionistische Bewegung in Ungarn nur von einer kleinen Minderheit – ungefähr fünf Prozent –unterstützt.

Die allermeisten Juden waren assimiliert und konnten nicht glauben, dass der ungarische Staat alle seine Machtmittel einsetzen würde, um sie in die Vernichtungslager zu deportieren. Sie waren derart staatsgläubig, dass nur ein paar Tausend Juden die Gelegenheit nutzten, ins benachbarte Rumänien zu gelangen, das sie nicht auslieferte. Die ältere Schwester meines Freundes Amram, Chava, die blond und blauäugig war, wurde nach der deutschen Besatzung vom Schomer Hazair nach Nagyvárad (Großwardein, Oradea) geschickt, um die Juden zu warnen, doch jemand erkannte sie am Bahnhof und sie wurde sofort nach Auschwitz deportiert. Zum Glück überlebte sie und heiratete nach dem Krieg unseren Budapester Jugendleiter Jusuf ben Porat. Beide lebten später im Kibbuz Gaaton.

In diesem Frühjahr wurde uns endgültig klar, dass Millionen Juden in Europa ermordet wurden. Im Juni, nach der Befreiung Süditaliens durch die

Alliierten, kamen 178 Überlebende aus Jugoslawien, denen die Flucht dorthin schon ein paar Jahre zuvor gelungen war, im Land an und Schaar Haamakim nahm 43 Personen aus dieser Gruppe auf. Zehn Ehepaare überließen ihre Zimmer den Neuankömmlingen und übersiedelten in Zelte.

Der Zweite Weltkrieg geht zu Ende

Im Spätsommer 1944 traten wir Gadna bei, einer Organisation der Hagana, die bis heute Jugendliche auf den Militärdienst vorbereitet. Ziel war es, in erster Linie unsere Fähigkeit zur Selbstverteidigung zu stärken sowie unsere körperliche Fitness aufzubauen. Man legte großen Wert auf das Sportabzeichen, das man bereits bei einer Minimalleistung erhielt.

Abbildung 10: Der 16jährige Autor, Sommer 1944 im Kibbuz.

Über Jahrhunderte hatten Juden das Prinzip der Gewaltlosigkeit internalisiert. Man ertrug die Pogrome und Vertreibungen und hoffte immer auf den Schutz durch die Machthaber.

Das Aufkommen des Zionismus als jüdische Nationalbewegung am Ende des 19. Jahrhunderts änderte zunächst nichts daran.

Am Ende des 19. und am Beginn des 20. Jahrhunderts gab es zahlreiche Pogrome im russischen Zarenreich. Bereits nach der Ermordung von Zar Alexander II. im Jahr 1881 kam es in mehr als 200 Ortschaften zu Angriffen gegen Juden und ihr Eigentum. In der Zeit von 1903 bis 1906 erfolgte eine weitere Welle von Pogromen. Das Pogrom von Kishinev (heute Chisinau) im April 1903 dauerte zwei Tage, während denen ein von lokalen Anführern gesteuerter Mob Juden mordete, raubte und vergewaltigte, ohne von der Polizei oder vom Militär gehindert zu werden. Als das Militär endlich den Befehl erhielt, den Mob zu zerstreuen, gab es 45 Todesopfer und fast 600 Verletzte, 1500 Juden gehörende Wohnungen waren geplündert. Die Verantwortlichen wurden nie bestraft.

Als Folge dieses Pogroms organisierte Zeev Jabotinsky im Zarenreich eine jüdische Selbstverteidigung. Nach diesem Vorbild wurde 1920 die jüdische Selbstverteidigungsorganisation *Hagana* in Erez Israel gegründet, die im Untergrund operieren musste. Bis nach dem Zweiten Weltkrieg war ihr Prinzip die *Hawlaga*, was so viel wie Zurückhaltung, Selbstbeherrschung und Defensive bedeutet.

Da während des arabischen Aufstandes zwischen 1936 und 1939 die Briten ein Interesse daran hatten, mit der Hagana zusammenzuarbeiten, um diesen niederzuschlagen, finanzierten sie die Aufstellung von drei mobilen Gruppen mit ungefähr 600 Mitgliedern. Die *besonderen Nachtgruppen* (Special Nights Squads, SNS), die aus jüdischen und britischen Einheiten bestanden, wurden vom britischen Offizier Orde Charles Wingate geführt, und es gelang ihnen, den Terror einzudämmen. Der spätere israelische Verteidigungsminister Moshe Dayan gehörte zu den von ihm ausgebildeten Haganamitgliedern. Wingate, der mit den Zionisten sympathisierte, wurde Ende 1938 abberufen, im März 1939 wurden diese Einheiten aufgelöst.

Die Hagana definierte sich als die Armee des zu entstehenden jüdischen Staates unter dem Befehl der politischen Führung. Ihr gehörten Juden aus allen Schichten an. Nur ganz wenige waren hauptberuflich bei der Hagana angestellt, die meisten waren Zivilisten. Doch das genügte nicht, man brauchte eine kleine Einheit, die im Fall einer Notlage militärisch eingreifen konnte. Der hauptsächliche Grund war die politische und militärische Lage im Frühjahr 1941. Die deutschen und italienischen Truppen standen an der Grenze zu Ägypten. Es bestand die Gefahr, dass sie bis Palästina kommen. Die Führung des Jischuv befürchtete, dass die Briten sich aus Ägypten zurückziehen und die Ägypter sich auf die Seite der Achsenmächte schlagen würden. Daher wurde am 19. Mai 1941 auf Weisung der Jischuvführung der Palmach als Spezialeinheit der Hagana gegründet. Er umfasste zu Beginn neun Regimenter. Die Briten waren zu diesem Zeitpunkt bereit, Mitglieder der Hagana auszubilden, zu bewaffnen und die dafür notwendigen Mittel bereit zu stellen. Es gab auch mehrere gemeinsame Aktionen der britischen Streitkräfte und der Hagana in Syrien. Bei einer dieser Aktionen verlor Moshe Dayan sein Auge.

Der ideologische Streit innerhalb der zionistischen Arbeiterbewegung über das Verhältnis zu den arabischen Nachbarn und der britischen Mandatsmacht ging während dieser Zeit heftig weiter. Doch dies störte die Aktivitäten der Hagana nicht. Ihre Mitglieder, die in den britischen Militärlagern arbeiteten, bemühten sich, so viele Waffen und militärische Ausrüstung wie möglich zu *organisieren*.

Auch Schaar Haamakim stand dabei nicht abseits. Während des Krieges gab es im nahen Dschelemi ein britisches Militärlager und täglich fuhr mehrmals ein Pferdewagen des Kibbuz, um deren Essensreste abzuholen, die zur Fütterung der Hühner verwendet wurden. Einer der britischen Unteroffiziere befreundete sich mit den Kibbuzmitgliedern und er stahl Waffen und Munition für die Hagana, die in ein besonders präpariertes Fass gesteckt wurden. Auch der spätere Generalstabschef Dado fuhr mehrmals nach Dschelemi, um Essensreste und das Fass mit Waffen zu holen.

Nachdem die Gefahr einer deutschen Invasion in Palästina nicht mehr bestand, stellten sich die Briten wieder verstärkt gegen eine Aufrüstung der Hagana. Gleichzeitig wuchs im Jischuv die Wut und Enttäuschung über die mangelnde Bereitschaft der Briten und Amerikaner, den bedrohten europäischen Juden zu helfen. Die verzweifelten jüdischen Appelle erreichten meist keine Betroffenheit, sondern stießen bei den zuständigen Behörden auf Gleichgültigkeit oder gar Ablehnung. Eine Notiz des hohen Beamten Armine Dew im britischen Außenministerium vom 1.9.1944 verdeutlicht dies: *„Meiner Meinung nach vergeudet dieses Büro einen unverhältnismäßig großen Teil seiner Zeit damit, dass es sich mit den jammernden Juden beschäftigt."* (Bethell, Nicholas: S. 182)

Diese weit verbreitete Einstellung der britischen Administration machte es für die gemäßigten Kräfte des Jischuv schwierig, die gewaltlose Politik gegenüber der Mandatsmacht fortzusetzen. Mehrmals wurde die Führung des Jischuv mit dem Problem der *Porschim*, der beiden anderen Untergrundorganisationen Ezel und Lechi, konfrontiert, die das Aufbauwerk in Gefahr brachten. Deswegen ging sie gegen diese vor, wobei es dabei auch zu einer Zusammenarbeit zwischen der Hagana und den Briten kam.

Ezel hatte Anfang 1944 einen Aufstand gegen die Briten erklärt, zu einer Zeit, als noch Hoffnung bestand, dass die Briten nach dem Krieg ihre Politik gegenüber dem Jischuv ändern würden und damit die Autorität der gewählten Führung untergraben. Die Ezel-Führung unter Menahem Begin weigerte sich ausdrücklich und demonstrativ, die Terroraktionen gegen die Briten einzustellen. Deswegen wurden die gefassten Ezel-Mitglieder den Briten ausgeliefert. Diese Aktion schadete allerdings der Hagana, denn die Briten wurden auch gegen sie aktiv und die Ezel-Mitglieder wurden von ihren Sympathisanten als durch ihre Brüder verfolgt angesehen, die man an die *fremden Besatzer* auslieferte.

Am 6. November 1944 ermordeten in Kairo zwei Lechi-Mitglieder Lord Moyne, den britischen Repräsentanten im Nahen Osten. Obwohl diesem im Jischuw vorgeworfen wurde, auf den Vorschlag der Nazi, die Alliierten sollten eine Million Juden mit der Zusendung von Lastautos auslösen, geantwortet zu haben, *„was soll ich mit einer Million Juden anfangen"* (Bethell, Nicholas: S. 182), war die jüdische Öffentlichkeit schockiert, denn damit wurde eine rote

Linie überschritten. Selbstverständlich wurde auch in Schaar Haamakim über diese terroristischen Aktionen heftig diskutiert. Aber trotz unserer Verbitterung über die Briten und die Amerikaner lehnten wir individuellen Terror ab.

Das Logo von Ezel war ein Gewehr mit Bajonett über der Karte des Landes Israel, inklusive Transjordanien sowie der Slogan *„nur so"*. Unsere Erzieher betonten hingegen, dass wir als Sozialisten vor allem am Aufbau, an der Besiedlung und der Einwanderung interessiert sind und nur dann zu den Waffen greifen würden, wenn man uns angreift. Dem *„nur so"* wurde von uns das *„auch so"* entgegengestellt.

Die Sowjetunion sahen wir nicht so kritisch wie die westlichen Alliierten. Für den dort weit verbreiteten Antisemitismus machten wir sie nicht verantwortlich, obwohl auch zu uns die Nachricht vom Bericht des jüdischen Partisanenführers Aba Kovner gelangte, der in den Wäldern Weißrusslands und Russlands eine jüdische Einheit führte, die im Rahmen der sowjetischen Partisanenbewegung gegen die deutschen Besatzer kämpfte. Mit Erstaunen erfuhren wir, dass es auch Partisanen gab, die den Juden die Waffen wegnahmen und jüdische Partisaninnen vergewaltigten. Doch das stand natürlich nicht in der seit Juli 1943 vom Schomer Hazair herausgegebenen Tageszeitung *Al Hamishmar*, wo wir nur über die wunderbare *„Welt des Morgens"* lasen. Über dem Titel der Zeitung stand das Motto: *„Zum Zionismus, Sozialismus und zur Brüderlichkeit der Völker"*.

Einer, der uns dort die Welt erklärte, war Zeev Laqueur, der später unter dem Namen Walter Laqueur Weltkarriere als Autor machen sollte.

Die Brüderlichkeit der Völker wollte der Schomer Hazair in einem binationalen Staat mit den Arabern verwirklichen. Doch die meisten Juden des Jischuv wollten schon damals einen jüdischen Staat, wie es Ben Gurion im Hotel Biltmore in den USA im Frühjahr 1942 neben der Zurücknahme des Weißbuches gefordert hatte. In unserem Kibbuz sah man das ganz anders.

Einen großen Einfluss auf uns hatte das Kibbuzmitglied Aharon Cohen. Dieser sprach Russisch und war einer der Aktivisten der *Liga V*, einer Organisation zur Unterstützung der Sowjetunion. Diese sammelte Geld für den Ankauf von Ambulanzwagen für die Rote Armee. Cohen fuhr einen dieser Wagen bis Teheran, wo er sich mit sowjetischen Diplomaten traf und mit ihnen über Zukunftsperspektiven des Nahen Ostens sprach. Er konnte auch Arabisch und erklärte uns, dass diejenigen Nachbarn – die sich gegen uns stellen – irregeführt wären und es doch zu einem gemeinsamen Staat von Juden und Arabern kommen müsste.

In Schaar Haamakim wollte man die Brüderlichkeit der Völker in die Praxis umsetzen und lud junge Araber ein, im Kibbuz zu lernen und zu arbeiten.

Für diese war es ein Kulturschock, in eine Gesellschaft zu kommen, wo Frauen und Männer Hand in Hand arbeiteten – die Frauen ohne Kopfbedeckung und oft in kurzen Hosen – und die Freizeit gemeinsam verbrachten. Außerdem schätzten die jungen Araber die vermeintliche Freizügigkeit im Kibbuz falsch ein. Sie dachten, die Brüderlichkeit gehe so weit, dass sie auch mit den jungen Frauen im Kibbuz ein Verhältnis pflegen könnten, doch da hatten sie die Rechnung ohne deren Männer gemacht, die kurzerhand dafür sorgten, dass dieser Versuch scheiterte.

Damals waren die meisten arabischen Dörfer weder an das elektrische Netz noch an die Wasserleitung angeschlossen. Deshalb hatte Schaar Haamakim für die Araber unseres Nachbardorfes Subeidat 50 Meter vom Zaun entfernt einen Wasserhahn zur kostenlosen Wasserentnahme installiert. Wir staunten immer wieder über arabische Männer auf dem Esel reitend, die ihre Frauen begleiteten, um sie unter Kontrolle zu haben, diese aber zu Fuß das Wasser tragen ließen. Erst nach Entstehung des Staates Israel erhielten jene Dörfer eine Anbindung an das Strom- und Wassernetz.

Einen gravierenden Fehler machten diejenigen Zionisten, die meinten, die Araber würden sich mit einer modernen jüdischen Gesellschaft abfinden, weil diese auch ihnen materiellen Fortschritt bringt. Die arabische Elite in Palästina hetzte jedoch am Tag gegen Araber, die ihr Land an Juden verkauften, um in der Nacht genau dies zu tun: *„Der deutsche Konsul* [der schon der Weimarer Republik diente] *beispielsweise machte kein Hehl aus seiner Verachtung für die arabischen Nationalisten, die, wie er es ausdrückte, bei Tag gegen die jüdische Einwanderung wetterten und im Dunkel der Nacht ihr Land an Juden verkauften."* (Krämer, Gudrun: S. 292)

Das Wohlergehen der arabischen Massen interessierte sie überhaupt nicht. Und immer wieder machte diese Elite klar: Sie wollten keine Koexistenz mit Juden, die nur als Dhimmi, als zweitrangige Menschen, in der muslimischen Gesellschaft akzeptiert wurden.

Am besten drückte unsere Gefühle der Dichter Natan Altermann aus, der jeden Freitag in der Wochenendausgabe der Gewerkschaftszeitung *Davar* ein aktuelles Gedicht, *Tur haschwii* (Die siebte Spalte) veröffentlichte. Die Themen variierten von unserer prekären Lage bis zur Schoa, nachdem bekannt wurde, dass Millionen Menschen nur deswegen ermordet worden waren, weil sie als Juden geboren wurden. Im Lesezimmer gab es deswegen freitags immer eine Warteschlange für *Davar*.

Ich erinnere mich an den Ersten Mai 1944 in Haifa, als wir in Chören riefen: *„Alia Chofschit"* (freie Einwanderung). Als der Ruf der Mehrheit *„Medina Jehudit"* (jüdischer Staat) ertönte, haben wir geschwiegen, denn wir glaubten noch immer, arabische Partner für solch einen binationalen Staat, in dem beide Völker gleichberechtigt leben könnten, zu finden. Nach der Demonstration gab es lautstarke Diskussionen zwischen den Befürwortern eines jüdischen und eines binationalen Staates.

Wir wussten, dass Deutschland den Krieg verlieren würde. Doch die Freude darüber wurde überschattet vom Gefühl der Wut darüber, dass die von den Briten 1939 beschlossenen Restriktionen auch jetzt, wo schon bekannt war, dass Millionen Juden ermordet worden waren, nicht aufgehoben wurden. Wir hofften natürlich auf die Versprechungen der britischen Labourpartei, die in ihrem Wahlprogramm 1944 sogar den Transfer der Araber aus Palästina vorschlug.

Am 7. Mai 1944 berichtete der spätere israelische Außenminister Moshe Sharett im Vorstand der Jewish Agency über eine Diskussion, die er in London mit dem wichtigen Labourabgeordneten und späteren Friedensnobelpreisträger Philip Noel-Baker führte, der meinte, eine Labour Regierung würde 100 Millionen Pfund dafür geben, um die Araber aus Palästina anderswo anzusiedeln.

Es war die Zeit, als die britischen Sozialdemokraten der Meinung waren, die Probleme im Nachkriegseuropa und in der Welt könnten durch den Transfer von Millionen Menschen erleichtert werden. Damals sprach man noch nicht von *ethnischer Säuberung,* auch wenn Millionen von Polen, die von Deutschland überfallen worden waren, ihre Heimat in Ostpolen – welches von der Sowjetunion annektiert wurde – verlassen mussten, um in Westpolen, aus dem man die Deutschen vertrieb, angesiedelt zu werden. Die Idee des Transfers wurde auch während der Jahre 1947/48 auf der indischen Halbinsel realisiert, als fast zwanzig Millionen Hindus und Moslems ihre Heimat verließen und dabei auch fast eine Million Menschen ihr Leben verloren. Man sah monoethnische Staaten oder Gebiete als Garant für weniger bewaffnete Konflikte.

Noel-Baker fragte Sharett, ob die Araber mit einer Umsiedlung einverstanden wären. Dieser antwortete, dass der Transfer der Grundstein der letzten Stufe einer politischen Entwicklung sein könnte, aber niemals ein Ausgangspunkt: *„Denn wenn der Transfer zum Ausgangspunkt gemacht wird, dann mobilisiert man gewaltige Kräfte gegen diese Idee und bringt sie schon vorher zum Scheitern. Man sollte fordern, das Land Israel soll zu einem jüdischen Staat werden. Dieses Land hat eine riesige Aufnahmekapazität inklusive der existierenden arabischen Bevölkerung."* (Protocol of the meeting of the Jewish Agency Executive, CZA, S. 100)

Trotz des Krieges ging das Leben für uns weiterhin seinen gewohnten Gang. Mitglieder des Kibbuz, die britische Soldaten waren, kamen auf Heimaturlaub und hielten Vorträge über das Erlebte. Einen besonders spannenden hielt ein

Mann aus dem Kibbuz, der sich im April 1943 zur britischen Armee gemeldet hatte und als Fallschirmspringer ausgebildet wurde. Im April 1944 sprang er über Serbien in der Nähe eines Partisanenhauptquartiers ab und brach sich dabei den Fuß. Er hatte Glück, denn dort befand sich eine britische Militärdelegation mit einem Arzt, der seinen Fuß sofort in Gips legte. Täglich ritt er auf einem Pferd in Begleitung eines britischen Nachrichtenoffiziers, um fern vom Lager der Partisanen die Nachrichten an London per Funk zu übermitteln. Die Geschichte über die jugoslawischen Partisanen, die daran gingen, ihr Land aus eigener Kraft zu befreien, machte auf uns großen Eindruck.

Die Besuche meines Bruders Erwin in Schaar Haamakim waren immer eine willkommene Abwechslung, zumal ich jedes Mal mit ihm nach Jerusalem fahren konnte. Da einige von unseren Kibbuz-Mitgliedern jünger als 16 Jahre alt waren, teilte man unserer Gruppe gegen Ende 1944 mit, dass wir noch ein Jahr in der Jugendalia bleiben sollten. Wir mussten zwar etwas länger arbeiten, konnten aber wie bislang am Nachmittag weiterlernen.

Knapp vor dem ersten Mai 1945 arbeitete ich im Gemüsefeld und nach getaner Arbeit kehrten wir auf einem Pferdewagen zurück in den Kibbuz. Auf dem Wagen lagen auch die Harken, ich war mit kurzer Hose bekleidet, irgendwie stieß ich daran und erhielt einen tiefen Stich in mein Knie, der stark blutete. Da die Gefahr einer Tetanusvergiftung groß war, bekam ich sofort eine Injektion. Dennoch hatte ich hohes Fieber und wurde noch am gleichen Abend in ein Krankenhaus in Haifa am Karmel gebracht. Tagelang wurde aus meinem geschwollenen Knie Wasser abgepumpt. So verbrachte ich den 8. Mai, den Tag des Sieges, im Krankenhaus.

Doch während alle feierten, verfiel ich in eine traurige Stimmung. Ich wusste schon, dass mein Vater nicht mehr lebte. Meine Verwandten in Zürich hatten mir das bereits einige Zeit davor mitgeteilt. Von unserer großen Familie waren nur wenige am Leben geblieben. Ich verlor 36 meiner nächsten Angehörigen in der Schoa.

Überlebt hatten im Ghetto von Budapest meine Cousine Juci, Tante Juliska sowie Tante Gizella. Sie hatten das Glück, einen schwedischen Schutzpass zu bekommen und schließlich in einem geschützten Haus Zuflucht gefunden.

Im Lauf des Jahres erhielt ich dann auch Post aus Budapest. Mein Vater hatte im Juni 1943 noch einmal geheiratet. Meine Stiefmutter schickte mir einen Brief, in dem sie über die letzten Tage meines Vaters schrieb: *„Vati hat viel von Euch beiden gesprochen und gesagt, dass es ihn schmerzt, dass Ihr nicht bei ihm seid, doch das Wissen, dass Ihr von den hiesigen Gräueln verschont bleibt, beruhigte ihn. Er hat heldenhaft unsere Verbringung ins Ghetto und die schrecklichen Bedingungen erduldet. Wir wohnten in einem ungeheizten Zimmer im Winter ohne Fenster, denn wenn wir diese auch mit Brettern vernagelten, so* *hatte am nächsten Tag der Luftdruck sie wieder eingedrückt. Bald gingen unsere Vorräte zu Ende und nur die täglichen paar Löffel Suppe hielten uns am Leben. Trotz der widrigen Lebensbedingungen hat Vati sich nie beschwert. Er hat immer gehofft auf die kommenden besseren Zeiten. Leider konnte er die nicht mehr erleben, denn sein Körper war von den schrecklichen Bedingungen geschwächt. Ein paar Tage, nach dem wir endlich wieder zurückkehrten in unsere Wohnung, hat er am 30. Januar einen Herzschlag erlitten und der Arme starb binnen einer halben Stunde. Vor einem Jahr dachten wir nicht daran, leider hat der Herrgott es anders bestimmt.*

Ich wünsche Dir Karcsi alles Gute, hauptsächlich, dass Du ein solcher aufrechter und anständiger Mensch wirst, wie Dein Vater, der von allen geliebt und geachtet wurde."

Bald erreichten die ersten ehemaligen KZ-Häftlinge das Land. Wir bemerkten, dass viele von ihnen eine Nummer in ihrem Arm tätowiert hatten. Gebannt und entsetzt lauschten wir ihren Erzählungen. Es ist einfach falsch, wenn heute behauptet wird, der damalige Jischuv wäre gegenüber dem Leid der Überlebenden gleichgültig gewesen. Ganz im Gegenteil, wir waren zutiefst erschüttert von ihren Berichten. Doch das Leben ging weiter und gerade die Neueinwanderer waren bestrebt, so schnell wie möglich das Vergangene hinter sich zu lassen und ein neues, normales Leben zu beginnen.

Nach der deutschen Kapitulation gab es unter den Displaced Persons (DP) 200 000 Juden. Sie hatten Zwangsarbeits-, Konzentrationslager und Todesmärsche überlebt. Die meisten jüdischen DPs waren in überfüllten, früheren Arbeits- oder Konzentrationslagern untergebracht, in der britischen Zone war es das KZ Bergen-Belsen. Sie wurden bewacht und waren zum Teil einer demütigenden Behandlung, zeitweise auch antisemitischen Angriffen ausgesetzt. Gleich nach der Befreiung organisierten sich die Überlebenden unter dem hebräischen Namen *Scheerit Haplita* (der überlebende Rest). Sie einte ein großes Ziel, eine Heimat, in der sie nicht mehr verfolgt würden, zu finden. Die meisten dieser jüdischen Überlebenden waren allein stehende Menschen, die ihre Familien verloren hatten.

Die britische Regierung aber weigerte sich anzuerkennen, dass Juden oft unter schwierigeren Bedingungen lebten als andere DPs. Heute kann man oft lesen, dass *„die Zionisten"*, diese *„armen Leute"*, die angeblich gar nicht nach Erez Israel wollten, quasi eingefangen und mithilfe von Propaganda ins Land gelockt wurden. Das Gegenteil war der Fall. Gerade die Überlebenden übten einen enormen Druck aus. Sie wollten ein eigenes Land. Ihre Erfahrungen mit den Ländern und Völkern, aus denen sie mit knapper Not entkamen, waren katastrophal. Zurückkehren in Länder – wo es wie in Ungarn, Polen und der

Slowakei auch noch nach der Befreiung Pogrome gab – konnten und wollten die meisten nicht. In den ersten 18 Monaten nach der Befreiung durch die Alliierten wurden in diesen Ländern nämlich mehr Juden ermordet als in den zehn Jahren vor dem Zweiten Weltkrieg. Allein in Polen wird diese Zahl auf 1100 bis 2000 geschätzt.

Die einzige Gesellschaft, die diese Menschen aus praktischen wie ideologischen Gründen haben wollte, war die jüdische in Erez Israel. Damals fanden auch die großen Demonstrationen gegen die Mandatsmacht statt: *„Öffnet die Tore! Alia Hofschit, Freie Alia!"* Wir forderten von der britischen Mandatsmacht freie Einwanderung. Alle Juden sollten einwandern dürfen. Das wurde dann in Israel auch Gesetz: Jeder Jude, der ins Land einwandert, kann – mit einigen wenigen Ausnahmen – die Staatsbürgerschaft erhalten. Aber 1945 war es noch nicht so weit.

Im Oktober wurde das erste Regiment des Palmach von der Führung des Jischuv beauftragt, mehr als 200 illegale jüdische Einwanderer – die von den Briten deportiert werden sollten – aus dem Internierungslager Atlit zu befreien. Kommandant der Aktion war Nahum Sarig, sein Stellvertreter war Jizchak Rabin. Es gelang, 208 Männer, Frauen und Kinder aus dem Lager herauszuholen, ohne dass die Briten dies sofort bemerkten.

Nach Entdeckung der Flucht versuchten die Briten, in den nahen Kibbuz Bet Oren einzudringen. Aber es waren bereits Tausende Einwohner aus Haifa vor Ort und stellten sich schützend vor die Neuankömmlinge. Die Briten sahen sich gezwungen, erfolglos abzuziehen. Im nahen Schaar Haamakim erfuhren wir davon und unsere Meinung über die britische Politik wurde nicht besser. Unsere Hoffnungen setzten wir auf die Sowjetunion.

Aharon Cohen war voll Optimismus, dass die Sowjetunion ihren Standpunkt zum Zionismus ändern würde. Es gab dafür auch klare Zeichen. Ohne sowjetische Zustimmung hätte es nach Kriegsende aus Osteuropa keine massive jüdische Fluchtbewegung in den Westen geben können. Freilich wusste man, dass die allermeisten weiterwandern würden ins Heilige Land. Auch später hat Aharon Cohen die Politik nicht losgelassen. 1964 veröffentlichte er sein hebräisches Buch über Israel und die arabische Welt. Dieses viel zitierte, wichtige Buch erschien mit einem Vorwort von Martin Buber 1970 in New York.

Selbstverständlich bestand das Leben im Kibbuz nicht nur aus Arbeit und Politik, es gab auch frohe, unbeschwerte Erlebnisse. Ein Ereignis, an das ich mich noch heute gern erinnere, war ein Fest im Juni 1945, mit dem der Kibbuz sein zehnjähriges Bestehen feierte. Alle Nachbarsiedlungen, auch die arabischen, waren eingeladen und kamen zum Fest, das auf einem Feld in der Nähe des Kibbuz stattfand. Ein Theaterstück wurde einstudiert, das auf einer biblischen Erzählung fußte, die in der Gegend von Schaar Haamakim angesiedelt ist. Diese Geschichte thematisiert nicht nur den Kampf des Volkes Israel gegen den König von Kanaan, sondern weist durchaus auch emanzipatorische Züge auf. Die Richterin Debora sagt den Sieg voraus und betont gegenüber dem jüdischen Feldherrn Barak: *„Ich will mit dir ziehen; aber der Preis wird nicht dein sein auf dieser Reise, die du tust, sondern der Herr wird Sisera in eines Weibes Hand übergeben."* (Bibel, Richter 4, 9) Die Geschichte besagt, dass nicht der ranghöchste Soldat siegen wird, sondern eine einfache Frau. So geschah es auch. Der König von Kanaan und sein Feldherr Sisera wurden von Jael am Fluss Kishon besiegt, der sich in der Nähe von Schaar Haamakim befindet und ins Mittelmeer fließt. Außer den in biblischer Tracht gekleideten Schauspielern und Tänzern trat ein Chor auf, eine Musikkapelle spielte und sogar die Schafe des Kibbuz hatten eine Rolle zu spielen.

Im November 1945 erhielt bei den Wahlen in Großbritannien die Labour Party die Mehrheit. Ministerpräsident Clement Attlee und Außenminister Ernest Bevin brachen alle Versprechungen, welche die Partei den Zionisten noch 1944 gemacht hatte. Sie hörten auf die Bürokratie, die im Nahen Osten auf die Araber setzte. Wenn es abzuwägen galt zwischen dem Mitgefühl mit der jüdischen Tragödie in Europa und dem Bedarf an Erdöl, wog letzteres viel schwerer und man beschuldigte schon damals die Juden, sie würden unproportional viel Sympathie auf Kosten anderer Opfer der Naziverfolgung gewinnen. Das hatte Bevin bereits im November 1945 öffentlich ausgedrückt, als er die vorgebliche jüdische Tendenz kritisierte, *„sich an die Spitze der Warteschlange"* zu drängeln bei der Suche nach Hilfe. Der milde, pro-britische, spätere erste Präsident Israels Chaim Weizmann antwortete: *„Ist es zu viel verlangt, an die Spitze der Warteschlange zu gelangen, wenn nach dem Mord an sechs Millionen Juden der Rest von eineinhalb Millionen eine Zuflucht sucht in seinem Heimatland?"* Und er setzte hinzu: *„Was für eine fadenscheinige Grabschrift war diese Erklärung auf den Gräbern unserer sechs Millionen Toten."* (Karsh, Efraim: S. 73)

Auf Initiative der Briten wurde im November 1945 das *Arabische Hohe Komitee* (AHC) gegründet. Es sollte die oberste Verwaltungskörperschaft der Araber sein, schaffte es aber nicht, lokale Verwaltungsstrukturen aufzubauen. Angeführt wurde das AHC von Mitgliedern der Husseini Familie, die nicht gewählt waren.

Das Jahr 1945 verging für uns sehr schnell und es wurde Zeit, dass wir uns darüber klar wurden, was wir nach Abschluss der Jugendalia tun wollten. Mit Beginn des neuen Jahres war unsere schulische Ausbildung abgeschlossen und wir arbeiteten ganztägig im Kibbuz. Obwohl wir drei Jahre Unterricht gehabt hatten, bekamen wir kein Zeugnis oder einen formellen Abschlussbescheid. In den Schulen der Kibbuzim wurde fächerübergreifend unterrichtet und es gab keine Zensuren. Im Gegensatz zu den Kibbuzkindern, die im Internat erzogen wurden, erhielten wir zum damaligen Zeitpunkt keine Möglichkeit, externe Prüfungen abzulegen, um zu studieren oder eine Berufsausbildung zu machen. Die Gründe dafür waren komplex, zum einen benötigte man Arbeitskräfte für den Kibbuz, andererseits hatte man die Theorien vom *verkehrten Dreieck* des zionistisch-sozialistischen Ideologen Ber Borochov internalisiert. Borochov sah die nichtjüdische *normale* Gesellschaft als eine Pyramide mit einer breiten Schicht von Bauern, dann Arbeitern, schließlich Geschäftsleuten und an der Spitze einige wenige Intellektuelle. Das jüdische Volk im Land Israel sollte laut damaliger Ideologie der Arbeiterbewegung auch dementsprechend *normalisiert* werden. Deshalb war es wichtig, viele junge Juden für die Landwirtschaft zu gewinnen. Bereits im Januar 1946 hatte uns die Kibbuzbewegung angeboten, Schaar Haamakim zu verlassen und einen Kibbuz an der libanesischen Grenze zu ergänzen. Doch wir beschlossen in einer heftig geführten Debatte, entgegen den Wünschen der Bewegung, uns freiwillig zum Palmach zu melden. Vor uns gab es bereits eine solche Gruppe des Schomer Hazair in Schaar Haamakim und wir waren entschlossen, in deren Fußstapfen zu treten. Wir waren überzeugt, als Soldaten genauso gut zu sein, wie die im Land geborenen und wollten dies auch beweisen. Nach unserer Entscheidung, geschlossen dem Palmach beizutreten, entschied Schaar Haamakim in einer *Volksabstimmung*, dass unsere Gruppe nach zweijährigem Dienst im Palmach den Kibbuz ergänzen sollte, was Vollmitgliedschaft bedeutete.

Uns zu Ehren fand im Februar 1946 ein großes Fest statt. Ein Kibbuzmitglied hielt eine Ansprache und bemerkte mit Befriedigung, dass es unseren Lehrern gelungen war, uns so zu erziehen, dass wir die Ideale des Schomer Hazair verwirklichen wollten. Wie bei dem Fest im Juni 1945 wurde auch hier wieder Theater gespielt. Wir studierten das damals aktuelle Stück *Ein Schiff im Sturm* ein. Es spielte auf einem Schiff, das illegale Einwanderer geladen hatte, und einem böswilligen, nichtjüdischen Kapitän unterstand, dessen Rolle mir zugeteilt wurde. Ein aktuelles Thema, das alle berührte und wir erhielten viel Beifall. Ein paar Tage vor unserem Eintritt in den Palmach kam ein Arzt, um festzustellen, ob wir gesund waren. Die Untersuchung hinterließ bei mir einen seltsamen Eindruck, denn wir sollten auf einem niedrigen Schemel zehn Mal auf und ab springen. Dann hörte der Arzt mit einem Stethoskop unseren Herzschlag ab. Wir waren alle tauglich, bis auf Esther Nir. Sie wurde später Krankenschwester.

Freiwillig im Palmach

Am 15. März 1946 trat meine Gruppe dem Palmach bei. Wir fühlten uns einer Elite zugehörig, so wie es uns auch in der Ausbildung, die sofort begann, vermittelt wurde.

Am gleichen Tag lernten wir unseren Leutnant kennen. Es war Abed, ein Sabre und Sohn des Kibbuz Ein Harod, der politisch zu Achdut haAvoda gehörte, einer linken 1944 erfolgten Abspaltung aus der sozialdemokratischen Partei Mapai. Diese trat für den Widerstand gegen die Briten und die Bereitschaft, den eigenen jüdischen Staat zu erkämpfen ein, weswegen man die Partei aktivistisch nannte.

Gerade davor hatten die Ideologen des Schomer Hazair Angst. Denn während Achdut haAvoda sich für den jüdischen Staat engagierte, befürwortete unsere Bewegung zu diesem Zeitpunkt noch den binationalen Staat. Aber für diesen Gedanken gab es auf der arabischen Seite leider keinen Partner mehr.

Ein Cousin des Jerusalemer Mufti, Fauzi Darvish el-Husseini, der wegen seiner antijüdischen und antibritischen Aktivitäten von den Briten interniert worden war und seine Meinung änderte, gründete 1946 die arabische Vereinigung *Falastin Al-Jadida* (Das neue Palästina), die für eine arabisch-jüdische Zusammenarbeit eintrat. Auf die Warnung seines Cousins Jamal el-Husseini vom AHC antwortete er: *„Die Geschichte wird urteilen, wer von uns Recht hat."* Fauzi D. el-Husseini wusste, dass eine solche Warnung durchaus ernst zu nehmen sei, und suchte um einen Waffenschein an, der ihm aber verweigert wurde.

Am 23. November 1946 wurde er von *Unbekannten* ermordet. Die Bedeutung dieses Mordes ging über seine Person hinaus, denn damit wurde allen Arabern signalisiert, dass eine Opposition gegenüber dem AHC mit dem Tod *bestraft* wird. Die Briten haben diesen politischen Mord als einen gewöhnlichen Kriminalfall behandelt und die Täter nie gefunden. Die ägyptische Wochenzeitung *Akhbar-al-Yaum* führte einige Zeit nach diesem Mord ein Interview mit dem geschäftsführenden Direktor des AHC, Jamal el-Husseini. Auf die Frage nach dem Mord an seinem Cousin kam die Antwort: *„Mein Cousin ist gestolpert und erhielt seine gerechte Strafe".* (Cohen, Aharon: S. 351–54)

David Ben Gurion stellte nach der Ermordung zynisch fest, dass der einzige Araber, der diesen binationalen Staat befürwortete, es nicht überlebt hat. Die Mehrheit des Jischuv dachte wie Ben Gurion. Die Tragödie der Schoa, als die Staaten im Zweiten Weltkrieg nicht bereit waren, eine größere Anzahl Juden aufzunehmen, sowie die verzweifelte Situation der Überlebenden danach in den DP-Lagern, denen es nach wie vor nicht gestattet wurde, Deutschland und Österreich zu verlassen, bestärkte die meisten in ihrer Forderung nach einem eigenen jüdischen Staat. Wie andere Völker, wollten auch Juden einen Staat haben, in dem sie nicht nur eine geduldete Minderheit sein sollten.

Über das Verhältnis zu den Briten wurde ebenfalls viel diskutiert, denn auch hier gab es Unterschiede. Achdut haAvoda stand für Aktivismus, der Schomer Hazair unterstützte jedoch die friedliche Strategie von Chaim Weizmann, der später der erste Staatspräsident Israels werden sollte. Weizmann und der Schomer Hazair sowie andere gemäßigte Zionisten glaubten und hofften, die Briten würden das Weißbuch annullieren. Wie so oft in der Geschichte zuvor, hatten sich die Optimisten geirrt und Ben Gurion behielt Recht. Nach wie vor wohnten wir in einem Zeltlager am Rande unseres Kibbuz.

Abbildung 11: Rekruten im Palmach mit dem Autor als erster v.r.

Aber unser Leben hatte sich wieder einmal radikal geändert. Ab jetzt hatten wir abwechselnd zwei Wochen militärische Übungen, danach arbeiteten wir zwei Wochen im Kibbuz. Allerdings erhielten wir nicht mehr nur ein Taschengeld, sondern einen Sold von monatlich zwei palästinensischen Pfund. Dieser kam in unsere gemeinsame Gruppenkasse und über die Verwendung wurde abgestimmt. Zum ersten Mal wurden wir auch mit Anschauungen konfrontiert, die sich von unserer Ideologie deutlich unterschieden. Täglich versammelten wir uns um sechs Uhr zum Morgensport. Die Mädchen hatten acht Kilometer zu laufen. Wir Burschen begannen auch mit acht und steigerten uns binnen zwei Tagen auf 12 Kilometer. Nach dem Morgensport und Frühstück gingen wir entweder arbeiten oder zur militärischen Ausbildung.

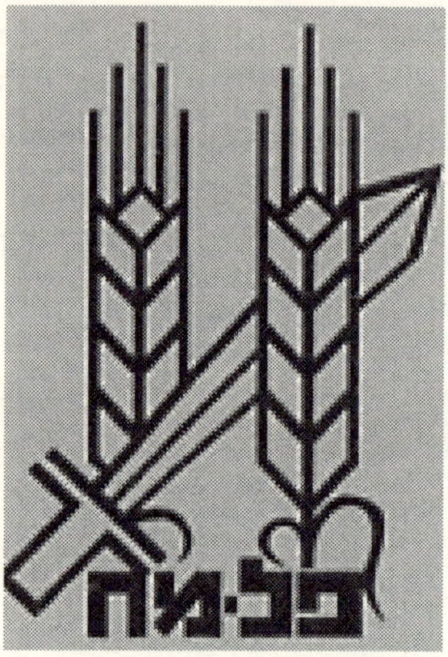

Abbildung 12: Das Abzeichen des Palmach

Palmach unterschied sich radikal von regulären Armeen. Er blieb während der acht Jahre seines Bestehens immer eine kleine Einheit und umfasste nie mehr als 6 bis 7 Prozent der Mitglieder der Hagana. Der Dienst im Palmach dauerte zwei Jahre. In den Jahren vor dem Unabhängigkeitskrieg gab es 2100 aktive Kämpfer und 1000 Reservisten. Da die Palmach-Mitglieder die Hälfte des Monats in den Kibbuzim arbeiteten, deckten sie damit 80 Prozent des Budgets ab. Der Vorgesetzte konnte nur durch sein Beispiel und seine Persönlichkeit wirken. Zu den wenigen Merkmalen der äußeren Disziplin gehörte die Habachtstellung, wenn wir das Zelt des Kommandanten betraten. Bis Spätherbst 1948 trugen unsere Offiziere keine Rangzeichen und wir salutierten auch nicht.

Anfang des Krieges erzählte man oft die Geschichte von zwei Palmachniks, die in Tel Aviv zu tun hatten und nicht salutierten, als ein schon in der neuen Uniform mit Rangabzeichen versehener höherer Offizier vorbeiging. Dieser fragte die beiden: *„Wisst Ihr nicht, wer ich bin?"*, worauf der eine zum anderen sagte: *„Der arme Mann hat wahrscheinlich unter einer Bombardierung gelitten, er weiß nicht mehr, wer er ist".*

Vielleicht war das auch nur die Abwandlung einer Geschichte aus dem Zweiten Weltkrieg, bei der zwei leicht angetrunkene australische Soldaten in Tel Aviv von einem britischen Generalstabsoffizier angehalten wurden, und dieser die gleiche Frage stellte, worauf die Aussies unisono antworteten: *„Der Bastard ist so betrunken, dass er nicht einmal weiß, wer er ist"*. Die Anekdote verdeutlichte jedenfalls sehr schön die egalitäre Atmosphäre im Palmach.

Wer heute von den damaligen Palmachniks das Palmach Museum in Tel Aviv besucht und eine Multimediavorstellung anschaut, die für alle Rekruten der israelischen Armee obligatorisch ist, muss mit Erstaunen zur Kenntnis nehmen, dass die dort gezeigten Palmachniks ihren Vorgesetzen mit *Hamefaked* (Kommandant) ansprechen. Doch nie hat ein Palmachnik seinen Vorgesetzten so angesprochen, wir nannten unsere Kommandanten, die alle lediglich ein paar Jahre älter als wir waren, aber sehr respektiert wurden, nur beim Vornamen.

Täglich nach Einbruch der Dunkelheit gab es einen Appell, zu dem man in sauberen Kleidern, gewaschen und rasiert kam. Es ging dabei um Anwesenheitskontrolle und manchmal kontrollierte der Vorgesetzte auch die Sauberkeit unserer Zelte oder ob die Betten ordentlich gemacht waren. Wir lernten die in der britischen Armee üblichen Gewehrgriffe, doch einen Drill, wie er in regulären Armeen üblich war, gab es nicht.

Nach außen hin schienen wir eine *Hachschara* (Vorbereitung auf die Mitgliedschaft in einem Kibbuz) zu sein, die wir ja überdies auch waren.

Weil wir uns im Untergrund befanden und es klar war, dass die britischen Behörden unsere durch die Post geschickten Briefe lasen, mussten wir unsere Briefe dem Kommandanten zum Lesen übergeben. Dieser durfte das so Erfahrene selbstverständlich nicht publik machen. Disziplinarstrafen gab es keine. Oft wurden wir gelobt, selten gerügt. Die schärfste Strafe war der Ausschluss aus dem Palmach, wozu der Kompaniechef seine Zustimmung geben musste.

Immer wieder wurde betont, dass wir die Armee eines armen Volkes sind. Die meisten Palmachniks kamen aus linken zionistischen Jugendbewegungen und Palmach hatte den Ruf, eine *bewaffnete Jugendbewegung* zu sein. Uniformen hatten wir zwar keine, aber wir waren trotzdem einheitlich gekleidet, in der warmen Jahreszeit mit kurzen Hosen, khakifarbenen Hemden, weißen Wollsocken und schwarzen Militärschuhen.

Die Ausbildung und Vorbereitung auf kommende Konflikte war die wichtigste Aufgabe von Palmach. Schon im ersten Gespräch erläuterte unser Leutnant das Scheitern der alliierten Armeen am Beginn des Zweiten Weltkrieges. Deren Stabsoffiziere hatten in der Regel geglaubt, sich auf die Fortsetzung des Ersten Weltkrieges vorbereiten zu müssen. Das bedeutet – meinte Abed – es würde nicht ausreichen, sich lediglich auf eine Fortsetzung der Unruhen von 1936–39 vorzubereiten.

Bereits Ende 1945 war dem Stab eine technische Abteilung zugeteilt worden, welche die Verantwortung für aktuelle Landkarten und Luftaufnahmen übernahm und Informationen über die Briten und Araber sammelte und archivierte. Diese Informationen wurden unter der professionellen Leitung des Nachrichtendienstes der Hagana (Schaj) durch Kundschafter, die Einheit der *Mistaaravim*, die als Araber auftreten konnten und die Piloten des Palmach gesammelt.

Eine andere wichtige Tätigkeit des Stabes war die *Hasbara* (Information der Truppe, heute pejorativ für Propaganda gebraucht). Bis Mitte 1949 gab es ein ein- oder zweimonatlich erscheinendes Informationsbulletin des Palmach. Ein Offizier war für alle Personalfragen verantwortlich, für Rekrutierung und Registrierung der Mitglieder, für die ärztliche Versorgung, für die Reserve und soziale Hilfe. Eine andere wichtige Funktion war die Beschaffungsabteilung, die nicht nur für die Beschaffung und Aufbewahrung von Waffen und Munition sorgen musste, sondern auch für Kleidung und andere Ausrüstung verantwortlich war.

Die meisten unserer Waffen waren illegal und durften selbstverständlich nicht offen getragen werden. Unsere Ausbildung konnte daher nur geheim erfolgen. Der Waffenmeister des Kibbuz brachte uns die Waffen aus dem *Slik*, dem Waffenversteck, das nur er kannte. Die Waffen waren geölt und wir lernten zunächst, diese zu reinigen und für den Gebrauch fertig zu machen. Dann lernten wir die Teile der Waffen kennen und mussten diese blitzschnell auseinander nehmen und wieder zusammensetzen. Unser Ausbildner schaute auf die Stoppuhr und zu meiner Schande, war ich immer der letzte. Vielleicht auch deswegen hatte ich später wenig Aussicht auf eine Beförderung. Natürlich kam uns dann im Krieg die Übung, auch in der Nacht mit geschlossenen Augen ein Maschinengewehr zusammenzulegen, zugute.

Wir lernten Taktik im Feld, wie man sich in Tälern und auf den Hügeln bewegt, bzw. wie man eine Stellung stürmt. Es war mühsam, den Hügel hinauf zu rennen, aber wir mussten das so lange wiederholen, bis der Ausbildner zufrieden war. Was mir am meisten gefiel, waren die langen Märsche in der Nacht. Wir kamen an arabischen Dörfern vorbei und hörten oft genug das Bellen der Wachhunde und in der Ferne das Jaulen von Hyänen.

Am Abend saßen wir manchmal um das Lagerfeuer, tranken türkischen Kaffee und hörten Abed zu. Oft sangen wir auch Lieder, die zum Teil noch heute gern gesungen werden, vor allem in den Nostalgiesendungen des israelischen Fernsehens oder Radios.

Wenn wir mit Waffen übten, wurde einer von uns beauftragt, aufzupassen, ob sich Briten oder verdächtige Menschen näherten. Für alle Fälle hatten wir auch ein Alibi bereit, sollte man uns dingfest machen. Falls es zu einer Durchsuchung des Kibbuz kommen würde, waren wir und die Kibbuzmitglieder angewiesen worden, die Personalausweise zu vernichten, um eine Identifizierung zu erschweren.

Es gab keine besonderen Richtlinien, welche Aufgaben Mädchen im Palmach erfüllen sollten. Mädchen wurden genauso an Waffen ausgebildet wie Burschen. Sie mussten sogar auch an den langen Fußmärschen teilnehmen. Und immer hieß es: Da wir weder Waffen noch schwere Ausrüstung trugen, konnten wir, falls uns Briten begegneten, behaupten, wir wären eine Jugendgruppe.

Einmal während unserer Ausbildung machten wir einen Ausflug zu Fuß zum See Genezareth. In einem Wadi nördlich von Schaar Haamakim legten wir uns gegen Mitternacht schlafen und wurden in der Früh um 5 Uhr von britischen Soldaten überrascht, die mit Panzerautos und Tanks gekommen waren.

Mit neun weiteren Kameraden wurde ich ausgewählt und sie brachten uns in ein nahes Militärlager. Dort wurden wir mit Cheddarkäse, Crackers und Tee mit Milch bewirtet und die Offiziere boten uns Zigaretten an. Da wir in kurzen Hosen gekleidet waren, glaubten sie uns, dass wir eine Schomer Hazair Jugendgruppe sind und bereits um 10 Uhr wurden wir zurückgebracht und konnten weiter marschieren.

Die Offiziere des Palmach wurden in Kursen der Hagana ausgebildet. In den Jahren, als ich im Palmach war, wurden auch Mädchen zu Offizierinnen ausgebildet, eine Tradition, die von der israelischen Armee beibehalten wurde. Inzwischen wurde die allgemeine Situation immer angespannter.

Während des Zweiten Weltkrieges kollaborierte der Mufti Hadj Amin el-Husseini mit Deutschland, er half, moslemische Bosnier für die Waffen-SS zu rekrutieren und machte für die Nazi und ihre Verbündeten Propaganda im Radio. Bei Kriegsende befand er sich in Deutschland und flüchtete nicht zufällig in das von Franzosen besetzte Gebiet. Die Franzosen, die im Nahen Osten andere Interessen als die Briten hatten, behandelten den Mufti mit ausgesuchter Höflichkeit und stellten ihn lediglich unter Hausarrest. Anfang Juni 1946 gelang dem Mufti die Flucht nach Kairo. Die Araber des Mandatsgebietes feierten dies drei Tage, schmückten die arabischen Städte mit Fahnen und seinem Bild.

Am 12. Juni 1946 wies der britische Ministerpräsident Clement Attlee in einer Rede vor dem Parteitag der Labourpartei in Brighton den Wunsch des amerikanischen Präsidenten Truman, sofort Hunderttausend Juden nach Palästina hineinzulassen, mit der Begründung zurück, er müsste dann eine weitere Division britischer Truppen dorthin schicken, um den Frieden zu sichern. Er zürnte den Amerikanern: *„Ich hoffe, man wird mich nicht missverstehen in Amerika, wenn ich sage, dass dies aus den reinsten Motiven vorgeschlagen wurde. Sie wünschen ja auch nicht zu viele Juden in New York."* (Bethell, Nicholas: S. 262) Das war nicht die letzte taktlose Bemerkung eines Labourpolitikers.

Nach einer dreimonatigen Ausbildung fand am 15. Juni um Mitternacht im Kibbuz Jagur, nicht weit von Haifa entfernt, unsere feierliche Aufnahme in den Palmach statt. Im Speisesaal stellten wir, die Pluga Alef, erste Kompanie des Gdud Rishon (Erstes Regiment), uns in einem Karree auf. Vor uns stand Jigal Allon, der bis zur Auflösung des Palmach 1949 Kommandant des Palmach war. Ein Offizier sagte uns den Text des Eides, jeweils in zwei-drei Wörtern vor, die wir im Chor wiederholten: *„Mit dieser von der Hagana mir zugeteilten Waffe werde ich im Land Israel gegen die Feinde meines Volkes, für meine Hei-*

mat – ohne zurückzuweichen und mit dem Einsatz aller meiner Kräfte – kämpfen."

Jigal Alon hielt eine Rede, in der er betonte, dass wir organischer Teil der Hagana sind und somit zur werdenden Armee des jüdischen Staates gehören, die immer den demokratisch gewählten Organen des Jischuv unterstellt bleiben wird. Das war sehr wichtig, denn damit unterschieden wir uns von den Porschim, den Abtrünnigen, der beiden anderen viel kleineren Untergrundorganisationen und der 1931 gegründeten Ezel sowie der radikal antibritischen Lechi (Lochame Hofesch Israel, Freiheitskämpfer Israels). Er sprach auch von *„Tohar haneschek"*, der Sauberkeit der Waffe – darunter verstand man, dass man sich als Waffenträger seiner Verantwortung bewusst sein muss, Zivilisten und Gefangene zu schonen.

Aus Protest gegen die britische Einwanderungspolitik beendete die Hagana ihre bisherige Politik der Zurückhaltung und ließ Einheiten des Palmach in der Nacht des 17. Juni 1946 acht Grenzbrücken sprengen. Dies war auch ein Zeichen dafür, dass die Hagana und Palmach eine solch präzis geplante Aktion gegen ein Dutzend Ziele durchführen konnten. Leider verloren vier Palmachniks dabei ihr Leben. Als Reaktion darauf kam es zum so genannten *Schwarzen Sabbat.* Am Samstag, dem 29. Juni 1946 um 4.15 Uhr, begannen die Briten unter General Evelyn Barker die Aktion *Agatha.* Hunderttausend Soldaten und Zehntausend Polizisten waren an ihr beteiligt und sie sollte eine Woche dauern. Die Briten durchsuchten wichtige Gebäude des Jischuv und hofften, unter den Dokumenten Beweise dafür zu finden, dass die Befehle für die Gewaltakte von der Führung des Jischuv kamen. Tausende Akten wurden beschlagnahmt und ausgerechnet jüdischen Polizeibeamten zur Überprüfung übergeben. Die Toiletten waren damals permanent verstopft, denn jedes Dokument, das irgendwie belasten hätte können, wurde auf diesem Weg entsorgt. Korrekt wie sie waren, gaben die Briten die restlichen, von ihnen untersuchten Dokumente nach einer Weile zurück.

Die Führung des Jischuv wurde vor der Aktion gewarnt, Moshe Sneh, Generalstabschef der Hagana, verließ das Land auf dem Seeweg. David Ben Gurion, der sich in Paris befand, kehrte vorerst nicht zurück. Doch die anderen Führer der zionistischen Bewegung, die im Land waren und nicht glaubten, von den Briten verhaftet zu werden, wurden in administrative Haft genommen und ein paar Wochen interniert.

Die Soldaten durchsuchten 27 Dörfer, darunter unseren Nachbarkibbuz Jagur, dessen Mitglieder heftig passiven Widerstand übten. Leider gab es in Jagur aber auch Verräter, mit deren Hilfe die Briten eine Menge Waffen nicht britischer Herkunft fanden, die Mitglieder der Hagana hergestellt hatten. Einige beschlagnahmte Waffen wurden nach London geschickt, wo Experten des

Kriegsministeriums den hohen professionellen Standard unserer geheimen Waffenproduktion bestätigten.

In Schaar Haamakim gab es ebenfalls eine Razzia. Ich erinnere mich an die britischen Soldaten, einige verfluchten die *„bloody Jews"*, andere aber versuchten, möglichst keine Spuren zu finden. Sie hatten in Deutschland gekämpft und wussten, was in den Konzentrationslagern geschehen war. Indem sie uns etwa Zigaretten anboten, brachten sie ihr Mitgefühl zum Ausdruck.

Das Ziel der Aktion war die Schwächung des Palmach, was jedoch nicht gelang, weil sie nur ca. 300 unserer insgesamt 3100 Mitglieder verhafteten. Letztlich wurden von den Briten 2144 Juden, darunter 55 Frauen, in Gewahrsam genommen. Die Schlagkraft der Hagana hatte dadurch aber kaum Schaden genommen, denn die meisten Waffenlager blieben unentdeckt.

Danach vereinbarten die drei Untergrundorganisationen einen gemeinsamen Kampf gegen die Briten. Ezel sollte jenen Teil des Hotel King David in Jerusalem sprengen, in dem sich die Büros der britischen Verwaltung und des Militärs befanden und Lechi ein Bürogebäude in der Nähe. Die schwerste Aufgabe hätte Palmach durchführen sollen, nämlich das britische Militärlager Bat Galim in Haifa für einige Stunden besetzen und die dort befindlichen Waffen für die Hagana zu requirieren, um so den Verlust der Waffen in Jagur auszugleichen. Die Sprengungen sollten nicht während der Arbeitszeit stattfinden, um zu vermeiden, dass Menschen zu Schaden kommen. Doch der Präsident der zionistischen Weltorganisation Chaim Weizmann legte sein Veto gegen die Aktion von Ezel ein und diese sollte abgesagt werden. Ezel hielt sich jedoch nicht daran und sprengte am 26. Juli einen Flügel des Hotels King David. Es gab 91 Tote, davon 17 Juden und fast 50 Araber.

Aufgrund dieses Desasters beschloss die Führung des Jischuv, den Kampf gegen die Briten nicht weiterhin mit Gewalt zu führen, sondern sich auf die illegale Einwanderung und die Besiedelung des Landes zu beschränken. Bekannt sind die Schiffe mit illegalen Einwanderern aus Europa, die von Palmach an die Küsten des Landes gebracht wurden. Weniger bekannt ist, dass ab Ende 1943 eine Gruppe Palmachniks illegale jüdische Einwanderer aus dem Libanon und aus Syrien über die Landesgrenze brachte. Bis Ende 1947 wurden so 7000 arabische Juden illegal in das Land gebracht.

Nach dem Attentat auf das Hotel King David gab General Barker, der seine Abneigung gegenüber Juden schon öfter deutlich gemacht hatte, militärische Boykottmaßnahmen gegen den Jischuv bekannt und erklärte: *„Die Juden werden auf eine Art und Weise bestraft, die ihnen ebenso missfällt wie anderen Rassen – indem man auf ihre Geldbörsen zielt und ihnen zeigt, dass man sie verachtet".* (O'Brien, Conor Cruise: S. 175)

Derartige Aussagen, die eine schnelle Verbreitung fanden, erhöhten nicht die Popularität der Briten im Jischuv und in den Vereinigten Staaten. Im Februar 1947 nahm meine Gruppe am zehntägigen Marsch unseres Regimentes vom Kibbuz Bet Haarava im Norden des Toten Meeres bis zum Kibbuz Bet Eschel südlich von Beer Schewa teil. Wir trugen nur einen schweren Rucksack aber keine Waffen. Damals galt noch der Befehl der *Wasserdisziplin*, wir gingen in der Regel eine Stunde, um dann zehn Minuten zu ruhen und durften nur während dieser Ruhepause trinken. Heute wird stattdessen von den Militärärzten betont, dass man unter solchen Anstrengungen eine regelmäßige Flüssigkeitszufuhr braucht, bei der man sich nicht an festgelegte Zeiten halten soll.

Während dieser Wanderung entdeckten wir die Schönheit des En Gedi Tales und benützten dort die Gelegenheit, unter dem Wasserfall im Süßwasser zu baden. Doch ins Tote Meer gingen wir nicht, weil es noch keine Duschen gab, um das Salz vom Körper abzuwaschen.

Nach drei Tagen erreichten wir Massada. Auf dem wuchtigen Felsmassiv von Massada hatte Herodes zwischen 36 und 30 vor u. Z. eine fast uneinnehmbare Festung errichten lassen. Während des ersten Aufstandes gegen die Römer 66 u. Z. verschanzte sich dort eine Gruppe von Juden. Anfang 73 stürmten die Römer die Festung. Als die aufständischen Juden sahen, dass sie keinen Ausweg mehr hatten, begingen die Eingeschlossenen – 960 Männer, Frauen und Kinder mit ihrem Anführer Eleasar Ben Yair – kollektiven Selbstmord. Massada ist seit damals zu einem Symbol für den Freiheitskampf des jüdischen Volkes geworden.

Wir waren sicher, dass wir nicht zum Mord an unseren Frauen und Kindern gezwungen sein werden. Die jüdischen Männer aber, die bis zum letzten Atemzug gegen die Römer gekämpft hatten, waren für uns Vorbilder. Wir waren selbstsicher, optimistisch und hofften, dass es nicht zum Krieg kommen würde.

Im Februar 1947 gab es noch keine Seilbahn, die uns hätte hinauf bringen können. Wir mussten also den beschwerlichen Weg nehmen, den auch die römischen Legionen vor uns genommen hatten. Vom Berg Massada sahen wir unten noch die Spuren der römischen Lager. Dann gingen wir weiter nach Sodom und über die Hügel des Negev nach Bet Eschel und weiter nach Beer Schewa, wo Autobusse auf uns warteten, die uns wieder in den Norden brachten. Zum ersten Mal erlebte ich die ganz eigene Atmosphäre der judäischen Wüste am tiefsten Punkt der Erde und die besondere Vegetation, die man dort nur im Frühjahr sieht.

All die Jahre in Palästina waren wir in materieller Hinsicht natürlich nicht sehr verwöhnt und auch nicht sehr anspruchsvoll. Doch unser sehnlichster

Wunsch war eine eigene Armbanduhr. Die Gruppe hatte beschlossen, aus der gemeinsamen Kasse für jeden eine Uhr zu kaufen. Zuerst sollten die ältesten Mitglieder eine erhalten. Mein Freund Dan und ich waren bei den jüngeren und hätten somit am längsten warten müssen. Zwei Pfund war unser monatlicher Sold, eine gute Schweizer Armbanduhr kostete ungefähr sechs Pfund. Die Wartezeit, bis wir dran gewesen wären, erschien uns eindeutig zu lang.

Mit unseren 18 Jahren wollten wir selbst entscheiden, wofür wir unser Geld ausgeben. Überhaupt fanden wir es nach Jahren des Lebens im Kollektiv immer schwieriger, die damit verbundene Ein- und Unterordnung zu akzeptieren. Zumal es innerhalb der Gruppe schon geraume Zeit eine Reihe von Paaren gab und wir beide das Gefühl hatten, teilweise außerhalb zu stehen. Wir berieten, was wir tun könnten, und am Ende sagte Dan zu mir: *„Möglicherweise machen wir einen Fehler. Aber wenigstens ist es unser eigener Fehler."* Ich teilte seine Meinung. Auch in meinem späteren Leben sollte dies eine Art Leitmotiv für mich bleiben. Die Uhren waren nur der letzte Anstoß für unseren Entschluss, die Gruppe Noar Gimel zu verlassen. Trotzdem wir beide die Gruppe verließen und damit darauf verzichteten, nach unserem Dienst im Palmach in den Kibbuz zurückzukehren, haben wir nie unsere Beziehungen zu unseren Kameraden aber auch zu den Lehrern und zum Kibbuz abgebrochen.

Abbildung 13: Anfang 1947 im Schaar Haamakim mit drei Freunden, von l. n. r.: Dan Elem, Eliahu Schirz und der Autor

Wir baten, uns in eine andere Einheit von Palmach zu versetzen. Unserer Bitte wurde selbstverständlich stattgegeben und wir wurden zu einer Einheit in den nahen Kibbuz Ramat Jochanan geschickt. Diese bestand aus Städtern und war weltanschaulich nicht festgelegt. Das war eine ganz neue Erfahrung für mich. Bald darauf wurde ich einem Pfadfinderkurs des Palmach zugeteilt. Wir lernten die Orientierung nach Karten, Flugaufnahmen auszuwerten, uns an Ziele unbemerkt heranzupirschen bzw. Ziele zu beobachten, und vor allem lernten wir in langen Nachtmärschen den nördlichen Teil des Landes kennen. Ich war voll dabei und hoffte, Pfadfinder bleiben zu können. Dies lag mir mehr, als ein Maschinengewehr auseinander zu nehmen und zusammen zu legen. Doch es kam dann anders.

Nach Beendung des Kurses bekamen wir sofort eine praktische Aufgabe: Das erste Regiment des Palmach sollte noch vor Pessach einen Ausflug machen, von Tirat Zwi, einem religiösen Kibbuz im Süden des Bet Scheantales, nicht weit vom Jordan, über die Hügel von Samaria bis zum Toten Meer. Wir sollten den Weg auskundschaften. Unsere Gruppe bestand aus 22 Mann, 11 Pfadfindern und 11 Sportlehrern, die gerade ihren Kurs absolviert hatten, und einem Kommandanten. Wir kamen im Kibbuz Ein Harod zusammen und fuhren mit unserer Ausrüstung (Essen für eine Woche), jedoch ohne Waffen auf einem Lastauto nach Tirat Zwi im Jordantal. Wir verließen den Kibbuz um zehn Uhr abends und stiegen die Hügel hinauf.

Plötzlich wurden wir von drei Arabern überfallen, die wegen unserer kurzen Hosen dachten, dass wir Schüler auf einem Ausflug wären. Sie forderten von unserem Arabisch sprechenden Anführer pro Kopf und Nase ein Pfund Lösegeld. Unser Kommandant fing zu handeln an, gab aber auf Hebräisch den leisen Befehl an die Sportlehrer, auf sein Zeichen die drei Räuber zu überwältigen, was sie auch taten. Einer der Araber schmiss sein Gewehr sofort ins Gebüsch und rannte weg, dem zweiten gelang es, aus einem Polizeigriff zu entkommen. Er brach sich dabei jedoch seine Hand. Der dritte versuchte, sein Gewehr in Anschlag zu bringen und wurde während des Kampfes mit dem Kolben seines eigenen Gewehres erschlagen. Aus den nahen arabischen Dörfern hörten wir bereits Maschinengewehrfeuer und unser Kommandant gab den Befehl, auf kürzestem Weg direkt nach Tirat Zwi zurück zu laufen. Unser Marsch führte bergauf und bergab, gegen Mitternacht kamen wir in Tirat Zwi an. Als Entschädigung für die außergewöhnliche Anstrengung wurde jedem von uns aus dem Proviant, der ja für eine ganze Woche rationiert war, eine Eierspeise aus sechs Eiern zubereitet. Um vier Uhr in der Früh bestiegen wir ein Lastauto, um wieder zurück nach Ein Harod zu gelangen. Doch kurz vor der damals arabischen Stadt Bet Schean umzingelten uns britische Panzerautos und führten uns zur lokalen Polizeistation, die sich in einer Tegart-Festung befand. Die Bezeichnung geht auf den britischen Offizier Charles Tegart zurück, der diese massiven Festungen während der arabischen Unruhen von 1936–1939 im ganzen Land erbauen ließ.

Dort wurden wir von einem arabischen Polizeiunteroffizier gemeinsam mit arabischen Kleinkriminellen in eine völlig verschmutzte Gefängniszelle gesperrt. Was uns nicht davon abhielt, lauthals unsere Arbeiterkampflieder, wie die *Internationale* und die *Hatikva*, anzustimmen. Bis der Wärter händeringend kam und uns bat aufzuhören, um nicht die britischen Offiziere in ihrer Nachtruhe zu stören. Er fragte uns, unter welchen Bedingungen wir das Singen aufgeben würden. Wir verlangten eine saubere Zelle und ein Frühstück. Unsere Wünsche wurden sofort erfüllt, in einer sauberen Zelle erhielten wir ein Frühstück, wie es dort üblich war, bestehend aus einem schwarzen warmen Getränk, das vom Wärter als Kaffee bezeichnet wurde, dazu gab es zwei Fladenbrote pro Person und einige Oliven. Der Wärter teilte uns vertraulich mit, dass Hebräisch sprechende Polizeibeamte aus Haifa unterwegs seien, um uns zu verhören. Um zehn Uhr trafen diese ein und waren nicht wirklich an der Aufklärung des Falles interessiert. Wir mussten einzeln in das Büro treten und bekamen nur eine Frage gestellt: *„Bist Du Mitglied der Hagana"*, alle gaben *„Nein"* zur Antwort, bis auf einen Neueinwanderer, der offen gestand: *„Jeder anständige Jude ist Mitglied der Hagana"*. Die beiden britischen Beamten verfielen darob in einen Lachkrampf, denn dies war ja genau die Antwort, die schon David Ben Gurion einer Untersuchungskommission gegeben hatte, als er diesbezüglich befragt worden war. Nach Beendigung des *Verhörs* wurden wir im Hof der Polizeifestung an eine Mauer gestellt. Ein Hühne von Offizier führte mit Stock in der Hand einen Araber, dessen Arm in Gips gelegt war, an uns vorbei und erwartete von ihm, jenen unter uns zu identifizieren, der seinen Kameraden getötet hatte. Zweimal gingen sie an uns vorbei und jedes Mal meinte der Araber: *„Er war mit kurzen Hosen bekleidet und trug ein Khakihemd"*, worauf der Offizier erwiderte: *„Ya chmar* (Du Esel), *siehst Du nicht, dass alle so gekleidet sind?"*

Währenddessen protestierte in Jerusalem Golda Meirson (später Meir) beim britischen Hochkommissar gegen unsere Festnahme und am frühen Nachmittag kam der Sekretär des Kibbuz Ein Harod und löste uns mit einer Kaution von 50 Pfund aus. Wir konnten an unsere Ausgangsorte zurückfahren und es wurde kein Verfahren eingeleitet.

Dan, der seinen Namen inzwischen von Levy auf Elem geändert hatte, bekam auch in Ramat Jochanan immer wieder Schwierigkeiten. Es fiel ihm schwer, sich einzuordnen bzw. widerspruchslos etwas zu akzeptieren. Nach einer besonders heftigen und tätlichen Auseinandersetzung mit einem Kibbuzmitglied wurde er aus dem Palmach ausgeschlossen. Dan hatte nur noch ein paar Piaster und bat mich, ihm etwas Geld zu borgen. Ich war besorgt, was er wohl tun würde, so ganz auf sich allein gestellt. Doch noch am gleichen Tag fand er im Hafen von Haifa eine Arbeit und verdiente in der Woche über 20 Pfund. Als ich ihn an meinem nächsten freien Tag besuchte, gab er mir mein Geld zurück, sichtlich froh, aus dem Palmach geworfen worden zu sein.

Im ersten Halbjahr 1947 hatte sich die politische Situation im Land weiter zugespitzt. Die Briten hatten offiziell erklärt, die Verpflichtungen des Mandats nicht mehr wahrnehmen zu wollen und die weitere Behandlung des Palästinaproblems an die neu gegründeten Vereinten Nationen zu übergeben. Diese sandten Anfang Juni eine Untersuchungskommission nach Europa und ins Land, um sich ein Bild von der Lage zu machen. Während die Führer des Jischuv mit dieser Kommission zusammenarbeiteten, wurde sie von arabischer Seite boykottiert.

Am 10. Juli empfing die UNO-Kommission einen Brief von Jamal Husseini, der deutlich machte, dass man den Beschluss, den das AHC am 13. Juni 1947 dem UNO-Generalsekretär unterbreitet hatte, nicht ändern würde.

In Europa wurde unterdessen die Lage der heimatlosen Juden immer dramatischer. Im Juli 1947 stürmten britische Marinesoldaten das illegale Schiff *Exodus* mit 4500 Überlebenden der Schoa und die Passagiere wurden in Haifa gewaltsam von Bord gebracht. Dabei wurden drei Juden getötet und viele verwundet. Drei britische Deportationsschiffe brachten die verhinderten Einwanderer zu ihrem französischen Ausgangshafen Sète zurück, wo sie drei Monate vor Anker lagen. Die französischen Behörden weigerten sich, der britischen Forderung nachzugeben und die Überlebenden zu zwingen, in Frankreich an Land zu gehen. Wer wollte, konnte allerdings in Frankreich bleiben. Nur ganz wenige machten davon Gebrauch. Die Flüchtlinge begannen einen Hungerstreik, um auf ihre hoffnungslose Situation aufmerksam zu machen. Daraufhin brachten die Briten sie nach Hamburg. Am 8. September 1947 holten britische Truppen mit Gewalt die Flüchtlinge von den Schiffen, um sie wieder in die DP-Lager in Deutschland abzuschieben. Jeder einzelne wurde von Soldaten von Bord geschleift. Die meisten mussten noch mehr als ein Jahr in den Lagern bleiben.

Die Kaltschnäuzigkeit der britischen Labour-Regierung und die Dringlichkeit einer Lösung des Problems der Überlebenden wurden mit dieser Aktion der UNO-Kommission und der Weltöffentlichkeit nachdrücklich vor Augen geführt. Keine Gesellschaft außer der jüdischen im Heiligen Land war bereit, jene Juden, die nicht mehr in die Länder Europas zurück konnten oder wollten, weil sie so schmählich im Stich gelassen worden waren, als das jüdische Volk zur Vernichtung bestimmt war, aufzunehmen. Auch für uns war es eine starke Motivation, dazu beizutragen, dass diesen Überlebenden geholfen wird.

Während die Hagana sich auf die illegale Masseneinwanderung und die Besiedlung des Landes konzentrierte, was im In- und Ausland Sympathien brachte, waren Ezel und Lechi nicht bereit, die Autorität der gewählten Führung des Jischuv anzuerkennen und mit dem Terror aufzuhören.

Im Juni 1947 führten Hagana und Palmach eine mehrere Monate dauernde Aktion gegen beide anderen Gruppen durch. Die Hagana arbeitete zwar nicht mehr mit den Briten zusammen, wollte aber weitere Aktionen der Porschim verhindern, ihre Waffen wegnehmen und die Mitglieder provisorisch festnehmen, was auch in den meisten Fällen gelang. Aber auch danach blieben Ezel und Lechi weiterhin aktiv.

Anfang Juli wurde ich zum Kommandanten gerufen, der die Auflösung der ganzen Einheit bekannt gab und mir mitteilte, dass alle Burschen zu Unteroffiziers- bzw. Offizierskursen geschickt werden, die Mädchen zum Stab kommen und ich in den Negev zum zweiten Palmachregiment muss, um dort die Wasserleitung der Siedlungen zu bewachen. Ich war gar nicht darüber erfreut, doch als disziplinierter Soldat hatte ich nur die Möglichkeit, dem Befehl zu gehorchen. So erhielt ich eine Fahrkarte zum religiösen Kibbuz Beerot Jizchak, nicht weit von Gaza, wo ich mich noch am gleichen Abend meldete.

Der Bürgerkrieg beginnt

Der Negev war ein wüstenhaftes, wasserarmes Gebiet, ein Teil ist es heute immer noch. Sein Name besteht aus drei hebräischen Buchstaben und bedeutet abtrocknen. Im Winter kann es in den Wadis zu einem raschen Abfluss einer großen Menge Regenwasser kommen und bereits in der Bibel heißt es im Psalm 126, 4: *„Herr, bringe wieder unsere Gefangenen, wie du die Bäche wiederbringst im Negev".*

Er gleicht einem geografischen Dreieck, westlich grenzt er an die Halbinsel Sinai, östlich an den Jordan Senkungsgraben. Im Norden geht der Negev in die Küstenebene über, im Nordosten sind es die judäischen Hügel und die judäische Wüste.

Die moderne landwirtschaftliche Nutzung des Negevs begann 1943 mit der Gründung von drei Kibbuzim, andere wurden nach Ende des Zweiten Weltkrieges gegründet, als die ersten Bewässerungsprojekte begannen. Erst nach Entstehung des Staates Israel konnten mehr als 160 000 Hektar fruchtbarer Lössboden bewässert werden. Dies und das ganzjährige Sonnenlicht ermöglichen die Produktion von ausgezeichnetem Obst und Gemüse. Oft ist eine zweimalige Ernte pro Jahr möglich.

Heute werden im Negev Potasche, Brom, Magnesium, Kupfer und Phosphat abgebaut. Es gibt ein Erdgasfeld und große Vorkommen von Tonerde und Quarzsand, der für die Herstellung von Keramik und Glas benützt werden kann. 1947 aber war der Negev ein ödes Gebiet mit wenigen jüdischen Siedlungen und mein erster Eindruck waren die riesigen Staubwolken, die der Bus am Weg zum Kibbuz aufwirbelte.

Der Palmach-Leutnant vor Ort erklärte mir, dass es für mich unbedingt notwendig sei, eine legale Waffe zu tragen. Deshalb sollte ich der jüdischen Siedlungspolizei beitreten. Bereits am nächsten Tag meldete ich mich bei dem zuständigen britischen Offizier. Ich schwor, dem britischen König George V. treu zu dienen. Danach erhielt ich ein Lee Infield Gewehr mit 100 Schuss Munition, eine Uniform und pro Monat sechs Pfund Sold, davon musste ich vier Pfund dem Palmach-Kassier geben, der immer am ersten Tag des Monats vor der Tür wartete, da kein Palmach-Mitglied mehr Sold als die anderen erhalten sollte. Weil der britische Offizier meinen Identitätsausweis nicht sehen wollte, trug ich mich zum ersten Mal seit Jahren mit meinem richtigen Namen, Karl Pfeifer ein.

Allein im nördlichen Negev waren im Oktober 1946 elf neue jüdische Siedlungen errichtet worden. Zu ihrer Versorgung wurde auch eine ungefähr 150 km lange Wasserleitung gelegt. Im Sommer 1947 begannen Diebstähle von

Wasserleitungsrohren und es gab Fälle der Sabotage durch Beduinen. Kaum war ich im Negev angekommen, wurden am 9. Juli 1947 die ersten Schüsse auf jüdische Autos, in denen Palmachniks fuhren, abgegeben und einer unserer Kameraden dabei leicht verletzt.

Wir zehn Palmachniks, die sich – jeweils zu fünft – bei den Patrouillen abwechselten, fuhren am Tag auf einem offenen Auto, dem so genannten Tender, und wirbelten dabei eine Menge Staub auf. In der Nacht legten wir uns in der Nähe der Wasserleitung, die nur 50–60 cm tief vergraben war, auf Hinterhalt, doch in keinem einzigen Fall gelang es uns, einen derjenigen Beduinen zu fassen, die immer wieder die Wasserleitung sabotierten. Noch im Sommer 1947 wurden wir von Beerot Jizchak in das nahe Tkuma überstellt. Dieses Dorf war erst 1946 von religiösen Einwanderern aus Ungarn und Rumänien gegründet worden und noch sehr arm. Man stellte uns eine Baracke mit zwei Räumen zur Verfügung, in denen jeweils fünf von uns schliefen. Das Leben in Tkuma war langweilig, Abwechslung gab es keine. In meiner Freizeit las ich die Zeitung oder spielte Schach mit einem Kameraden. Zum ersten Mal seit 1942 ging ich auch wieder in die Synagoge. Laut jüdischem Ritus müssen zum Gebet in der Synagoge wenigstens zehn Männer anwesend sein. Da Tkuma noch sehr klein war, fehlte manchmal ein zehnter Mann zum Gebet und wenn ich Freizeit hatte, ging ich immer mit.

Ende November 1947 erhielt ich meinen Jahresurlaub, den ich bei meinem Bruder in Jerusalem verbrachte. Erwin war nach sieben Jahren Armeedienst nach Jerusalem zurückgekehrt und arbeitete als Beamter. Er wohnte in einem kleinen Zimmer zur Untermiete. Obwohl bereits 34 Jahre alt, war Erwin noch unverheiratet. Er hatte aber, als er auf Zypern als Soldat stationiert war, im Oktober 1945 eine junge Frau kennen gelernt. Mia stammte aus Linz und war gemeinsam mit ihrem Vater 1938 aus Österreich geflüchtet. Über Kairo und Kenia waren sie auf Zypern gelandet. Mia und Erwin wollten heiraten, aber noch warteten sie auf ihre Einreiseerlaubnis.

Ich fühlte mich sehr bevorzugt, denn einige meiner Freunde, die so wie ich 1943 ins Land gekommen waren, hatten in der Schoa ihre ganze Familie verloren, ich aber hatte meinen einzigen Bruder im Land. Und so kam ich voll der Freude am 28. November nach Jerusalem.

Einen Tag später wurde in der UNO-Generalversammlung über die Teilung des Landes abgestimmt. Wir hörten die Ergebnisse zuhause im Radio und jubelten, als die von der UNO-Untersuchungskommission vorgeschlagene Teilung mit 33 Stimmen Mehrheit angenommen wurde. Was besagte der Teilungsbeschluss der Vereinten Nationen? Von den 11,5 Millionen Quadratkilometern der arabischen Länder sollten lediglich 16 000 Quadratkilometer – das sind 0,7 Prozent – dem jüdischen Staat gehören. Von den 50–60 Millionen Arabern, die es damals gab, sollten 350 000, also knapp über 0,5 Prozent, als nationale Minderheit im von arabischen Staaten umgebenen jüdischen Staat leben. Gleichzeitig sollte ein Staat für die palästinensischen Araber entstehen, die bis dahin noch nie in der Geschichte einen eigenen Staat gehabt hatten.

Die Unversöhnlichkeit der Araber war klar zu Tage getreten, als David Horowitz und Abba Eban, die Vertreter der Jewish Agency, am 16. September 1947 bei einem Treffen in London mit Azzam Pascha, dem Sekretär der Arabischen Liga, einen letzten verzweifelten Versuch unternahmen, doch noch einen Kompromiss zu erzielen.

Horowitz erklärte: *„Die Juden sind eine existierende Tatsache im Nahen Osten. Früher oder später werden die Araber notwendiger Weise diese Tatsache akzeptieren und ihr Rechnung tragen. Die Araber werden nicht fähig sein, mehr als eine halbe Million Menschen zu besiegen oder zu vernichten. Die Juden wünschen mit ihrem ganzen Herzen eine Vereinbarung mit den Arabern und sind bereit, dafür Opfer zu bringen."*

Um zu beweisen, dass es sich nicht um leere Floskeln handelt, präsentierten sie einen konkreten Plan: (1) Ein Vertrag, der die Beziehungen zwischen dem vorgeschlagenen jüdischen Staat und der arabischen Liga regelt und die Rechte und Pflichten der beiden Parteien klar definiert; (2) Sicherheitsabkommen mit effektiven Garantien der Juden und der Vereinten Nationen, um arabische Befürchtungen einer jüdischen Expansion zu zerstreuen; (3) Ein Wirtschaftsabkommen, um eine koordinierte Entwicklung des Nahen Ostens zum Wohl der arabischen Massen zu erreichen.

Azzam Pacha antwortete: *„Die arabische Welt ist zu keinem Kompromiss bereit. Ihr Vorschlag, Mr. Horowitz, mag durchaus vernünftig und logisch sein, doch über das Geschick von Völkern entscheiden nicht Vernunft und Logik. Völker machen keine Zugeständnisse; sie kämpfen. Mit friedlichen Mitteln oder Kompromissen erreicht man gar nichts. Wenn man etwas erreicht, dann durch Waffengewalt. Wir werden versuchen, euch zu schlagen. Ich bin nicht sicher, ob es uns gelingen wird, aber wir werden es versuchen. Es ist uns gelungen, die Kreuzfahrer zurückzuschlagen – andererseits haben wir Spanien und Persien verloren. Vielleicht werden wir auch Palästina verlieren. Doch es ist in jedem Fall zu spät, um noch von friedlichen Lösungen zu sprechen."*

Die jüdischen Emissäre entgegneten, dass der Bericht der Vereinten Nationen die Möglichkeit eines vernünftigen Kompromisses bietet und fragten, warum man nicht wenigstens einen Versuch machen sollte.

Azzam Pacha antwortete darauf: *„Solch eine Vereinbarung ist nur möglich zu unseren Bedingungen. Die arabische Welt betrachtet Euch als Invasoren und ist bereit, gegen Euch zu kämpfen. Gegensätzliche Interessen dieser Art zwischen*

Völkern können gewöhnlich nicht gelöst werden außer durch Krieg [...] *Die Kräfte, die Völker bewegen, sind Umstände außerhalb unserer Kontrolle. Vielleicht gab es in der Vergangenheit die Chance für ein Einverständnis – aber das ist nicht mehr möglich. Sie sprechen über den Nahen Osten. Für uns gibt es kein solches Konzept; für uns existiert nur das Konzept der arabischen Welt. Nationalismus ist die große Kraft, die uns bewegt. Wir brauchen keine wirtschaftliche Entwicklung. Für uns gibt es nur einen Test, den Test der Stärke. Auf alle Fälle wird das Problem voraussichtlich nur durch die Stärke der Waffen gelöst".* (Cohen, Aharon: S. 380–382)

Am 21. September 1947 hatte Mufti el-Husseini britische Beamte getroffen, die seine Meinung über den Teilungsplan erfahren wollten. Er gab sich siegessicher: *„Wir haben keine Angst vor den Juden"*, sagte er. *„Wir werden viele Verluste erleiden, aber am Ende müssen wir siegen* [...] *Sie werden schließlich in nichts zerfallen und wir haben keine Angst vor den Resultaten, es sei denn Großbritannien, Amerika oder eine andere Großmacht interveniert. Doch auch dann werden wir kämpfen und die arabische Welt wird immer feindlich sein."* (Karsh, Efraim: S. 86)

Während die arabischen Führer den Beschluss der Vereinten Nationen mit Entrüstung ablehnten, wurde in den Straßen des Jischuv getanzt. Schon am nächsten Morgen meldete das Radio einen arabischen Überfall auf zwei jüdische Autobusse in der Nähe von Kfar Syrkin, im Zentrum des Landes, mit sieben Todesopfern. Obwohl ich noch eine Woche Urlaub hatte, packte ich meine Tasche, um nach Tkuma zurückzufahren. Erwin riet mir, doch meinen Urlaub in Jerusalem zu genießen. Aber der Militärpolizist, der in meinem Herzen wohnte, befahl mir, sofort zurückzukehren. Als ich in Tkuma ankam, spotteten die Kameraden über mich, aber all das war nicht ernst gemeint. Sie freuten sich natürlich, mich wieder zu sehen.

Ich war zur Nachtpatrouille eingeteilt, was ich sehr mochte. Wir gingen vielleicht 10 oder 15 km in der Dunkelheit zu Fuß, legten uns hinter einem Sandhügel nieder und warteten gespannt auf die Saboteure der Wasserleitung, die natürlich nie kamen, wenn wir da waren.

Im ganzen Land wurden binnen einer Woche, vom 30. November bis zum 7. Dezember 1947, 37 Juden getötet, weitere 180 bis zum Jahresende und viele mehr verletzt. Der erste Mobangriff fand in Jerusalem am 2. Dezember statt, als hunderte Araber das neue jüdische Handelszentrum gegenüber den Mauern der Altstadt plünderten. Sie brachen die Schaufenster ein, raubten die Geschäfte aus. Sie stachen zu und warfen Steine auf vorbeigehende jüdische Passanten. All das vor den Augen der anwesenden britischen Polizei. Am nächsten Tag sandte Golda Meir, die amtierende Chefin der politischen Abteilung der Jewish Agency, dem Chefsekretär der Mandatsregierung Fotografien eines britischen Polizeioffiziers, der angesichts einer Meute, die jüdische Geschäfte plünderte und anzündete, nur lächelnd zusah. Zu all dem hatte die britische Polizei eine Abteilung der Hagana, die hinkam, um Zivilisten zu verteidigen, entwaffnet. 16 ihrer Mitglieder wurden wegen unerlaubten Waffenbesitzes verhaftet. Einige der beschlagnahmten Waffen wurden später bei getöteten oder gefangen genommenen arabischen Randalierern gefunden.

Im Dezember kehrte der Mufti zurück ins Land und war bald in Konflikte mit anderen arabischen Führern verwickelt. Aus den Tageszeitungen und aus dem Radio erfuhren wir, wie dramatisch die Lage war. Kritik an der Führung der Hagana wurde laut, die man beschuldigte, nicht auf die Ereignisse vorbereitet gewesen zu sein. Auch wurde gefordert, die hebräische Presse zu zensurieren, damit die Araber nicht von der Berichterstattung profitierten. Der Einsatz des arabischen Mobs ließ bei Juden und Arabern den falschen Eindruck entstehen, es handle sich lediglich um eine Fortsetzung der Unruhen von 1936–39. Die arabischen Führer glaubten, mit solchen Aktionen ihre Unzufriedenheit mit dem Teilungsplan der UNO auszudrücken und damit die Juden und ihre Unterstützer in der Welt von der Verwirklichung der Teilung abhalten zu können. Sie sollten sich täuschen.

Bereits am 28. Dezember 1947 sah Sir Alan Cunningham, britischer Hochkommissar für Palästina, die Haltung der Araber als Rezept für eine Katastrophe: *„Ich kann nicht die Schlussfolgerung vermeiden, dass die Arabische Liga keine klare Idee hat über die Auswirkung ihrer gegenwärtigen Aktion und diese nur vornimmt, um angesichts früherer Äußerungen, das Gesicht zu wahren"*, schrieb er in einem Brief an den Kolonialminister und er fragte: *„Hat die Liga wirklich die Interessen der palästinensischen Araber am Herzen?"* (Karsh, Efraim: S. 106)

Die Sowjetunion und ihre Verbündeten unterstützten die Errichtung eines jüdischen Staates. In den Häfen Frankreichs und Italiens missachteten die von Kommunisten geführten Gewerkschaften immer wieder Streiks, um das Beladen und Auslaufen von Schiffen mit illegalen jüdischen Einwanderern zu ermöglichen. Die schändliche Rolle, die Hadj Amin el-Husseini und andere Araber an der Seite Hitlers gespielt hatten, war noch nicht vergessen. Nach den ersten ungezügelten Angriffen kamen besser geplante Aktionen, die von den Juden mehr Opfer forderten. Es kam zu Feuerüberfällen, zum großen Teil von Scharfschützen, insbesondere in den gemischten Städten. Während des ganzen Monats Dezember 1947 schossen Araber fortdauernd von Jaffa auf die angrenzenden jüdischen Viertel von Tel Aviv. Die Araber ließen auch durch freundlich gesinnte Briten Autobomben in dicht besiedelte jüdische Gegenden, zumeist in die Stadtmitte bringen und hochgehen.

Zunächst einmal glaubten wir nicht, dass es zu einem Krieg kommen würde. Man sprach von *Moraot*, von Unruhen, d. h. wir erwarteten einen Kampf mit arabischen Banden. Doch die Auseinandersetzungen entwickelten sich rasch zu einem Bürgerkrieg zwischen Arabern und Juden. Die Briten glaubten am Anfang des Bürgerkrieges an einen arabischen Sieg: *„Auf Dauer werden die Juden nicht fähig sein zu kämpfen* [...] *und werden aus Palästina geworfen, es sei denn sie kommen zu einer Vereinbarung* [mit den Arabern]". (Morris, Benny 1948: S. 81)

Der britische Generalstabschef war dieser Meinung, auch weil es im Land doppelt so viele Araber wie Juden gab und diese in der Regel in den höher gelegenen Gebieten lebten. Die meisten Juden dagegen wohnten in den Städten des Flachlandes. Doch der Jischuv hatte eine überdurchschnittliche Zahl von Männern im militärfähigen Alter und auch eine beachtliche Zahl von Frauen war bereit, in der Armee zu dienen. Während der Jischuv, die Hagana und der Palmach bewährte Strukturen hatten, herrschte im AHC das komplette Chaos, denn es gab dort keine geregelte Aufgabenverteilung. Bereits zu Beginn des Bürgerkrieges gelang es dem AHC nicht, ausreichend finanzielle Mittel zu erhalten. Die meisten palästinensischen Araber waren arm und die wohlhabenden Familien identifizierten sich zum großen Teil mit der Opposition zu den Husseinis. Die Spendenbereitschaft der Christen für das AHC war gering und Versuche, eine arabische Mehrwertsteuer auf Tabak und öffentlichen Verkehr einzutreiben, scheiterten kläglich. Ihrer Moral aber am meisten abträglich war das Wissen, dass ausnahmslos alle vornehmen Familien Land an Juden verkauft hatten und manche sogar als Zuträger für den Jischuv tätig gewesen waren. Zudem lebten die Führer des AHC nicht im Land, sondern wohnten im Ausland. So ist es erklärlich, weshalb die palästinensischen Araber ihren Führern nicht vertrauten und auf die Hilfe der arabischen Staaten hofften.

Auch für uns in Tkuma waren die ruhigen Tage vorbei. Am 13. Dezember 1947 war meine Fünfergruppe zur Tagespatrouille eingeteilt. Doch ich wachte das erste Mal in meinem Leben mit einem schrecklichen Kopfweh auf, es herrschte Chamsin, ein trockener, heißer Wind aus dem Osten, der feine Sandteilchen mitbringt. Ich fragte beim Frühstück, ob jemand mit mir tauschen wolle, und Arie Schwarzmann meldete sich. Wir gingen zu unserem Kommandanten, der sein Einverständnis gab.

Uns gegenüber behauptete Arie, 18 Jahre alt zu sein. Jahre später sollte ich erfahren, dass er damals erst 16 Jahre alt war, als er sich zum Palmach meldete. Ich legte mich hin und versuchte zu schlafen. Mittags hörten wir Schüsse aus der Ferne und bereits am frühen Nachmittag kam die Nachricht von der britischen Polizei in Gaza, dass unsere Kameraden von Beduinen getötet worden waren und wir ihre Leichname in der Polizei Gaza abholen könnten. Ich schlief in der darauffolgenden Nacht ganz allein im Zimmer, denn meine vier Mitbewohner waren nicht mehr am Leben. Ein fürchterliches Gefühl zu wissen, dass ich nur deshalb noch lebte, weil ich am Morgen aufgrund meiner Kopfschmerzen um Ersatz gebeten hatte.

Am späten Nachmittag des 14. Dezember fuhren wir mit unserem Tender und einem Lastauto in die Polizeistation von Gaza, um die Leichen abzuholen. Als wir in die Nähe dieser Tegartfestung kamen, standen Araber mit Gewehren in einer Entfernung von 20 bis 30 Metern und schossen auf uns. Sie waren schlechte Schützen und trafen nur das Auto.

Angekommen in der Festung, empfing uns ein britischer Polizeioffizier mit der Nachricht, dass die Leichen bereits nach Beerscheva transferiert worden waren. Wir baten ihn, uns eine Schutzbegleitung zu stellen, doch er weigerte sich. Zum Glück fuhren wir erst nach Einbruch der Dunkelheit wieder zurück, denn wieder schossen Araber auf uns, doch auch diesmal erzielten sie keinerlei Treffer.

Am nächsten Morgen fuhren wir nach Beerscheva. Hier hatte in der Polizeistation die britische Armee das Sagen. Die Offiziere hatten schon von unserem Abenteuer in Gaza gehört und begrüßten uns freundlich. Wir wurden verköstigt und man bot uns Zigaretten an. Wir waren ja britische Hilfspolizisten in Uniform, und das bewog den britischen Kommandanten, uns eine Schutzbegleitung zu gewähren. Vor uns fuhr ein Tank, hinter unseren beiden Fahrzeugen zwei Panzerwagen mit britischen Soldaten. Als Araber auf uns Steine warfen, hörten wir den britischen Hauptmann, dessen Kopf in der Luke des Tanks sichtbar war, den Schießbefehl erteilen. Eine Salve aus einem Maschinengewehr wurde so abgefeuert, dass vor den Füßen der Steine werfenden Araber sich eine Staubwolke bildete und diese sofort die Flucht ergriffen. Wir brachten die Leichname unserer Kameraden in den nahen Kibbuz Mishmar Hanegev. Gefallen waren unser Unteroffizier Israel Berkovits, 19 Jahre alt, die Soldaten Jizchak Jehoschua Schuster ebenfalls 19 Jahre alt, Arie Schwarzmann 17, Shabtai Selins, 18 und Schmuel (Mula) Unger, 17 Jahre alt. Ehre sei ihrem Andenken.

Im ersten Monat des Bürgerkrieges wurde uns im Negev klar, wie wenige und wie isoliert wir waren. Unser Regiment hatte nicht einmal die Hälfte der Sollstärke und bereits 25 Tote. Wir, die fünf überlebenden Palmachniks aus Tkuma, wurden in das neue Militärlager neben den Wasserbehältern von Mekorot bei Nir Am überstellt. Solel Boneh, die große Baufirma der Gewerkschaft, hatte in aller Eile die Baracken aufgestellt, doch fehlte es am Anfang an allem, was dazugehörte und so schliefen wir ein paar Tage im Freien, was uns wenig ausmachte.

In Nir Am waren sowohl der Stab des zweiten Regiments, als auch später dann der Stab der Negev Division. Außerdem war das zentrale Lager für Lebensmittel und andere wichtige Waren für alle Juden im Negev dort untergebracht. Sehr bald zu Anfang des Jahres 1948 wurde in Nir Am auch ein Feldspital eingerichtet mit 24 Betten und einem Operationssaal.

Wir hatten einen eigenen Speisesaal, das Essen war aber äußerst bescheiden. Im Lager bei Nir Am waren Mädchen im freiwilligen Einsatz, die uns bekochten bzw. im Stab der Negevdivision arbeiteten. Die Anwesenheit des weiblichen Geschlechts trug zu einer Atmosphäre der jugendlichen Unbekümmertheit bei. Die meisten von uns waren noch keine 20 Jahre alt und die Offiziere waren auch nicht viel älter. Beschäftigt waren wir mit Tages- und Nachtpatrouillen. In der Nacht schlichen wir uns in die Nähe eines arabischen Dorfes mit Zwei-Inch-Mörsern und feuerten ein paar Mal in Richtung des Dorfes. Zweck der Übung war, die dort befindlichen Freischärler einzuschüchtern.

Noch vor Beginn des Bürgerkrieges hatte das AHC beschlossen, nichtarabische Söldner anzuheuern, um Araber auszubilden und an ihrer Seite zu kämpfen. Dafür wurden aus britischen Kriegsgefangenenlagern in Ägypten entflohene deutsche Kriegsgefangene, Soldaten der polnischen Armee, die im Nahen Osten geblieben waren, britische Deserteure aus Armee und Mandatspolizei sowie bosnische Muslime und kroatische Ustascha-Faschisten, die aus Jugoslawien geflüchtet waren, von verschiedenen arabischen Gruppen angeworben.

Das Wissen, dass Deutsche, Bosnier und Kroaten ins Land gekommen waren, um gegen uns zu kämpfen, motivierte uns noch mehr, denn diese konnten sich nicht mehr auf *Pflichterfüllung* ausreden. Es war offensichtlich, dass eines ihrer Hauptmotive der mörderische Hass gegen Juden war. Während die allermeisten Juden in Europa nicht die Möglichkeit hatten, gegen die Vernichtungsmaschinerie mit der Waffe in der Hand zu kämpfen, waren wir – keine drei Jahre nach Ende des Zweiten Weltkrieges – entschlossen, uns weder von den ausländischen Söldnern noch von ihren Arbeitgebern abschlachten zu lassen.

Wir wurden angehalten, auf jeden Angriff mit einem Gegenangriff zu antworten. Wenn ein Beduinenstamm die Wasserleitung sabotierte, reagierten wir sofort und sprengten ihren Brunnen. Noch am Anfang des Bürgerkrieges, im Spätherbst 1947, hatten Beduinen drei Kilometer Wasserleitungsrohre ausgegraben und weggebracht, das wagten sie 1948 nicht mehr zu tun.

Abbildung 14: Im Jeep, Januar 1948, Fahrer in Zivilkleidung und die Palmachniks in der Uniform von Hilfspolizisten, Autor Mitte hinten.

Nach den staubigen Feldwegen, auf denen wir mit einem alten Tender patrouillierten, um die Wasserleitung zu bewachen, erwartete uns eine neue Aufgabe, die zunächst leicht erschien: Der Verkehr zwischen jüdischen Ortschaften wurde massiv behindert. Wegen der arabischen Behinderungen mussten Karawanen aus mehreren Lastautos zusammengestellt werden, die zunächst von britischen Ordnungskräften von und bis Nir Am begleitet wurden. In der Regel war das ein Jeep an der Spitze und einer am Ende.

Wir konnten nur hoffen, dass die Briten Neutralität bewahren würden, obwohl wir viele von ihnen zu Recht verdächtigten, mit den Arabern zu sympathisieren.

Was uns nicht gelang, weil wir zu wenige waren und keine schweren Waffen hatten, war die Sicherung des Verkehrs vom und in den Negev. Wir waren ständig in Bereitschaft und hatten schon während unserer Ausbildung gelernt, jede freie Minute zum Ausruhen auszunützen. Oft genug wurden wir mitten in der Nacht brutal geweckt, um an einer Aktion teilzunehmen. Ich war 19 Jahre alt und bereit, das zu tun, wofür wir ausgebildet worden waren. Doch auf die Begleitung von Karawanen durch arabische Dörfer, von wo aus wir von Heckenschützen beschossen wurden, waren wir nicht vorbereitet. Wenn uns die britische Armee begleitete, war das kein Problem. Ohne sie – was schon im Januar-Februar 1948 manchmal vorkam – bestand Gefahr.

Wir von der Chativat Hanegev (Negev Division) waren verantwortlich für die Begleitung der Karawanen bis Rechovot und der Palmach-Stab sorgte für die Begleitung von Tel Aviv bis Rechovot. Nur zwei Autostraßen führten in den Norden, die Küstenstraße und die innere Straße, die bei Nir Am vorbeiführte.

Manchmal traf ich auch die drei tapferen Mädchen Neima, Tamar und Marga aus meiner früheren Gruppe Noar Gimel, die Karawanen nach Jerusalem begleiteten. Weil die Briten oft genug diese Karawanen nach illegalen Waffen durchsuchten, hatten die Mädchen die Aufgabe, diese am Körper zu verstecken, denn die Briten durchsuchten keine Frauen, das widersprach ihrem Fairnessgebot.

Da ich eine Waffe legal benützen durfte, wurde ich fast täglich der Begleitung einer Karawane zugeteilt. Solange ich die Karawanen nach Rechovot auf einem offenen Jeep begleitete, verspürte ich keine Angst, obwohl es lebensgefährlich wurde, wenn aus arabischen Dörfern auf uns geschossen wurde. Natürlich waren noch die Briten für die Sicherheit im Lande zuständig, doch nicht alle britischen Kommandanten nahmen ihre Aufgabe wahr. Wenn uns britische Panzerwagen begleiteten, konnten wir zufrieden sein, doch ab Mitte März kam es häufiger vor, dass die britische Armee nicht dazu bereit war, und wir allein losfahren mussten. Die Araber wollten unsere Fahrten verhindern, sie gruben auf der Autostraße einen Kanal, der nicht allzu tief war, und vergruben darin Minen, die elektrisch zur Sprengung gebracht wurden.

Außerdem kam es immer noch sporadisch zu Sabotageakten von Beduinen oder fremden Söldnern gegen die Wasserleitung des Negevs. Sie perfektionierten ihre Methode, indem sie Minen auf den Wegen neben den Wasserleitungen legten. Die Begeisterung der arabischen Bauern, uns zu bekämpfen, war im allgemeinen jedoch nicht so groß, denn sie wollten ihre Felder behüten und sicher sein, dass sie auch ernten können. Drei Dörfer, durch die wir fahren mussten, waren allerdings besonders feindselig, Brer und Hulikat an der östlichen Autostraße und Barbara an der Küstenstraße.

Die Nachrichten, die wir täglich in den Zeitungen lasen, waren nicht ermunternd, wir litten an einem schrecklichen Mangel an Waffen und Munition, während die Araber fast ohne Behinderung durch die Briten diese aus den Nachbarländern ins Land brachten. Während dieser Periode des Bürgerkriegs gab es im Mandatsgebiet mehr jüdische Todesopfer als arabische.

Ende Februar oder Anfang März 1948 erhielten wir die ersten „Panzerwagen", die nichts anderes waren als Lastautos, die eilig in einer Garage mit Stahlplatten verkleidet worden waren. Es gab da ein paar kleine Schießscharten und drinnen war es dunkel und unheimlich.

Abbildung 15: Ein „Panzer". Vorne links der Autor im März 1948.

Meistens saß ich im ersten Panzerwagen an der Spitze der Karawane. In Brer gab es fast immer eine unbemannte Barrikade auf der Mitte der Fahrbahn, die weggeräumt werden musste, damit die Karawane weiterfahren konnte. Dann bestimmte der Panzerkommandant: *„Du und Du, ihr meldet Euch freiwillig, um die Barrikade zu beseitigen."* Von Freiwilligkeit konnte natürlich keine Rede sein, aber niemals hat irgendeiner den Befehl verweigert, obwohl die Aufgabe lebensgefährlich war. Die hintere Tür des Panzers wurde aufgemacht und wir sprangen heraus. Einmal musste ich mit Grischa, einem ehemaligen sowjetischen Gardesoldaten, herausspringen, der wenigstens 1,90 m groß und entsprechend schwer war. Am Rand der Autostraße befanden sich hohe Kakteen und aus einer Entfernung von ein paar Metern schossen auf uns in Brer stationierte fremde Söldner. Wir erfuhren, dass es sich um Moslembrüder aus Ägypten und um bosnische Muslime, die in der Waffen-SS gewesen waren, handelte, die nicht mehr in ihre Heimat zurückkehren konnten und sich verpflichtet hatten, gegen uns zu kämpfen. Der Mufti el-Husseini spielte eine Rolle bei der Rekrutierung dieser Leute.

Wie durch ein Wunder wurde ich nicht verletzt, doch mein Kamerad Grischa erhielt einen Halsdurchschuss mit einer Thompson Maschinenpistole. Ich konnte ihn nicht allein in das Auto heben, so dass ein anderer herunter sprang, um mir zu helfen. Wir hatten per Funkgerät das Spital alarmiert, doch leider konnten wir die Blutung nicht stoppen. Als wir in Nir Am ankamen, war er schon nicht mehr am Leben.

Einmal, als wir die Barrikade in Brer nicht wegräumen konnten, kam uns das britische Militär zur Hilfe und eskortierte unsere Karawane nach Rechovot über die Küstenstraße. Wir fuhren dann, begleitet von den Briten, zurück über die östliche Straße und bei Brer gab es wieder eine Barrikade. Diesmal fuhr ein britischer Tank nach vorn und beseitigte diese.

Noch im Februar 1948 trafen sich der Muchtar (Dorfrichter) von Brer und der Sekretär vom Kibbuz Nir Am beim britischen Bezirksoffizier. Unser Vertreter, der natürlich den Standpunkt der Hagana vertrat, machte dem Muchtar von Brer den Vorschlag, alle Ortsfremden auszuweisen und den Frieden zu bewahren. Für diesen Fall sicherte er ihm Leben und Eigentum der Einwohner zu. Doch die Bewohner von Brer waren damals noch überzeugt, dass es ihnen gelingen würde, die Juden zu besiegen. Sie gingen nicht auf das Angebot ein, sondern behinderten den Verkehr noch mehr.

Mehrmals explodierte unter dem Panzerwagen, in dem ich saß, eine Mine, was dazu führte, dass wir samt Auto in die Luft geworfen wurden. Das habe ich noch mit einem gewissen Gleichmut hingenommen. Aber jedes Mal, wenn Araber uns auf der Straße angriffen, reagierten wir sofort, in dem wir auf jedes arabische Auto und jeden Autobus schossen.

Anfang März kam wie üblich der britische Offizier, von dem wir unseren Sold erhielten. Wie immer ging ich in das Wachzimmer der Hilfspolizei hinein, salutierte, nahm die sechs Pfund entgegen und bestätigte mit Unterschrift den Erhalt. Als ich raus kam, erwartete mich nicht der Kassier des Palmach, sondern ein energischer Ruf, mich doch in den Panzerwagen zu bequemen und der Vorwurf wurde laut, dass man mich im ganzen Kibbuz suchen hatte müssen. Diesmal durfte ich die sechs Pfund – für mich damals ein kleines Vermögen – behalten. An jenem Tag wusste ich noch nicht, dass diese sechs Pfund mein letzter britischer Sold waren. Ab Ende November 1947 hatten die Briten begonnen, ihre Dienstleistungen schrittweise abzubauen, und im März 1948 bekamen auch wir das zu spüren. Ohne Ankündigung stellten die Briten einfach die Bezahlung ihrer Hilfspolizisten ein.

Im gleichen Monat fuhren wir wieder einmal durch das Dorf Brer. Durch die Panzerung unseres Wagens ging ein Schuss direkt in meinen Oberschenkel und ich blutete heftig. Wir fuhren zurück in das Spital und der junge Arzt, der mich operierte, tröstete mich, dass ich doch nach ein paar Tagen im Spital eine Woche Urlaub erhalten würde. Nach Jerusalem war es lebensgefährlich zu fahren, außerdem diente mein Bruder ebenfalls wieder in der Armee, diesmal in der Hagana. So fuhr ich auf gut Glück nach Schaar Haamakim. Dort wurde ich als Verwundeter als Gast des Kibbuz willkommen geheißen und an einem Abend hielt ich sogar einen Vortrag über die Situation im Negev. Nach diesem Vorfall hatte ich immer panische Angst, in den Panzerwagen zu steigen. Einmal wachte ich auf mit hohem Fieber und hoffte, nicht zum Dienst zu müssen. Doch es kam der Kommandant an mein Bett und befahl mir aufzustehen. Ich hatte keine andere Wahl, als meine *Klaustrophobie* zu überwinden.

Die bewaffneten Auseinandersetzungen mit den Arabern gingen mit unverminderter Intensität weiter. Am 23. März 1948 in der Früh, als wir von Nir Am nach Rechovot fuhren, sahen wir plötzlich ein Taxi mit bewaffneten Arabern, wir schossen auf sie und es gelang uns, einige zu verletzen. Als wir dann aus Rechovot am gleichen Nachmittag zurückkehrten, war unser Panzer der letzte in der Karawane. Der erste Panzer war auf eine Mine aufgefahren und wurde schwer beschädigt. Es wurde auf uns geschossen und es gelang nicht, den beschädigten Panzer zu retten, denn wir mussten unsere Verwundeten ins Spital bringen. Nicht weit von Gaza konnten wir ein Auto, in dem zuvor bewaffnete Araber transportiert worden waren, in Brand stecken. Nach zwei Stunden sollten wir den Panzer abholen, den wir am Straßenrand stehen gelassen hatten, doch wir fanden diesen nicht mehr.

Zwei Tage später ist im Dorf Barbara einer unserer gepanzerter Lastwagen, der Heizöl transportierte, auf eine Mine aufgelaufen. Wir wurden aus Maschinengewehren beschossen und zündeten den beschädigten Lastwagen an. Einer unserer Kameraden wurde dabei getötet und zwei andere wurden verletzt. Wenn einer unserer Kameraden fiel, brachten wir seinen Leichnam zurück nach Nir Am. Kurz vor dem Abendessen mussten wir sein Grab schaufeln und ihn in einem Leintuch hineinlegen. Dann sprach der Kommandant ein paar Worte, wir schossen zu Ehren des Gefallenen in die Luft. Bereits beim Abendessen wurden wieder Witze gerissen und so getan, als ob dies vollkommen natürlich sei. Kein Thema wurde so peinlich gemieden, wie das Schicksal unserer Freunde, die noch am Abend zuvor Witze rissen oder ihre Bewunderung für eines der Mädchen aussprachen. Wir waren alle noch sehr jung und versuchten, unserer Furcht mit einer Art makabren Galgenhumor beizukommen.

Es war ein unheimliches Gefühl, in der Früh nach dem Frühstück in den Panzerwagen steigen zu müssen und zu wissen, dass es in der Mehrzahl der Fälle zu einem unliebsamen Vorfall kommen wird. Einmal drin, wurden auch hier Witze gerissen. Manchmal, wenn wir auf offenem Feld einen herumirrenden Esel sahen, fingen wir an auf ihn zu schießen, wurden dann vom Kommandanten ermahnt, den Blödsinn zu lassen und keine Munition zu verschwenden. Ich war auch im ersten Panzerwagen an der Spitze der letzten Karawane am 26. März, als diese aus Nir Am kommend versuchte, über die Küstenstraße nach Rechovot zu gelangen. Wir hatten vier Panzerwagen, drei Lastautos und einen Autobus dabei und ein Flugzeug begleitete uns. Bis zum Kibbuz Jad Mordechai gab es keine Störung. Dort kamen noch ein Panzerwagen und ein Lastauto dazu. Ein Kilometer südlich vom Dorf Barbara lief „mein" Panzerwagen auf eine Mine und wurde schwer beschädigt.

Ich kam mit dem Schrecken davon, allerdings gerieten wir unter starkes Maschinengewehrfeuer und drei Kameraden wurden verletzt. Wir wurden von den anderen Panzerwagen herausgeholt, mussten aber unseren beschädigten Wagen zurücklassen. Als Araber versuchten, in ihn zu gelangen, schossen wir auf sie und vertrieben sie, leider ging dabei der Panzerwagen in Flammen auf. Am Ort befanden sich britische Soldaten, doch sie mischten sich nicht ein. Im Gegenteil drohten sie, uns zu beschießen, wenn wir nicht sofort die Straße freimachen. Wir hatten acht Verletzte und waren gezwungen, uns nach Nir Am zurückzuziehen. Fast zwei Wochen blieben wir isoliert und es konnten auf dem Landweg weder Waren noch Personen transportiert werden.

Lediglich unsere beiden kleinen Flugzeuge, die damals noch bei Nir Am landeten, brachten uns Post und Zeitungen, sowie Medikamente und Verbandszeug. Ebenso kamen auf diesem Weg wichtige Besucher wie der amerikanische Jude David Marcus, der während des Zweiten Weltkriegs als Oberst im amerikanischen Generalstab diente und Ben Gurion beraten sollte. Er hatte den Auftrag, eine unabhängige Meinung über den Zustand der Truppen abzugeben und deswegen sprach er mit Kommandanten der einzelnen Einheiten, aber auch mit einfachen Palmachniks.

Kampf um die Unabhängigkeit

Inzwischen waren die zwei Jahre meiner Verpflichtung für den Dienst im Palmach vorüber. Die allgemeine Lage war aber derart besorgniserregend, dass ich überhaupt nicht daran dachte, ihn quittieren zu können. Zumal ich dann wieder zurück in den Kibbuz gemusst hätte, was für mich keine wirkliche Alternative war. Einige aus meiner früheren Gruppe Noar Gimmel kehrten aber erst einmal nach Schaar Haamakim zurück, darunter auch mein Freund Amram.

Gegen Ende März 1948 kam die gute Nachricht, dass beim nahen Kibbuz Ruhama ein provisorischer Flugplatz gebaut wird, damit größere Flugzeuge mit Waffen landen können. Während noch wegen des Flugplatzes in Nir Am die Briten um Genehmigung gefragt wurden, war das bei Ruhama nicht mehr der Fall. Hier sollten Flugzeuge aus der Tschechoslowakei mit Waffen, die für unsere Division bestimmt waren, landen.

Wir erhielten unter anderem Gewehre, die bei Skoda für die Wehrmacht produziert worden waren. In ihren Kolben sah man noch die eingebrannten Hakenkreuze, die wir gleich zu entfernen hatten. Diese deutschen Gewehre waren überhaupt nicht geeignet für den Negev, es genügte ein Sandkorn im Getriebe und schon funktionierte es nicht. Besser war eine in einer Werkstatt der Hagana erzeugte Sten Maschinenpistole, die leichter als ein Gewehr war.

Anfang April wurde unsere Isolation durchbrochen, eine Kommandoeinheit, die Jeeps benützte, entdeckte östlich der Dörfer Brer, Hulikat und Kaukaba einen unbefestigten Weg und wieder musste ich Karawanen begleiten. In dieser Zeit traf ich einmal in Rechovot einen österreichischen Juden, der mich darauf aufmerksam machte, dass die Möglichkeit einer Rückkehr bestand und ich auch ohne Reifezeugnis an einer Universität studieren könnte. Diesen Gedanken lehnte ich ohne lange darüber nachzudenken ab. Ich dachte, nur Ratten verlassen das vermeintlich sinkende Schiff. Ich fühlte eine starke Verpflichtung der Gemeinschaft gegenüber, die mich aufgenommen und damit mein Leben gerettet hatte. Für mich war es selbstverständlich, ihr in der Stunde der Not beizustehen. Zumal mir mein Bruder bei meinem Besuch im November etwas erzählt hatte, was ihn sehr empörte und auch meine Meinung über Österreich nicht verbesserte: Er schilderte mir die Geschichte seines Küsten- und Flussschifffahrtskapitän-Patents. Erwin hatte dieses italienische Dokument 1935 in Wien beim Verkehrsministerium anerkennen lassen. Im Sommer 1938 brannte die Baracke, in der er als Hilfspolizist am Ufer des Toten Meeres wohnte, mit allen seinen Habseligkeiten ab. Gerade damals suchte man einen solchen Kapitän beim Bau des neuen Hafens in Tel Aviv und mein Bruder ging zum deutschen Generalkonsulat in Jerusalem, wo der Beamte ihm versprach, das Dokument binnen sechs Wochen zu beschaffen. Tatsächlich erhielt er gegen eine mäßige Gebühr die exakte Kopie seines österreichischen Patents.

1941 befand er sich mit dem britischen Expeditionskorps in Griechenland. Da er von der Polizei direkt zum britischen Militär wechselte, führte er alle seine wichtigen Dokumente mit sich. Erwin hatte zunächst Glück, er konnte an Bord des letzten britischen Schlachtschiffes, das den Hafen von Piräus verließ, flüchten. Doch als das Schlachtschiff sich Kreta näherte, wurde es von einem deutschen Flugzeug in Brand gesetzt. Mein Bruder sprang, ins Meer, ein griechischer Fischer rettete ihn und brachte Erwin nach Alexandria. Das Patent ging also nochmals verloren. 1946 setzte man den Bau des Tel Aviver Hafens fort und mein Bruder brauchte wieder das Patent. Er fuhr nach Tel Aviv zur österreichischen Vertretung. Dort wurde ihm eröffnet, dass wegen der vergangenen Kriegsereignisse die Post sehr langsam sei und er erst nach sechs Monaten das Dokument erhalten könne.

Als er es erhielt, wollte Erwin kaum glauben, was er sah: Sein 1935 vom Bundesministerium für Handel und Verkehr ausgestelltes Seedienstbuch enthielt auch die Angabe: *„Staatsangehörigkeit: österreichische".* Jetzt zierte das Dokument zusätzlich noch ein behördlicher Vermerk: *„Es wird ausdrücklich darauf hingewiesen, dass die in dieser Bestätigung enthaltene Personsbeschreibung sowie die Wohnortangabe auf Grund der Gegebenheiten des Jahres 1935 erstellt wurden. Aus diesem Grunde kann diese Bestätigung auch nicht als Nachweis für den Besitz der österreichischen Staatsbürgerschaft herangezogen werden."*

Erwin kommentierte dies so: *„Die Nazi haben kein Hakenkreuz darauf gestempelt, die Österreicher aber wollten mir, der ich in Wiener Neustadt geboren wurde und in Baden aufwuchs, mit diesem Stempel zu verstehen geben, Du gehörst nicht zu uns."*

Anfang April 1948 kam es zu einem Ereignis, das eine Wende im Bürgerkrieg zwischen Arabern und Juden herbeiführte. Dir Jassin, ein kleines muslimisches Dorf westlich von Jerusalem, hatte sich um ein friedliches Verhältnis zu seinen jüdischen Nachbarn bemüht.

Doch am 2. April kam es zu einem stundenlangen Schusswechsel mit den nahen jüdischen Vierteln und in den Tagen danach wurde vom Dorf aus auf die Autostraße nach Tel Aviv geschossen. Am 8. April hatten sich einige der jungen Männer den arabischen Freischärlern angeschlossen, die den Tod des arabischen Anführers Abd el Kader Husseini im nahen Dorf Kastel rächen wollten. Später nannten Flüchtlinge aus Dir Jassin dies als Grund für den Angriff, der am 9. April folgte.

Nach der Eroberung von Kastel und Dir Muheisin durch Palmach glaubten Ezel und Lechi beweisen zu müssen, dass auch sie fähig wären, ein arabisches Dorf zu besetzen. Ihr Plan war, das Dorf aus zwei Richtungen vor Sonnenaufgang am Freitag, den 9. April, anzugreifen und den Bewohnern einen Fluchtweg in das nahe arabische Dorf Ein Kerem offen zu lassen.

Die Ezel- und Lechi-Aktion war jedoch stümperhaft vorbereitet. Eine ihrer Einheiten wurde bereits vor dem vereinbarten Zeitpunkt des Angriffs entdeckt. Der Lautsprecher, mit dem sie die Einwohner zur Flucht aufrufen wollten, funktionierte nicht und das Auto, auf dem er aufgestellt war, fiel in einen Graben vor der Ortschaft. Sie schmissen Handgranaten in die Häuser, entgegen einiger Zeugenaussagen sprengten sie diese aber nicht. Allerdings wurden Frauen und Kinder dabei getötet. Die militärisch schlecht ausgebildeten Mitglieder beider Gruppen hatten fünf Tote und 14 Verletzte.

Um neun Uhr Vormittag erfuhr das arabische Komitee in Jerusalem von dem Angriff. Das Komitee wandte sich an die britische Armee und unternahm weiter nichts.

Die Ezel- und Lechileute rühmten sich, 254 Araber getötet und auch geplündert zu haben. Sie gestatteten Journalisten, den Ort zu besuchen, ebenso dem Vertreter des Roten Kreuzes, Jacques de Reynier. Dieser wurde von jüdischen Ärzten des Roten Magen Davids begleitet, die zwar keine Zeichen einer Schändung von Leichen fanden, jedoch mitteilten, dass unter diesen auch Frauen und Kinder waren. Flüchtlinge aus Dir Jassin, denen es gelungen war, nach Ein Kerem zu entkommen, erklärten, dass einige Männer des Dorfes versucht hatten, in Frauenkleidern zu flüchten, was der Grund war, weshalb auch Frauen getötet wurden. Diese Flüchtlinge alarmierten in Ein Kerem die Soldaten der arabischen Befreiungsarmee – nach ihren Aussagen Iraker – die sich aber weigerten, dem angegriffenen Dorf zur Hilfe zu eilen, weil sie am Begräbnis von Abd el Kader Husseini teilnehmen sollten.

In einer BBC-Sendung 1998 anlässlich des 50. Jahrestages dieses Konfliktes erzählte in einem Interview Hatem Nusseibe, der 1948 Nachrichtenredakteur bei Radio Jerusalem war, über die Anweisungen, die er erhielt, um die Geschichte des Massakers auszunützen. So wurde dann über die Ermordung von Kindern und die vorgebliche Vergewaltigung von schwangeren Frauen und anderen Gräueltaten berichtet, die nachweislich nie stattgefunden hatten.

Diese Aussagen von Nusseibe wurden auch vom palästinensischen Forscher Selim Tamari bestätigt. Dieser erklärte, dass sowohl Juden die Nachricht über das Massaker verbreitet haben, um die Moral der Araber und ihren Widerstand zu schwächen. Aber auch die palästinensische Führung nützte dies aus, um internationalen Druck auf die Zionisten zu bewirken. Nach seiner Aussage übertrieben die Palästinenser die Anzahl der Opfer bis zu 400 Personen, am Anfang wegen Schwierigkeiten bei der Zählung und dann, um die Tragödie zu dramatisieren. Als Ergebnis – sagt Tamari – wurden das Dorf und das Massaker zum Symbol der *Nakba*, der palästinensischen *Katastrophe*, die darin ihren Ausdruck fand, dass aufgrund der defätistischen Stimmung mehrere Dörfer von ihren Einwohnern verlassen wurden.

Die von Ezel und Lechi behauptete Zahl von 254 getöteten Arabern wurde über Jahrzehnte kolportiert. Ein Historiker der palästinensischen Universität Bir Zeit fand jedoch vor ein paar Jahren heraus, dass es tatsächlich jedoch nur 100 bis 110 Opfer gab.

Als wir damals von diesem Massaker erfuhren, waren wir entsetzt. Die Führung des Jischuv drückte in einem Brief an den Emir Abdallah von Transjordanien ihr Bedauern aus. Die Beziehungen zwischen der Führung des Jischuv und Ezel wurden noch gespannter und sollten ein paar Monate später zu einer bewaffneten Auseinandersetzung des israelischen Militärs mit Ezel führen. Vier Tage später, am 13. April 1948, überfielen Araber einen Ärztekonvoi, der zum Hadassah Krankenhaus und der Hebräischen Universität auf dem Berg Scopus in Jerusalem unterwegs war. Siebenundsiebzig Ärzte, Krankenschwestern, Universitätsprofessoren und Studenten wurden getötet. All das geschah nur zweihundert Meter von einem britischen Militärposten entfernt, der nicht einmal versuchte einzugreifen, obwohl der Angriff über sieben Stunden anhielt.

Nördlich von Nir Am sollte eine starke Basis entstehen, um den Karawanen in und aus dem Negev Sicherheit zu bieten. Am 16. April besetzten Einheiten unserer Division und der Givati-Division in der Nacht alle Hügel der Umgebung und noch vor Sonnenaufgang wurde um den geplanten neuen Kibbuz Stacheldraht gezogen. Erst dann wurden Baracken und Zelte aufgestellt. Als diese Arbeit beendet war, kam eine Einheit unseres Regiments, um den Kibbuz Bror Chajil zu bewachen.

Bereits im Talmud wird eine Ortschaft Bror Chajil im Süden des Landes Israel erwähnt, die es während der Zeit des Zweiten Tempels, während der Herrschaft des syrischen Königs Antiochus Epiphanes gab, der ab 175 v. u. Z. regierte und 164 starb. Dieser versuchte mit Gewalt, die Juden zu assimilieren, was ihm aber nicht gelang.

Wir Mitglieder der Palmach zeigten mit der Errichtung dieses Dorfes unsere Stärke und Fähigkeit, mitten im Bürgerkrieg eine neue Siedlung zu errichten. Schon am nächsten Tag kam es zu einem Schusswechsel zwischen Brer, wo sich nach wie vor fremde Söldner befanden und Bror Chajil. Unmittelbar danach begannen die ersten Einwohner von Brer zu flüchten.

Am Nachmittag des 20. April griffen einige Einheiten unseres zweiten Regiments eine arabische Karawane zwischen Gaza und Beerschewa an. Zwei bewaffnete Araber wurden getötet und ein Auto vernichtet. Wir erbeuteten eine große Menge Sprengsätze und Sprengstoff sowie ein Auto.

Lange hatte ich nichts von meinem Freund Dan gehört und war deshalb erstaunt, als er plötzlich Ende April aus dem Bus von Tel Aviv stieg. Er hatte, solange es möglich war, am Hafen gearbeitet, doch dann wurde er zwangsrekrutiert und nahm an Kämpfen in Galiläa teil. In der Zeitung hatte er gelesen, dass man in Tel Aviv für die neu entstehende Kriegsmarine rekrutiert, und deshalb ohne Genehmigung seine Einheit verlassen. Dan wollte mich überzeugen, ich solle Palmach den Rücken kehren und mit ihm nach Tel Aviv fahren, damit wir uns zusammen zur Marine melden können. Ich lehnte das ab, denn ich fühlte mich wohl in meiner Einheit. Militärpolizei gab es damals noch nicht, ich wollte die Stelle, die ich hatte, nicht so schnell aufgeben. So fuhr Dan mit dem nächsten Bus wieder zurück nach Tel Aviv, um sich allein zur Kriegsmarine zu melden.

Das Ende des britischen Mandats rückte immer näher. Auch wenn viele es sich nicht vorstellen konnten, drohte ein konzertierter Angriff der Armeen mehrerer arabischer Staaten.

Unsere Division sollte zwei Aufgaben erfüllen: Die Sicherheit der jüdischen Siedlungen im Negev, der laut Teilungsbeschluss zum jüdischen Staat gehören sollte, gewährleisten und die zu erwartende ägyptische Invasion aufhalten.

In den Einheiten gab es Diskussionen, wie man auf die immer stärker werdenden Aggressionen unserer Nachbarn reagieren sollte. Mitte April gab es eine Konferenz der Divisionskommandeure mit David Ben Gurion und der Befehl wurde gegeben, auf alle arabischen Aktionen sofort zu reagieren. Beispielsweise sollte auf das Abfackeln der Felder jüdischer Siedlungen das gleiche mit den Feldern der Araber geschehen. Als Antwort auf die arabischen Angriffe gegen den jüdischen Verkehr begannen unsere Leute aus Jad Mordechai, den arabischen Verkehr zu stören. Es war notwendig, klar zu machen, dass wir auf jeden Angriff mit einer Gegenmaßnahme antworten würden.

Nach und nach verbesserte sich unsere Ausrüstung. Anfang Mai erhielten wir zwei Luftabwehrkanonen, die auch horizontal eingesetzt werden konnten. Am 12. Mai zeigte mir ein Offizier binnen einer halben Stunde wie ich mit einem optischen Gerät die Entfernung zu messen habe. Am Abend erhielten wir von unseren Vorgesetzten den Befehl, früh schlafen zu gehen, denn man wollte uns in der Nacht aufwecken zu einer Aktion, die nach unserem in Brer gefallenen Kameraden Grischa genannt wurde. Das Ziel war die Eroberung aller Dörfer, die den Verkehr zwischen Nir Am und Rechovot störten.

Tatsächlich wurden wir um zwei Uhr in der Nacht geweckt und fuhren los Richtung Brer. Unsere Abteilung, die mit zwei Mörsern, den zwei 20 mm-Kanonen und einem Vickers Maschinengewehr ausgestattet war, nahm Stellung auf einem Hügel südlich von Brer. Ich habe die Entfernung zum nahen Dorf Brer gemessen und unsere *leichte Artillerie* feuerte ein paar Salven auf das Dorf. Die lokalen Kämpfer und die Ägypter gaben auf, nachdem das Gebäude der Schule erobert wurde und bereits um 5 Uhr in der Früh war die Ortschaft in unseren Händen. Es wurden im Kampf 80 Freischärler – die meisten davon ausländische Söldner – getötet. Wir hatten nur zwei Verletzte.

Als wir – die *leichte Artillerie* – ins Dorf Brer kamen, waren schon viele der bis dahin noch gebliebenen Einwohner geflüchtet. Wir erhielten den Befehl, die letzten Lehmhütten zu räumen und mussten dies den noch darin befindlichen Frauen klar machen. Wir hatten bis dahin keine Vorstellungen gehabt, wie die Lebensbedingungen der einfachen Dorfbewohner waren. Es schockierte uns, als wir sahen, dass es weder Strom noch fließendes Wasser gab und alles voller Ungeziefer war. Wir forderten die Frauen auf, die Hütten zu räumen, erlaubten ihnen aber, ihr ganzes Hab und Gut mitzunehmen und wiesen ihnen den Weg ein paar Kilometer weiter in den Gazastreifen. Wir konnten nicht ahnen, dass die arabischen Staaten diese Unglücklichen in der Folge noch Jahrzehnte lang in Flüchtlingslagern leben lassen würden. Denn für sie waren diese Menschen nur eine Manövriermasse. Da wir zu wenige waren, um eine Besatzung im Dorf zurückzulassen, wurden die Lehmhütten mit Bulldozern niedergewalzt.

Zurückgekehrt nach Nir Am bekamen wir Petroleum, damit wir uns von den Flöhen befreien konnten. Danach duschten wir länger als sonst, um die schwarze, stinkende Flüssigkeit los zu bekommen.

Die Einwohner von Brer hätten natürlich – wie andere arabische Dörfer es auch taten – die fremden Söldner nicht dulden müssen. Es war von unserer Seite nicht zu erwarten, ehemaligen bosnischen SS-Leuten und anderen Freischärlern sowie denjenigen, die sie zu sich gerufen hatten, Sympathie entgegenzubringen.

Auch wenn damals viele Araber ihre Ortschaften verlassen mussten, handelte es sich nicht um eine flächendeckende, bzw. gar strategisch geplante *ethnische Säuberung*. Es geschah vielmehr während einer bewaffneten Auseinandersetzung und in einem Kampfgebiet. Immerhin blieben im Staat Israel 150 000 Araber, eine große Minderheit, wenn man bedenkt, dass damals lediglich 650 000 Juden im Land lebten, während in den von Arabern verwalteten Gebieten jedoch kein einziger Jude bleiben durfte. Die Situation, in der wir uns damals befanden, wurde vom prominenten ägyptischen Politiker Mohamed Salah al-Din, der bald darauf Außenminister seines Landes werden sollte,

1949 in der einflussreichen Tageszeitung *„al-Misri"* beschrieben: *„Wir erheben die Forderung der Rückkehr der Flüchtlinge nach Palästina. Die Araber beabsichtigen, dass sie als die Herrscher der Heimat und nicht als Sklaven zurückkehren. Im engeren Sinne beabsichtigen sie, den Staat Israel zu vernichten."* (Karsh, Efraim: S. 229)

Ich war vorerst jedenfalls froh darüber, dass die Zeit der Karawanenbegleitung mit meiner einhergehenden *Klaustrophobie* bald einem Ende zuging. Dass wir noch schwer kämpfen würden, war uns allen klar, aber wir hörten die Flugzeuge aus der Tschechoslowakei am *Flughafen* von Ruchama landen und wussten, bald sollten wir Nachschub erhalten.

Auch die arabische Seite bereitete sich auf das Ende des Mandats vor. Am 30. April kamen Politiker und die Generalstabschefs der arabischen Länder in der jordanischen Ortschaft Al Zarqa zusammen, um einen Plan für den Angriff der arabischen Armeen zu beschließen und jeder dieser Armeen eine Aufgabe zu geben. Der irakische General Ismail Safwat wurde zum Oberkommandierenden aller arabischen Armeen ernannt, die nach Beendigung des Mandats im Rahmen der Arabischen Liga in das Land einfallen sollten. Der Kongress der arabischen Führer in Jordanien fasste den Beschluss, dass die Armeen von Syrien, Libanon und dem Irak ab 8. Mai 1948 – als Freiwillige getarnt – geheim ins Land kommen, sich in arabischen Wohngebieten konzentrieren und sich vor Beendigung des Mandats am 15. Mai nicht in Kämpfe mit Briten oder Juden einlassen sollten. Die Jordanier informierten die Konferenz, dass sich die Arabische Legion bereits im arabischen Teil des Landes befand. Die ägyptische Armee konnte wegen der flachen Beschaffenheit des Negev nicht unbemerkt die Landesgrenze überschreiten und wusste überdies nicht, wie die britischen Armeeeinheiten, die sich in Rafah befanden, reagieren würden. Am 11. Mai erklärte der ägyptische König Faruk in den Medien, Ägypten werde mit aller Kraft den arabischen Brüdern in Palästina helfen und diese Hilfe würde militärisch sein, denn Ägypten wollte auf keinen Fall tolerieren, dass an der ägyptischen Grenze ein zionistischer Staat entsteht. Seiner Meinung nach ließe sich Gewalt nicht vermeiden, *„denn das ist das Einzige, was die Zionisten verstehen"*.

Am Abend des 14. Mai 1948 - als der Staat Israel von David Ben Gurion ausgerufen wurde – rief man unser zweites Regiment zu einem Fahnenappell. Die Flagge Israels wurde gehisst und der Kommandant hielt eine Ansprache. Am nächsten Morgen um fünf Uhr Früh dröhnten Flugzeuge über unserem Lager und dem Kibbuz. Ägyptische Flugzeuge warfen Flugzettel herab mit der Aufforderung zu kapitulieren. Im Radio wurde gemeldet, alle arabischen Armeen hätten die Grenzen des Landes überschritten und wir mussten uns an mehreren Fronten verteidigen. Am 15. Mai teilte der ägyptische Außenminister dem britischen Botschafter mit, dass in der Nacht vom 14. auf den 15. Mai die ägyptische Armee die Grenze Ägyptens mit dem Mandatsgebiet überschritten habe. Ziel der Aktion sei *„im Land die Gesetze, die Ordnung und die Sicherheit"* walten zu lassen.

In Tel Aviv verlas Ben Gurion die Unabhängigkeitserklärung des Staates Israel, der allen *„seinen Bürgern unabhängig von Religion, Rasse oder Geschlecht, volle soziale und politische Gleichberechtigung"* zusicherte. Israels erster Regierungschef erklärte auch: *„Wir reichen allen Nachbarstaaten und ihren Völkern die Hand zum Frieden und zu guter Nachbarschaft und rufen sie zur Zusammenarbeit und zu gegenseitiger Hilfe mit dem in seiner Heimat souveränen jüdischen Volk auf."*

Uns gegenüber stand nun die mit schweren Waffen, gut ausgerüstete ägyptische Armee, die von irregulären Einheiten der Moslembrüder begleitet wurde. Am 15. Mai um sechs Uhr in der Früh bombardierten ägyptische Flugzeuge unser Lager, doch wir befanden uns bereits in den Gräben des Kibbuz. Die Ägypter sollten noch bis Anfang Juni die Lufthoheit haben. Sie bombardierten auch Tel Aviv und unsere kleinen Flugzeuge mussten am Boden bleiben. Jede Nacht landeten schwere Flugzeuge aus Prag in Israel. Sie brachten Waffen und die Bestandteile von Messerschmidtflugzeugen sowie tschechische Monteure, die diese zusammenbauten.

Aus dem Westen hörten wir den Kanonendonner, als ein paar Tage später die ägyptische Armee ihren Angriff auf den Kibbuz Jad Mordechai begann. Obwohl dort nur 30 Palmachniks und nicht gut ausgebildete Kibbuzmitglieder stationiert waren, dauerte es einige Tage, bis die ägyptische Armee den Ort eroberte.

Gleich nach der Unabhängigkeitserklärung musste Israel erkennen, dass die Vereinten Nationen machtlos waren. Einen Tag nach der ägyptischen Invasion, am 16. Mai 1948 wandte sich der Generalsekretär der Vereinten Nationen, Trygve Lie, an den Sicherheitsrat und teilte mit: *„Die ägyptische Regierung hat in einem an den Vorsitzenden des Sicherheitsrates am 15. Mai gerichteten Überseetelegramm erklärt, die bewaffneten Kräfte Ägyptens hätten eine bewaffnete Invasion in dieses Land unternommen. Am 16. Mai erhielt ich ein Überseetelegramm von der Arabischen Liga, die ähnliche Erklärungen im Namen der arabischen Staaten abgegeben hat. Ich halte es für meine Pflicht zu betonen, dass dies das erste Mal ist, seitdem die Charta angenommen wurde, dass Mitgliedsstaaten offen erklärt haben, dass sie außerhalb ihres Territoriums an einer bewaffneten Intervention teilnehmen."*

Großbritannien machte klar, dass es sich gegen diese Stellungnahme von Generalsekretär Trygve Lie wandte und schlug eine Resolution vor, wonach der Konflikt keine Gefahr berge für den Frieden der Welt. Trygve Lie hingegen stellte in seinem Brief noch fest: *„Das Scheitern des Sicherheitsrates unter den gegebenen Umständen kann dem Bild der Vereinten Nationen einen schweren Schaden in der Zukunft zufügen, wenn sie effektiv an anderen Orten der Welt den Frieden bewahren wollen."* (Chativat, Hanegev: S. 102)

In einem an seinen Außenminister gerichteten Brief hat der Vertreter der USA bei den Vereinten Nationen die britische Stellungnahme scharf abgelehnt. Er betonte, dass Großbritannien – obwohl weiterhin für ein Waffenembargo – die Bewaffnung der Arabischen Legion fortsetze. Der transjordanische Emir Abdallah hatte sich sogar geweigert, einen Fragebogen zu beantworten, den er vom Sicherheitsrat erhalten hatte.

Die ersten, die den palästinensischen Arabern helfen wollten, waren die Moslembrüder, die jedoch von den ägyptischen Behörden als eine gefährliche Organisation betrachtet wurden. Die ägyptische Regierung war am Anfang gegen eine Beteiligung der Moslembrüder, doch später ließ sie diese ausbilden, sie sogar bewaffnen und in Regimentern, die „ägyptische Freiwillige" genannt wurden, zusammenfassen. Noch zur Zeit des britischen Mandats waren zwischen Februar und April 1948 ungefähr 2000 Mitglieder der Moslembrüder, die von der Arabischen Liga finanziert wurden, ins Land eingesickert und hatten an den Angriffen gegen den Kibbuz Kfar Darom im Süden des Negevs teilgenommen.

Die gegnerischen Söldnertruppen hatten wohl auch ganz eigene Schwierigkeiten zu bewältigen. Ein ehemaliger Ustascha-Hauptmann beschwerte sich etwa über die Disziplinlosigkeit arabischer Mitkämpfer und schilderte einen geplanten Dreifrontenangriff auf den Kibbuz Kfar Darom. Daran hatten acht Jugoslawen, 34 Deutsche, 210 Moslembrüder und noch 100 Anhänger einer von einem Großgrundbesitzer bereitgestellten Privatmiliz teilnehmen sollen: *„Wir sollten uns genau um Mitternacht versammeln und von drei Seiten vorgehen. Die Deutschen waren pünktlich da. Die Moslembrüder kamen drei Stunden später. Die anderen kurz vor Sonnenaufgang! Wir konnten die Juden nicht überraschen. Wir griffen trotzdem an und verloren ungefähr vierzig Mann."*

Ein anderer Leutnant, der unter General Rommel gedient hatte, berichtete, wie der Mufti Hunderten von deutschen Kriegsgefangenen aus britischen Lagern zur Flucht verhalf, die sich dann im *„Deutschen Hilfskomitee für den Nahen Osten"* versammelten und gegen Israel kämpften. (Tarach, Tilman: S. 103f.) Weder der Sicherheitsrat noch die Allgemeine Versammlung der Vereinten Nationen unternahmen etwas, um die Aggressoren zu stoppen. Wir Juden waren wieder einmal, wie so oft in der Geschichte, auf uns allein angewiesen.

Aber auch die palästinensischen Araber wurden letztendlich von den arabischen Staaten im Stich gelassen. Denn diese hatten keinerlei Interesse an dem im UN-Teilungsbeschluss vorgeschlagenen arabischen Staat in Palästina. Bereits am 18. Mai 1948 äußerte der stellvertretende sowjetische Außenminister Andrei Gromyko im Sicherheitsrat sein Erstaunen über die Gleichgültigkeit der arabischen und *„gewisser anderer"* Staaten gegenüber der Schaffung eines arabischen Staates. *„Die arabischen Staaten"*, bemerkte er, *„sind bereit jeden Beschluss zu akzeptieren, wenn sie nur die Schaffung eines arabischen Staates zusammen mit der Schaffung eines jüdischen Staates vereiteln können."* (Ro'i, Yaacov: S. 236)

Allerdings annektierte Ägypten nach der Besetzung den Gazastreifen nicht, was jedoch keine Unterstützung eines palästinensischen Nationalismus oder gar eines politischen Bewusstseins der lokalen Bevölkerung bedeutete. Diese wurde unter militärische Verwaltung gestellt, man verweigerte ihnen die ägyptische Staatsangehörigkeit und stellte den Grenzverkehr von Gaza unter strenge Einschränkungen. Ein ägyptischer Diplomat sagte 1949 zu einem britischen Journalisten: *„Uns ist es völlig egal, wenn alle Flüchtlinge sterben. Hier gibt es noch genug Araber."* (Karsh, Efraim: S. 232f.)

Ägyptens König Faruk hinderte den Mufti daran, eine provisorische palästinensisch-arabische Regierung zu bilden, welche wenigstens die Oberhoheit im Gazastreifen hätte haben können. Vielmehr wurde sogar seiner Bitte, mit den ägyptischen Truppen nach Palästina zurückkehren zu dürfen, nicht stattgegeben, damit nicht der Eindruck entstünde, dass Ägypten die Führerschaft des Mufti anerkennt.

Am 27. Mai beschwerte sich der sowjetische Delegierte Vasilii Tarasenko, dass der Sicherheitsrat seine Unwirksamkeit demonstrierte: *„Wir sind konfrontiert"*, sagte er, *„mit einer sonderbaren Situation. Anstatt, dass der Sicherheitsrat den Staaten, die illegal in das Territorium eines anderen Staates eingedrungen sind, den Verhaltenskodex diktiert, zwingen uns die eindringenden Staaten ihren Verhaltenskodex und ihre Bedingungen auf."* (Ro'i, Yaacov: S. 237)

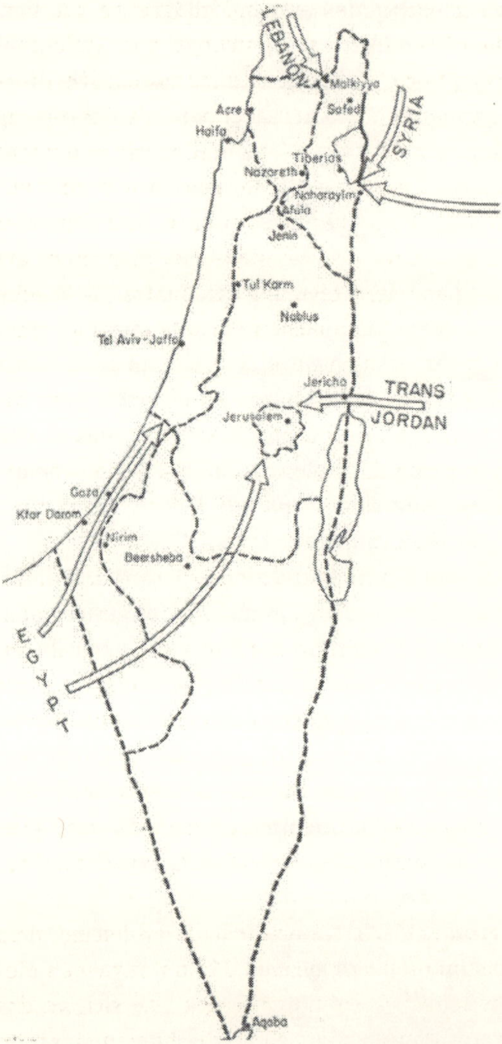

Abbildung 16: Karte der Invasion

Die ägyptische Armee, die mithilfe von zwei mit schweren Waffen ausgerüsteten Divisionen – mit Wissen der Briten – ins Land einbrach, hatte sich zum Ziel gesetzt, die Mittelmeerküste von Rafah bis Majdal zu beherrschen und griff unterwegs die jüdischen Siedlungen in der Nähe des Aufmarschgebietes an. Die Ägypter wurden trotz ihrer schweren Waffen und der zahlenmäßigen Überlegenheit nach tagelangen Kämpfen von den Kibbuzim Nirim und Kfar Darom im Süden zurückgedrängt. Die Bürde der Kämpfe hatten die Mitglieder der Kibbuzim zu tragen und die dort stationierten Palmachniks. In diesen Kämpfen erlitten die Ägypter schwere Verluste. Doch das Bombardieren aus der Luft und mit Artillerie dauerte an. Erst zwei Monate später wagten die Ägypter einen Infanterieangriff auf Beerot Jizchak. Die ägyptische Armee eroberte Majdal, konnte dann aber nicht weiter nach Norden marschieren. Erst Ende Mai begann die ägyptische Armee Richtung Norden zum arabischen Dorf Isdud (heute Ashdod) vorzurücken. Unser Nachrichtendienst hörte die Telefongespräche der ägyptischen Armee ab und so war auch der Generalstab darüber informiert, dass die Ägypter bis zu einer Brücke über den Fluss Sukrier (heute Lachisch) kamen, die von Pionieren der Givati-Division bereits am 12. Mai gesprengt worden war.

Israel standen lediglich vier tschechische Messerschmidtflugzeuge zur Verfügung, vor Ort von tschechischen Technikern zusammengebaut. Außerdem besaß es zu wenig Artillerie, um den Vormarsch der Ägypter zu stoppen. Diese bombardierten aus der Luft hauptsächlich die jüdischen Siedlungen im Westen des Negevs und konnten am 25. Mai die Munitionslager unserer Division im Kibbuz Dorot vernichten. Am gleichen Tag wurden wir nicht nur bombardiert, sondern Panzer und Tanks bewegten sich in Richtung unserer Stellungen. Als Reaktion darauf griff eine unserer Kommandoeinheiten am Tag darauf eine ägyptische Stellung an und eroberte diese. Zahlreiche Waffen wurden erbeutet und da die dort befindlichen drei Kanonen nicht transportiert werden konnten, wurden sie vernichtet.

Bis zum Beginn des ersten Waffenstillstands bekamen wir in Nir Am die ganze Härte des Krieges zu spüren. Tag und Nacht mussten wir uns in den Gräben aufhalten, denn wir hatten keine Kanonen am Ort, mit denen wir die Ägypter hätten beschießen können. Bald wurde auch das Essen schlechter. Zum Frühstück erhielten wir oft nur Mazzes und Sardinen.

Am 29. Mai befanden sich 500 ägyptische Panzerwagen lediglich 30 Kilometer südlich von Tel Aviv. Als die ägyptische Kolonne bei der gesprengten Brücke hielt, führte Lou Lenart, ein erfahrener amerikanischer Freiwilliger, den Angriff der vier Flugzeuge. Das vom südafrikanischen Freiwilligen Eddie Cohen geführte Flugzeug wurde getroffen und zerschellte am Boden, wobei der Pilot sein Leben verlor. Die psychologische Wirkung des Angriffs war enorm, weil die Ägypter darauf nicht vorbereitet waren. Sie zerstreuten ihre Fahrzeuge und wurden von der Givati-Division angegriffen und zurückgeschlagen. Die gesprengte Brücke wurde als *Gescher ad Halom* (Bis hierher) bekannt.

Der Sicherheitsrat forderte am 29. Mai 1948 einen Waffenstillstand, dem alle Krieg führenden Parteien zustimmten und der am 11. Juni für einen Monat in Kraft trat. Die USA übten auf Großbritannien Druck aus, sich an das Waffenembargo zu halten, so dass die Araber keinen Nachschub an Munition und Waffen erhalten konnten. Israel jedoch bekam weiterhin von verschiedenen Seiten, insbesondere aber aus der Tschechoslowakei Waffen geliefert.

Nicht nur die Existenz bedrohenden Kämpfe mit den arabischen Invasoren belasteten die israelische Regierung, sondern auch die ungelöste Frage der Untergrundgruppen Ezel und Lechi. Ben Gurion war entschlossen, das Gewaltmonopol des Staates durchzusetzen und keine unabhängigen militärischen Gruppen mehr zuzulassen. Während der Kämpfe mit den Arabern, konnte er dies jedoch nicht erzwingen.

Ezel hatte das Schiff *Altalena* in den USA besorgt und wollte damit von der französischen Regierung geschenkte Waffen und Freiwillige ins Land bringen.

Über das Auslaufen der *Altalena* aus dem französischen Hafen Port-de-Bouc erschienen in den Medien Berichte. Dadurch erfuhr eine breite Öffentlichkeit, dass eine israelische Organisation gegen den Beschluss des Sicherheitsrates verstieß. Obwohl Israel dringend Waffen und Freiwillige brauchte, wollte die israelische Regierung ein Zeichen setzen, dass sie die Untergrundgruppen nicht gewähren lässt. Am 21. Juni steckte die israelische Armee die *Altalena* am Strand von Tel Aviv in Brand. Fünfzehn Männer starben bei diesem Kampf und Ezel wurde aufgelöst.

Während des ersten Waffenstillstandes, der bis zum 9. Juli dauern sollte, verbrachte ich eine Woche auf einem Hügel, den wir besetzt hatten und wo wir uns eingruben. Wir schliefen im Schützengraben und erhielten nur kaltes Essen. Eine Delikatesse waren die großen Konserven mit Guavenkompott, die uns die Juden aus Südafrika geschenkt hatten, was groß auf den Dosen vermerkt war.

Einen Tag vor Ablauf des Waffenstillstandes am 8. Juli brachen die Ägypter den Waffenstillstand und es kam wieder zu Kämpfen. Die Araber gewannen nichts. Unseren Soldaten gelang es hingegen, den Korridor nach Jerusalem zu erweitern und große Gebiete des Landes zu erobern, darunter auch die arabischen Städte Lud und Ramle. Die meisten Einwohner flohen, eine Minderheit wurde vertrieben. Zur Zeit des zweiten Waffenstillstandes waren bereits über eine halbe Million arabischer Flüchtlinge aus den von Israel verwalteten Gebieten geflohen.

Am 15. Juli bestimmte der UN-Sicherheitsrat, dass spätestens am 18. Juli die Kämpfe aufzuhören hätten. Die Konfliktparteien hielten sich daran und stellten am 19. Juli die Kämpfe ein. Dieser zweite Waffenstillstand hielt drei Monate, bis zum 15. Oktober.

Am 2. August 1948 verlangte Sir Alexander Cadogan, der britische Vertreter beim Sicherheitsrat der UNO, die Frage der jüdischen Flüchtlinge in Europa und der arabischen Flüchtlinge zu diskutieren. Der sowjetische Vertreter Dimitri Manuilskii entgegnete, dass es statistische Daten über die jüdischen Flüchtlinge gebe, jedoch *„nicht ein Papierblatt, nicht ein einziges Memorandum und absolut keine Statistik"* betreffend *„Flüchtlinge arabischen Ursprungs"*. Er beanstandete auch, dass es bekannt sei, dass eine *„große Anzahl Flüchtlinge jüdischer Nationalität"* in Lagern in Europa *„unter Bedingungen, die man üblicherweise Kriminellen bietet"*, konzentriert seien; Ferner merkte er an, es sei auch bekannt, dass andere Flüchtlinge jüdischer Nationalität in Zypern in von Briten geschaffenen Lagern sich *„unter erbärmlichen Bedingungen in einer Zwangslage"* befanden. (Ro'i,Yaacov: S. 248)

In seiner 1948 erschienenen, meinungsbildenden Publikation *Ma'na al-Nakba* („Die Bedeutung der Katastrophe"), die den Begriff in das arabische historische Wörterbuch eingeführt hat, schrieb der syrische Historiker Constantin Zuraiq von der Flucht – nicht der Vertreibung – von 400 000 Arabern. Das gleiche tat der palästinensisch arabische Führer Musa Alami: *„Wenn schließlich die Palästinenser ihr Land geräumt hatten, dann nicht aus Feigheit, sondern weil sie jedes Vertrauen in das existierende Verteidigungssystem verloren hatten"*, schrieb er im Oktober 1949, *„sie haben dessen Schwäche und das Ungleichgewicht zwischen ihren Ressourcen und ihrer Organisation und diejenigen der Juden erkannt. Ihnen wurde gesagt, dass die arabischen Armeen kommen würden. Die Angelegenheit würde so bereinigt werden und alles würde wieder zur Normalität zurückkehren. Und sie setzten ihr Vertrauen und ihre Hoffnung darin."* (Karsh, Efraim: S. 3 u. S. 7)

Die Wende im Krieg und der Kampf um den Negev

Nach dem Fall von Jad Mordechai war der Negev durch den Vormarsch des ägyptischen Militärs vom Norden des Landes abgeschnitten. Nach acht Monaten erbitterter Kämpfe nutzte die Armee den Waffenstillstand, um die Truppen neu zu organisieren. Wenn nicht die wenigen kleinen Flugzeuge gewesen wären, hätten wir keinerlei Kontakt mit dem Norden gehabt und unsere Versorgung wäre vollständig zusammengebrochen. Zu diesem Zeitpunkt waren wir zu schwach, um gegen die viel besser ausgerüstete ägyptische Armee allein zu kämpfen. Deshalb beschloss die Armeeführung, uns, die wir ermüdet und kaum noch kampffähig waren, aus der Umzingelung herauszufliegen. So kam es, dass ich am Abend meines 20. Geburtstages in Ruhama in ein altes, klappriges Dakotaflugzeug einstieg. Es gab nur Holzbänke und als uns die ägyptische Luftabwehr beschoss, hatten wir das Gefühl, jemand bewerfe uns von unten aus einem riesengroßen Salzstreuer. Nach der Karawanenbegleitung und den Kämpfen schien uns dieser Flug nicht sehr gefährlich, wir waren gelassen und machten sogar noch zynische Späße. Die Dakota landete in Tel Litvinsky (heute Tel Nof). Als wir aus dem Flugzeug stiegen, überwältigte uns der schwere Geruch der rundum blühenden Orangenbäume. Wir kamen in einen großen Saal, erhielten ein gutes Essen und unseren Ausweis sowie das Soldbuch. Unseren Sold erhielten wir für die Monate ab 1. Februar 1948, da Zahal (die israelische Armee) rückwirkend an diesem Tag gegründet wurde. Dann bekam ich zum ersten Mal eine vollständige Uniform und eine Woche Urlaub. Nach Jerusalem war die Fahrt noch sehr schwierig und so folgte ich einer Einladung nach Schaar Haamakim. Ein Teil der im März in den Kibbuz zurückgekehrten Mitglieder von Noar Gimmel war inzwischen wieder zum Palmach eingezogen.

Nach dem Urlaub musste ich mich im großen Militärlager Beer Jaakov, in der Mitte des Landes, beim 9. Regiment melden. Das Militärlager hatte alle Annehmlichkeiten eines ehemals britischen Lagers. Es gab ein Schwimmbecken, ein Kino und selbstverständlich eine Kantine. Da ich ein *alter* Soldat war, musste ich nicht die Ausbildung der Rekruten mitmachen und verbrachte die Tage vor allem mit dem Lesen von Zeitungen und dem Hören von Nachrichten.

So saß ich auch einmal im Herbst 1948 auf einer Bank im Lager und las ein Buch. Plötzlich fragte mich ein neuer Soldat, der schon das Regimentsabzeichen an der Schulter hatte, wo er sich melden müsse. Ich fragte ihn, woher er komme und er sagte stolz *„aus dem Gefängnis"*. *„Hast Du gestohlen, vergewaltigt?"* wollte ich wissen, doch mein späterer lebenslanger Freund Jaakov Lavie sagte: *„Nein, ich war aus politischen Gründen eingesperrt"*. Das wollte ich nicht glauben, *„Doch"* sagte Jaakov *„ich wollte nicht auf das Schiff Altalena schießen".* Ich gestand ihm, dass ich diesen Befehl ohne mit der Wimper zu zucken befolgt hätte, denn für die Porschim hatte ich nichts übrig.

Es stellte sich bald heraus, dass er ebenfalls aus dem zweiten Regiment des Palmach kam und wir viele gemeinsame Bekannte hatten. Wir diskutierten noch oft miteinander und ich sollte viel von ihm lernen. Seine Eltern waren 1932 aus Litauen ins Land gekommen und sprachen bereits in Wilna Hebräisch. Jaakov, der damals vier Jahre alt war, und eine religiöse Erziehung genoss, sprach ein sehr schönes Hebräisch. Wir führten endlose Gespräche über Gott und die Welt, über unsere Lektüre und unsere Vorgesetzten. Jaakov erwähnte auch die Armut seiner Eltern in Haifa. Er selbst hatte als Elektriker am Bau gearbeitet und dabei einige feine Splitter ins Auge bekommen. Der Arzt hatte ihm verboten, weiter diese Arbeit auszuführen. Deshalb meldete er sich im Frühjahr 1948 zum Palmach und nahm dann an der Verteidigung von Jad Mordechai teil.

Die israelische Armee hatte zwar den Vormarsch der ägyptischen Armee noch vor dem letzten Waffenstillstand gestoppt, aber ein großer Teil des Negev war noch in ägyptischer Hand und die jüdischen Orte im Negev, die ein kompaktes Territorium bildeten, waren vom ägyptischen Militär umzingelt. War Israel noch nach dem ersten Waffenstillstand an einer Verlängerung interessiert und wollten die arabischen Staaten die Kämpfe wieder aufnehmen, so kehrte sich die Lage nach dem zweiten Waffenstillstand um. Israel wollte die Invasoren verjagen und die arabischen Führer dazu bringen, einem Frieden zuzustimmen. Beides war durch Diplomatie leider nicht erreichbar. Die Lage war für den jüdischen Staat gefährlich, Amerikaner und Briten wollten den Teilungsplan der UNO vom 29.11.1947 ändern. In Rhodos hatte der schwedische UNO-Vermittler Folke Bernadotte bereits angefangen, einen neuen Plan zu entwerfen. Dieser sah vor, die jüdische Einwanderung zu begrenzen und den Negev (Trans)Jordanien zukommen zu lassen – was damals einer britischen Herrschaft gleichgekommen wäre –, denn die Briten hatten die Absicht, den Negev für ihre Militärbasen zu verwenden. Dieser Plan wurde nicht nur von Israel, sondern auch von Ägypten und dem Libanon abgelehnt. Bernadotte konnte seine Arbeit nicht beenden, denn am 17.9.1948 wurde er von vier Mitgliedern der Lechi in Westjerusalem ermordet. Lechi wurde sofort aufgelöst und seine Kämpfer in die Armee integriert.

Anfang Oktober traf die israelische Regierung die Entscheidung, die ägyptische Armee anzugreifen und wir wurden auf eine unmittelbar bevorstehende Aktion vorbereitet. Allerdings wussten wir nicht, ob wir gegen die Ägypter oder die viel besser ausgebildete Arabische Legion kämpfen werden. Noch vor dieser Aktion hielt der damals zur linkssozialistischen Mapam gehörende ehemalige Chef der Hagana, Moshe Sneh (er wurde später ein führendes Mitglied der israelischen KP), im Kino des Lagers vor unserem Regiment eine pathetische Rede.

In dieser betonte er, dass wir unsere Waffen von den *„sozialistischen Staaten"* erhielten und forderte uns auf, zu schwören, diese Waffen nie gegen *„die Welt von Morgen"* zu verwenden. Sneh beschwor die Vorreiterrolle des jüdischen Volkes im Kampf gegen den britischen Kolonialismus und unsere wichtige Stellung in der antiimperialistischen Front des Nahen Ostens. Emotional bewegt, stand der ganze Saal auf, um den Eid zu leisten. Leider sollten die *„sozialistischen Staaten"* bald darauf ihre Politik wieder einmal radikal ändern. Sie nahmen heftig gegen Israel und den Zionismus Stellung. In der Sowjetunion wurden prominente jüdische Menschen ermordet und in der Tschechoslowakei kam es zum antisemitisch motivierten Schauprozess gegen Rudolf Slansky und Genossen. Von den 14 Gehenkten waren 11 Juden. Auch in anderen sozialistischen Staaten wurde diese Politik verfolgt.

Doch im Sommer und Herbst 1948 haben die sowjetischen Diplomaten in der UNO noch für Israel das Wort ergriffen. Am 18. August sprach im Sicherheitsrat für die UdSSR Jakov Malik und sagte: *„Eine lang anhaltende Studie der Palästinafrage in den Vereinten Nationen gibt uns jeden Grund zu glauben, dass die Schuld und die Verantwortung für alle Entbehrungen und Leiden* [der arabischen Flüchtlinge] *bei der Regierung des Vereinten Königreichs und den britischen militärischen Autoritäten im Nahen Osten liegen. Ein großer Teil der Verantwortung ist auch bei einflussreichen Kreisen* [der USA]." Wegen der *„egoistischen Interessen"* der *„Strategen"* des Vereinten Königreichs und der Ölgesellschaften der USA *„wurden die Ruhe und friedfertige Arbeit von einer halben Million Arabern geopfert, die gezwungen wurden, ihre Heime als Ergebnis von aus dem Ausland aufgewiegelten Feindseligkeiten zu verlassen."* (Ro'i, Yaacov: S. 249)

Erst Ende September 1948 bildete Mufti Amin el-Husseini im von den Ägyptern besetzen Gazastreifen eine gesamt-palästinensische Regierung. Offensichtlich ein Schritt gegen die vorgeschlagene Fusion vom arabischen Palästina mit Transjordanien, dessen Emir Abdallah ein vehementer Gegner des Mufti war. Die sowjetischen Diplomaten sprachen sich gegen die Einladung einer Delegation der vom Mufti angeführten Regierung bei der UNO aus. Am 24. Oktober 1948 berichtete die sowjetische Tageszeitung *„Iswestja"*, der sowjet-ukrainische Außenminister Dmitri Manuilski habe sich dagegen gewandt, dass Leute zur UNO eingeladen werden, *„die sich Ministerpräsident und Außenminister einer so genannten Panpalästinensischen Regierung nennen"*, denn das würde die Annullierung des Teilungsbeschlusses der UNO bedeuten.

(Ro'i, Yaacov: S. 290) Die hebräischen Zeitungen berichteten über solche Ereignisse im Detail, so dass auch einfache Soldaten und Unteroffiziere gut informiert waren. Wir erhielten auch eine, vom legendären Partisanenführer und hebräischen Dichter Aba Kovner redigierte Frontzeitung, die *„Dapei Krav"*, die vom 9. Juni 1948 bis 8. Mai 1949 insgesamt 31 Mal herauskam. Immer wieder rief Kovner uns darin zum antiimperialistischen Kampf auf.

Nachdem die UN-Beobachter, deren Aufgabe es gewesen wäre, den Verkehr in den Negev zu ermöglichen, scheiterten, wurde beschlossen, mit mehreren Divisionen die ägyptischen Linien zu durchbrechen und damit die Umzingelung des Negevs zu beenden.

Ziel der *Aktion Yoav* war es, einen Keil zwischen die ägyptischen Linien im Negev zu treiben. Sie sollte die erste Bewährungsprobe für die im Entstehen begriffene israelische Luftwaffe werden. Inzwischen verfügten wir über eine Anzahl Kampfflugzeuge, die von kriegserfahrenen Freiwilligen geflogen wurden. Die Piloten kamen hauptsächlich aus Amerika und Südafrika, es waren Juden und Nichtjuden.

Am Nachmittag vor Jom Kippur erhielten wir unsere Eisernen Rationen und dann wurden wir ins Kino befohlen, wo uns der Feldrabbiner erklärte, dass wir trotz des höchsten Feiertages, der auch ein Fasttag ist, in den Kampf ziehen müssten und daher unbedingt auch essen sollten. Bei Einbruch der Dunkelheit packten wir unser Lastauto mit drei Mörsern, einer Menge Munition und fuhren gegen Süden. Im Orangenhain des Kibbuz Givat Brenner machten wir eine erste Station und labten uns mit frisch gepresstem Saft. Entgegen den Befehlen zündete ein Soldat unserer Einheit im Dunkeln eine Zigarette an. Sofort erschien ein Mann ohne Rangabzeichen und befahl ihm, die Zigarette zu löschen. Der Soldat wollte sich allerdings von jemandem ohne erkennbaren Rang nichts vorschreiben lassen. Es stellte sich aber schließlich heraus, dass Divisionskommandant Nahum Sarig persönlich ihm den Befehl gegeben hatte. Der Soldat war erst ein Monat davor zum Palmach gekommen und konnte nicht wissen, dass dort sowohl der Divisionskommandant als auch andere Offiziere noch immer keine Rangabzeichen trugen. Dies sollte sich bald ändern. In der Nacht brachen wir durch die ägyptischen Linien und hörten die Kanonen in der Ferne donnern. Das neunte Regiment fuhr bis zum Kibbuz Gwulot, wo wir ein paar Tage blieben und dann ging es am Abend des 20. Oktober los bis zu einem Hügel nördlich von Beersheva. Dort bauten wir für unsere Mörser eine Stellung. Es war Knochenarbeit, denn der Hügel bestand hauptsächlich aus Felsen und wir mussten die schweren Munitionskisten von der Straße dorthin schleppen.

Im Morgengrauen des 21. Oktober 1948, bevor drei unserer Regimenter die Stadt angriffen, begannen wir auf die Stadt mit unseren Mörsern zu schießen. Beerschewa wurde von einem regulären ägyptischen Regiment mit Artillerie und Mörser und Hunderten von nordafrikanischen, ägyptischen und palästinensischen Hilfskräften verteidigt. Unsere Regimenter stürmten die Stadt und bereits am frühen Vormittag endete der Kampf. Mehr als 120 ägyptische Soldaten wurden gefangen genommen und 350 Zivilisten nach Gaza gebracht. Die meisten der Einwohner waren schon in den Tagen zuvor – nachdem die Stadt von der israelischen Luftwaffe bombardiert worden war – nach Hebron geflohen. Unsere Einheit kam erst zu Mittag in die eroberte Stadt.

Nach der Anspannung des Kampfes hatten einige Soldaten angefangen zu plündern. Ich erinnere mich an jenen, der in ein Geschäft für arabische Kopfbedeckungen mit Gewalt eingedrungen war und laut schrie: *„Keffiye begrusch"*, als ob er ein Verkäufer wäre. Natürlich nahm er kein Geld und verteilte aber jedem, der sie nehmen wollte, eine Keffiye. Weit und breit war keine Militärpolizei zu sehen. Ich sah auch keine Offiziere, die eingegriffen hätten. Im Hof der Tegartfestung standen armselig ausschauende ägyptische Soldaten, zumeist einfache Fellachen, die vor Angst zitterten. Ich hatte Mitleid mit diesen Gefangenen, die sich in einem fremden Land befanden und Angst vor uns hatten, denn ihre Offiziere hatten ihnen Schauermärchen über die *blutrünstigen Juden* erzählt, von denen sie nun gefangen genommen worden waren. Kurz davor hatte ich meine Ration Zigaretten erhalten, die ich sonst gern gegen Schokolade eintauschte. Doch nun ging ich mit anderen Kameraden zu den Gefangenen, verteilte meine Zigaretten und versuchte, sie zu beruhigen. Unsere Abteilung wurde in die verlassene Wohnung eines christlichen Lehrers einquartiert. Einige Soldaten schmissen Möbel aus den Häusern auf die Straße, was Jaakov und mich empörte, hätten doch Einwanderer diese Möbel noch benützen können.

Der Sicherheitsrat der UNO ordnete am 22. Oktober einen Waffenstillstand in Palästina und den Rückzug der Israelis auf die Stellungen vom 14. Oktober an. Die Feuereinstellung trat daraufhin in Kraft, doch die von uns eroberten Gebiete blieben in unserer Hand. Warum hätte man sie zurückgeben sollen? Beerscheva sollte laut Teilungsbeschluss zu Israel gehören.

Es folgten ruhigere Tage in der eroberten Stadt, in der sehr rasch der Alltag wieder einkehrte. Im Spätherbst 1948, noch mitten im Krieg, gab das Israel Philharmonic Orchestra in Beerscheva ein Open-Air-Konzert vor 5000 Soldaten. Sie spielten das B-Dur-Klavierkonzert von Mozart mit dem damals noch nahezu unbekannten Leonard Bernstein als Solisten und Dirigenten. Heute erinnert in Beerschewa ein von Dani Karavan geschaffenes Denkmal an die Negev Brigade. Der Krieg 1948 war aus unserer Sicht nur einer um Territorium. Auf der arabischen Seite aber wurde er als Religionskrieg geführt. Das

Territorium war ihnen heilig, seine Entweihung durch *Ungläubige* war ausreichend, um einen *Heiligen Krieg* zu beginnen und die Wiedereroberung dieses Territoriums war für Islamisten gottgewollt. Sie haben es auch nie verheimlicht, dass sie einen *Heiligen Krieg* führten. Jamal Husseini, der Vertreter des vom Mufti geführten AHC, erklärte dem UNO-Sicherheitsrat schon am 16. April 1948: *„Der Vertreter der Jewish Agency hat uns gestern gesagt, dass sie nicht die Angreifer waren, dass die Araber den Kampf begonnen haben. Wir haben das nicht geleugnet. Wir haben es der ganzen Welt gesagt, dass wir kämpfen werden."* (United Nations Security Council Official Records, S. 19)

Bereits am 9. September 1947 hatte der gleiche laut *„New York Times"* erklärt, die Araber würden *„es nie erlauben werden, auf einem Zentimeter von Palästina einen jüdischen Staat zu gründen" und er warnte eindeutig, dass Versuche „irgendeiner Lösung entgegen dem arabischen Erstgeburtsrecht nur zu Unruhen und Blutvergießen und vielleicht zum Dritten Weltkrieg führen würden."*

Mit solchen tödlichen Drohungen, die man an die ganze Welt richtete, ging in der arabischen Welt in den öffentlichen Radiosendungen und in den Moscheen religiöse Hetze gegen Juden einher. Eine prominente Rolle spielten dabei der Jerusalemer Mufti el-Husseini sowie die religiösen Gelehrten der Al-Azhar Universität in Kairo, die höchste religiöse Autorität des sunnitischen Islam, die einen offiziellen Aufruf für einen „weltweiten Jihad" sofort nach dem UNO-Generalversammlungsbeschluss am 29. November 1947 erließen. Religion war ein zentrales Element der Kriegsanstrengungen, wie es Muhammad Mamun Shinawi, Rektor der Al-Azhar Universität der ägyptischen Truppe erklärte, als diese gerade die Grenze bei Rafah am 15. Mai 1948 überschritt, in der Absicht, den soeben entstandenen Staat Israel zu liquidieren: *„Die Stunde des Jihads hat geschlagen* [...] *Das ist die Zeit in der Allah das Paradies versprochen hat."* (Morris, Benny: The First Arab-Israeli War, S. 232)

Nach der Eroberung von Beerscheva dachten wir, der Krieg sei bald vorbei. Doch es kam anders. David Ben Gurion und die Regierung entschieden sich, die ägyptische Armee in die Knie zu zwingen.

Am 4. November forderte der Sicherheitsrat der Vereinten Nationen Israel nochmals auf, die Truppen hinter die Linien vom 14. Oktober zu verlegen. Was natürlich seltsam war, hatten doch ägyptische Truppen sogar Gebiete besetzt, die im Teilungsbeschluss Israel zugesprochen worden waren. Wir mussten ein weiteres Mal gegen die Ägypter kämpfen, um diese Gebiete zu erobern. Im Norden der Südfront in Faluja waren die Ägypter eingekesselt und hatten keine Chance, von dort auszubrechen. In dieser Lage forderte am 16. November 1948 der Sicherheitsrat Israelis und Araber auf, Waffenstillstandsverhandlungen aufzunehmen.

Am 22. November fand in Paris eine Tagung der Generalversammlung der Vereinten Nationen statt. Henry Cattan vertrat den AHC, sprach im Namen der palästinensischen Araber und verhöhnte die Vorschläge des US-Diplomaten Ralph Bunche. Er meinte, dass der Krieg, der jetzt in Palästina gekämpft wird, nur gestoppt werden kann, wenn seine Ursachen beseitigt werden, nämlich indem das Prinzip der Teilung verworfen und ein vereinter arabischer Staat in ganz Palästina etabliert wird anstatt des künstlichen Staates Israel, *„der größte Verrat der Weltgeschichte"*. Wenn es nach ihm ging, sollten *„alle terroristischen Zionisten, die ins Heilige Land kamen"* ausgewiesen werden: *„Der arabische Widerstand gegen die Schaffung eines jüdischen Staates in Palästina folgt einem Gesetz der Natur, das man vergleichen kann dem Widerstand des menschlichen Körpers gegen ein Krebsgeschwür"*. Cattan resümierte: *„Dieser Widerstand wird fortgesetzt bis das Krebsgeschwür vernichtet ist."* (Karsh, Efraim: S. 227)

Am 23. Dezember 1948 begann die *Aktion Horev*, die am 7. Januar 1949 enden sollte. Auch unsere Division nahm daran Teil. Ziel war *„die Vertreibung der ägyptischen Armee aus dem Land"*. Der Befehl wurde uns während eines Appells vorgelesen. Er endete mit den Worten: *„Zur endgültigen Vertreibung der ägyptischen Invasoren, um den Frieden herbeizuführen – für den Sieg stürmen gegen den Feind."* (Chativat, Hanegev: S. 260) Wir sollten die Grenze nach Ägypten überschreiten und so fuhren wir in einer langen Kolonne von Lastwagen durch den Sand, denn dort gab es damals keine asphaltierte Straße. Meine Einheit, mit drei 3-Inch-Minenwerfern ausgerüstet, befand sich auf einem Lastwagen, der von der Armee kurzfristig in Tel Aviv mit seinem Chauffeur requiriert wurde. Zu unserem Pech konnten wir in einem Wadi nicht weiterfahren und das Regiment ließ uns allein zurück.

Ich erinnere mich nicht mehr, wie lange wir dort blieben, doch irgendwann wurden wir herausgeholt und erreichten bald die Kolonne auf einer asphaltierten Straße im Sinai. Dann begann die Schlacht um Abu Agela. Die Ägypter beschossen uns mit Kanonen und vorne, in einem Jeep, stand Regimentskommandeur Haim Barlev, der wie ein Verkehrspolizist, die Lastwagen aufteilte. Trotz dieses intensiven Beschusses fuhren wir in Richtung unseres Ziels. Der in Wien 1924 geborene Barlev sollte später Generalstabschef werden, und nach seiner Entlassung aus der Armee politische Karriere als Minister machen. Als wir in Abu Agela ankamen, war das Militärlager schon erobert. In diesem gab es ein Internierungslager für arabische Kommunisten, die wir aber nicht mehr sahen. Die arabischen Kommunisten in Gaza und anderswo sprachen sich gegen den Krieg aus, denn das war damals die sowjetische Linie und deswegen wurden sie von der ägyptischen Besatzungsmacht verfolgt. Der einzige „Feind“, dem wir dort noch begegneten, war lediglich ein alter, zahnloser Fellache, der auf uns zu kam und uns die Hand küssen wollte. Auch er war interniert, beschwerte sich über die schlechte Verpflegung im Lager und war äußerst dankbar, als wir ihm Zigaretten und Essen gaben. Einer unserer Kameraden konnte Arabisch und fragte ihn: *„Warum haben die Ägypter dich interniert?“* Zu unserer Überraschung sagte er, *„wegen Kommunismus“. „Aber Du kannst doch sicher nicht lesen?“* Er antwortete: *„Ja gerade deswegen wurde ich ja verhaftet“*. Der Mann hatte mit seinem Eselkarren Gemüse nach Gaza zum Markt gebracht, sah dort einige junge Männer Flugblätter verteilen und bot an, diese auch in seinem Dorf zu verteilen. In Wirklichkeit brauchte er sie zu einem anderen Zweck. Und tatsächlich, auf dem Weg zurück, stellte er seinen Karren auf der Seite der Straße ab, ging in die Hockstellung und legte den Haufen Flugblätter neben sich. Zu seinem Pech fuhr ein Jeep der ägyptischen Militärpolizei vorbei, die sich wunderten, einen Fellachen mit einem Haufen Papier zu sehen. Als sie bemerkten, dass es politische Flugblätter waren, schlugen sie ihm einige Zähne aus und brachten ihn nach Abu Agela ins Internierungslager. Es war nicht der einzige Fall, der uns zeigte, mit welcher beispiellosen Arroganz die ägyptische Obrigkeit häufig arme und einfache Menschen behandelte.

Abbildung 17: Herbst 1948, mit Stahlhelm und Identifizierungsmarke, der Autor 4. v. links.

Dann ging es wieder zurück nach Beerscheva. Am nächsten Tag fragte ein Offizier, wer bereit wäre, in einem halbtägigen Kurs mit einer 12-Pfund-Kanone schießen zu lernen.

Diese war gerade erst von den Ägyptern erbeutet worden. Gemeinsam mit meinem Freund Jaakov meldete ich mich. Ein Soldat, der während des Zweiten Weltkriegs in der britischen Armee gedient hatte, zeigte uns, wie man mit der Kanone schießen sollte. Als wir baten, einen Schuss auf ein Ziel abzugeben, sagte er, dass es für die zwei Kanonen, die in Beerscheva erbeutet wurden, nur 24 Schuss Munition gäbe und wir warten müssen, bis wir auf ein feindliches Ziel schießen können. Tatsächlich ging es schon am Nachmittag los. Jede Kanone bekam eine Mannschaft zur Bedienung und einige weitere Soldaten begleiteten uns. Wir fuhren auf der Straße Richtung Rafah. Unsere Gruppe fuhr vor und bezog Stellung hinter einem Sandhügel, die Kanone zielte auf die Straße, die andere Gruppe kam mit der zweiten Kanone nach. Am nächsten Tag hörten wir von der Ferne einen Kanonenschuss und Maschinengewehrfeuer. Wir erhielten den Befehl, auf der Straße vorzurücken und sahen einen ägyptischen Half-Track (Halbkettenfahrzeug), der einen Volltreffer erhalten hatte. Im verbrannten Fahrzeug lagen die Leichen von ägyptischen Soldaten, die angekettet waren und sich deswegen nicht retten konnten. Es war ein fürchterlicher Anblick und wir schätzten uns glücklich, Soldaten einer Armee zu sein, für die so eine Maßnahme unvorstellbar war. Dann ging es bis vor Rafah, wo wir zunächst Stellung auf einem Hügel bezogen.

In den letzten Wochen des Kampfes war unsere Armee immer professioneller geworden. Wir erhielten warmes Essen und Wasser, doch da sich die Küchenfahrzeuge nicht nach vorn wagten, meldeten sich Jaakov und ich freiwillig, um Essen und Wasser zuholen. Was nicht ganz ungefährlich war. Einer der Soldaten hatte sich etwa aus seinem Schützenloch begeben, um seine Notdurft zu verrichten. Er bekam ein paar Splitter von einem Kanonenschuss in seinen allerwertesten Körperteil. Die Sanitäter mussten ihn abholen und es herrschte in der ganzen Einheit Heiterkeit. Ein wenig beneideten wir ihn, denn nach ein paar Tagen im Spital durfte er nachhause auf Urlaub. Nach wie vor bombardierten uns die Ägypter Tag und Nacht. Während wir dort im Sand lagen, war an Waschen oder Rasieren nicht zu denken. Die ägyptische Artillerie schoss auf uns und wir fühlten uns zwischen Hammer und Amboss. Wer sich nicht tief genug eingrub, dem drohte der Tod oder die Verletzung durch die Geschosse, wer sich jedoch zu tief eingrub, der konnte durch den aufgewühlten Sand verschüttet werden. Wir hatten auch einige Freiwillige, fromme Juden aus Südafrika bei uns. Als wir unter starkem Beschuss kamen, legte einer dieser in einem psychotischen Anfall seine Gebetsriemen und seinen

Gebetsschal an und begann stehend laut zu beten. Sofort wurde er von den Sanitätern nach hinten in Sicherheit gebracht.

Zweimal im Monat erhielten wir die Frontzeitung, in der wir aufgerufen wurden, dem imperialistischen Feind - den Briten und ihren ägyptischen Lakaien – eine Niederlage zu bereiten.

Am 1. Januar 1949 beschossen ägyptische Kriegsschiffe Tel Aviv und wurden aber bald von unserer Luftwaffe vertrieben. Nach Ende des Mandats waren die Briten noch immer in Transjordanien und in Ägypten stationiert. Zwei Tage vor dem Waffenstillstand, am 6. Januar 1949, hatte Jizhak Rabin, damals stellvertretender Kommandant des Palmach, eine seltsame Erfahrung gemacht: Mitten in einem Sandsturm hörte er das Röhren von Flugzeugmotoren und sah dann zu seiner Überraschung Fallschirme, an denen Piloten herunterschwebten. Er setzte sich in seinen Jeep und hatte ein *„bizarres Treffen"* mit einem britischen Luftwaffenoffizier, dessen Gesichtsausdruck eine Mischung aus Wut und Erstaunen war über das Benehmen der jüdischen *„Eingeborenen"*.

Zuvor hatte es einen kurzen Luftkampf gegeben, alle unsere Flugzeuge kehrten unversehrt zurück, während fünf britische Flugzeuge, die unsere Stellungen fotografiert hatten, abgeschossen wurden. Es war eine Blamage für die Royal Airforce gewesen. Rabin ließ sich von jedem einzelnen Piloten den Hergang schildern, die sehr verschieden auf die Lage reagierten, einer entschuldigte sich, die anderen beschwerten sich, dass sie nur eine Luftaufklärung ohne Waffen und Munition betrieben hätten. Ihr Befehl lautete, Kämpfe zu vermeiden.

Die *Operation Horev* führte schließlich dazu, dass Ägypten als erster arabischer Staat um einen Waffenstillstand bat. Nach dem Ausscheiden Ägyptens befürchtete Transjordanien einen konzentrierten israelischen Angriff und auch von dieser Seite kamen positive Signale. Bereits am 29. Dezember 1948 telegrafierte Alec Kirkbride, der britische Botschafter in Amman, an Außenminister Bevin: *„König Abdallah sollte erlaubt sein, die besten Bedingungen mit den Juden auszumachen ohne weitere Einschränkungen."* Die Briten hatten keine Lust, sich wegen des Negevs mit den USA zu streiten, standen aber dem jungen Staat nach wie vor ablehnend gegenüber. Erst im Januar 1949 beschloss die britische Regierung, die in Zypern internierten *illegalen* jüdischen Einwanderer freizulassen und den jüdischen Staat anzuerkennen.

Nach Abschluss dieser Aktion erhielt am 1. Januar 1949 unsere Einheit den Befehl, aus dem nördlichen Sinai abzuziehen und nach Beerscheva zurückzukehren. In unserer Einheit herrschte darüber Empörung, denn wir wussten, dass dies nur geschah, weil die USA Druck auf Ben Gurion ausgeübt hatten.

Trotzdem war ich natürlich auch erleichtert. Die unmittelbaren Kampfhandlungen waren für mich beendet und zum ersten Mal nach fast zwei Wochen konnte ich mich wieder duschen. Für uns ging so der Krieg zu Ende.

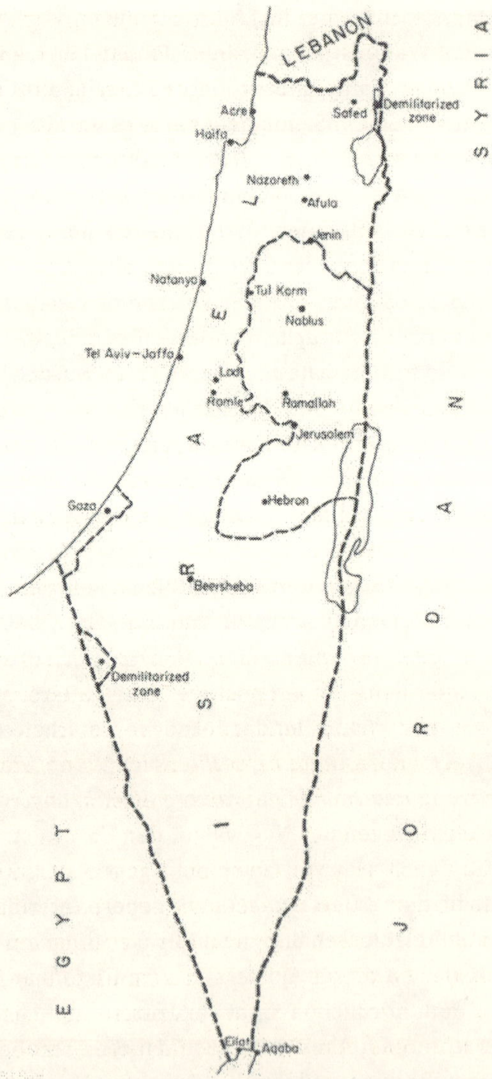

Abbildung 18: Waffenstillstandslinien 1949

Israel führte geheime Verhandlungen mit Jordanien, Syrien und Ägypten. Letzteres verhandelte seit September 1948 in Paris mit Israel. Doch die ägyptische Forderung *„Negev gegen Frieden"* wurde vom jüdischen Staat nicht akzeptiert. Am 24. Februar 1949 unterzeichneten Ägypten und Israel auf der Insel Rhodos den ersten Waffenstillstandsvertrag. Im Frühjahr und Sommer 1949 schlossen alle arabischen Nachbarstaaten ein Waffenstillstandsabkommen mit Israel. Seitdem hat der Staat Israel, ausgenommen zu Jordanien und Ägypten, keine anerkannten Staatsgrenzen, nur Waffenstillstandslinien.

Während des Unabhängigkeitskrieges fielen mehr als 6000 Israelis, fast ein Prozent der damaligen Bevölkerung und 12 000 wurden schwer verletzt. Mein Freund Amram, der mit mir gemeinsam aus Budapest gekommen war und begonnen hatte, Gedichte zu veröffentlichen, ist bei der Verteidigung der Kvuza Deganja gegen die syrischen Invasoren als 20-Jähriger gefallen. Und noch viele der jungen Männer, die gemeinsam mit mir kämpften, mussten ihr Leben lassen. Der israelische Dichter Natan Altermann hat damals in einem Gedicht über die Staatswerdung Israels den gefallenen jungen Soldaten eine Stimme verliehen: *„Wir sind das Silbertablett, auf dem euch der jüdische Staat serviert wurde."* Ein solches Pathos war unserer Alltagssprache fremd. Wir genossen das Leben im Militärlager Tel Litvinsky, in dem es alle Annehmlichkeiten gab, die uns die Briten hinterlassen hatten, ein Kino, ein großes Schwimmbecken und ein Lesesaal mit vielen Zeitungen und eine gut eingerichtete Bibliothek. Als *alte* Soldaten konnten wir frei über unsere Zeit verfügen. Oft genug erhielten wir die Möglichkeit, auf einen Nachmittag nach Tel Aviv zu fahren, wo wir junge Mädchen ansprachen und ins Kino einluden. Irgendwann im Frühjahr 1949 wurde das ganze 9. Regiment in den Kinosaal befohlen, um einer Sitzung des Militärgerichts beizuwohnen. Auf dem Podium saßen drei Militärrichter, einer davon war ein einfacher Soldat, wie auch der Beschuldigte, der von der Militärpolizei vorgeführt wurde. Am Tag der Eroberung von Beerscheva hatte dieser versucht, eine Araberin zu vergewaltigen. Nach Anhörung der Anklage und der Verteidigung wurde er zu sechs Jahren Militärkerker verurteilt.

Im Frühjahr 1949 entbrannte bei uns die Diskussion um das neue Buch von S. Yizhar, dem 1916 in Rechovot geborenen Schriftsteller und Politiker. Seine Erzählung *„Chirbet Hisa"* war gerade im linken Verlag *Sifriat Hapoalim* erschienen. Der Autor war Universitätsprofessor und Abgeordneter der Arbeiterpartei und der von Ben Gurion geführten Rafi-Partei und beschreibt darin, wie israelische Soldaten die Einwohner eines eroberten arabischen Dorfes zwangen, das Dorf zu verlassen. Wir haben über das Für und Wider dieses Buches lange debattiert. Seit 1964 ist diese Erzählung Pflichtlektüre in Mittelschulen und Prüfungsgegenstand bei der Reifeprüfung. Als 1978 die Verfilmung im israelischen Fernsehen gezeigt wurde, gab es eine bittere öffentliche Diskussion. Mein Freund Dan war noch in der Kriegsmarine, wurde aber auch dort nicht glücklich. Im Sommer gelang es ihm irgendwie, als untauglich entlassen zu werden. Doch die Zeiten hatten sich geändert, es war schwierig, eine Arbeit zu bekommen. Er wohnte in Maon Dov, in einem Lager für entlassene Soldaten am französischen Karmel, weit entfernt vom Stadtzentrum Haifa und es ging ihm ziemlich schlecht. In einem Brief schilderte Dan Haifa mit solcher Intensität, dass ich Mut fasste, im Juni das Büro von Regimentskommandeur Bar Lev betrat und um meine Versetzung zur Kriegsmarine bat. Zuvor hatte ich das Angebot, weiter als Berufssoldat zu dienen und eine Berufsausbildung zu absolvieren, erhalten, doch ich hatte genug vom Leben in der Armee und sehnte mich nach der Entlassung. Meine Altersgruppe war aber dafür noch nicht vorgesehen, daher wollte ich die letzten Monate meines Militärdienstes in der Nähe meines Freundes verbringen. Bar Lev teilte mir mit – so wie ich es erwartet hatte – er würde mein Gesuch um Versetzung kommentarlos weiterleiten.

Nach einer Woche erhielt ich den Befehl, mich in Bat Galim im großen Lager der Kriegsmarine zu melden. Nach ein paar Tagen dort wurde ich auf ein kleines Schiff kommandiert. Während der ersten Fahrt erkrankte ich in der stürmischen See und wurde wieder zurückgeschickt nach Bat Galim. Ich wurde in das technische Ersatzteillager der Kriegsmarine in der Bucht von Haifa gesandt und war als Unteroffizier verantwortlich für die Bewachung des Lagers. Das war eine äußerst angenehme Arbeit, denn ich schlief in einem eigenen Zimmer und hatte nur die Soldaten zur Wache einzuteilen. Dan besuchte mich und erzählte mir von der Not vieler ehemaliger Soldaten, die allein stehend und arbeitslos waren. Ich sah, wie viel Essen nach den Mahlzeiten übrigblieb. So kam mir die gute Idee, unseren Koch – einen ägyptischen Juden – zu bitten, nach Ende des Frühstücks ein Dutzend ehemaliger Soldaten in unserem Speisessaal zu verköstigen. Dan kam mit diesen gegen 9 Uhr an und ich führte sie in den Speisesaal, wo sie nicht nur sich satt essen, sondern auch Proviant für später mitnehmen konnten. Die Zeit bis zu meiner Entlassung aus der Armee ging schnell vorbei. Vor mir stand nun die Frage, was ich nach meinem Militärdienst tun würde. Zurück in den Kibbuz wollte und konnte ich auf keinen Fall. Für die Landwirtschaft war ich vollkommen ungeeignet. Außerdem wollte ich kein Leben mehr führen, bei dem alles im Kollektiv diskutiert werden musste, und Mehrheitsentscheidungen bindend waren. Mit 21 Jahren wollte ich meine eigenen Entscheidungen treffen, auch wenn zu diesem Zeitpunkt die sozialistischen Ideale, die ich in Schaar Haamakim verinnerlicht hatte, noch meine waren. Also beschloss ich, erst einmal abzuwarten, was man mir anbietet.

Nach dem Krieg und Rückkehr nach Europa

Am 1. Januar 1950 erhielt ich den Befehl, nach Tel Aviv zu fahren, wo ich aus dem Militär entlassen werden sollte. Ich kam vor eine Entlassungskommission, die mich auf meine Rechte als entlassener Soldat aufmerksam machte. Die Armee hatte dafür zu sorgen, dass ich in die soziale und ökonomische Lage wieder eingesetzt werde, in der ich am 1. Februar 1948 gewesen war. Deshalb wollten sie mich wieder nach Nir Am schicken. Das lehnte ich natürlich ab, ich war ja nur als Soldat dort gewesen. Also sollte ich nach Schaar Haamakim. Auf meinen Einwand, kein Mitglied des Kibbuz zu sein und mich freiwillig zum Palmach gemeldet zu haben, kam die Frage eines Kommissionsmitglieds: *„Mi bikesh otcha?" „Wer hat Dich gebeten?"* Ich war sprachlos und nahm die Entscheidung der Kommission, mir eine Fahrkarte nach Haifa und einen Gutschein zum Aufenthalt in einem billigen Hotel für zwei Wochen zu geben, wortlos an. Zunächst wohnte ich nicht weit vom Hafen mit weiteren drei Soldaten in einem großen Zimmer. Nach zwei Wochen zog ich um nach Maon Dov am französischen Karmel in die Baracke von meinem Freund Dan, wo wir zu fünft in einem Raum schliefen. Die nächste Toilette war mehr als 50 Meter entfernt. Einer der Kameraden, den ich am Eingang des Lagers fragte, wie es denn hier sei, antwortete lachend: *„Wunderbar, Du hast im Zimmer eine Zentralheizung und fließendes Wasser, wenn Du das Fenster aufmachst, kommt warme Luft herein und wenn Du Deine Hand an die Wand legst, spürst Du fließendes Wasser."* Die Beschreibung stimmte genau.

Laut Gesetz war das Arbeitsamt gezwungen, uns die ersten drei Monate eine Arbeit anzubieten, die uns mehr einzubringen hatte, als die Arbeitslosenunterstützung. So erhielten wir in der Woche zwei Tage Arbeit am Bau in einer Vorstadt von Haifa, wo wir Zement mischen und auf den Bau tragen durften. Mit dieser Arbeit haben wir gerade fünf Piaster mehr verdient, als uns die Arbeitslosenunterstützung gebracht hätte. Nach den drei Monaten gab es für uns keine Arbeit mehr. Das Geld ging schnell zu Ende und Dan hatte einen Einfall. Wir gingen am späten Nachmittag in das Soldatenheim in Haifa, das von Frauen der WIZO, eine zionistische Frauenorganisation, betreut wurde. Dort lagen Sandwiche auf der Theke, die nicht viel kosteten. Doch da wir nicht einmal das bezahlen konnten, stahl Dan ein paar Sandwiche, ich passte am Eingang auf und die Damen schauten weg. Sie wussten genau, dass wir keine Soldaten mehr waren, denn uns fehlte an der Uniform das Kennzeichen einer Einheit. Aber das half natürlich nur über den ärgsten Hunger hinweg.

Meist vertrieben wir uns die Zeit mit Lesen in der städtischen Bibliothek. Bei einem Treffen erzählte mir Jaakov seine Sorge darüber, dass er – so wie Dan und ich – weder Arbeit noch eine Ausbildung erhalten würde. Ich konnte ihm einen guten Rat geben. Ein paar Stunden zuvor hatte ich in der Zeitung ein Inserat gelesen, dass auf Jaakov passte: *„Entlassene Soldaten mit sehr guten Hebräischkenntnissen werden gesucht. Sie erhalten gegen eine Verpflichtung – nach ihrer Ausbildung an der Universität Neueinwanderern Hebräisch beizubringen – die Möglichkeit, ein Stipendium für ein Studium zu erhalten."*

„Jaakov, Du bist ein Litwak", so nannte man die aus Litauen eingewanderten Juden, *„Dein Hebräisch ist phänomenal, Du solltest Dich dort melden."* Er tat dies und wurde Hebräischlehrer. Ein paar Jahre später beendete er sein Studium der Philosophie an der Hebräischen Universität Jerusalem.

Einmal kratzten Dan und ich ein paar Piaster zusammen und gingen in Haifa ins Kino. Es wurde der sowjetische Film *Der Fall von Berlin* gezeigt. Unheimlich schwülstig wurde es, als Stalin in Marschallsuniform aus einem Flugzeug steigt, und den roten Teppich entlang geht. Die Zuschauer spendeten ihm stehenden Applaus.

Mit meinen Verwandten in Zürich war ich nach wie vor in Kontakt. Ich schrieb ihnen und schilderte meine Lage. Als Antwort erhielt ich die Zusage, dass sie mir helfen würden, einen Beruf zu erlernen. Ich hatte keine genaue Vorstellung, was ich wollte und konnte. Aber nach den Jahren im Militär und im Krieg überkam mich der Wunsch, die Welt zu sehen. Ich schrieb, dass ich Hotelfachmann werden wolle und es in Israel keine Hotelfachschule gäbe.

Unsere Lage war verzweifelt, auch weil wir Geld von Kameraden geliehen hatten, um die Miete zu bezahlen und dieses unbedingt zurückzahlen mussten. Wenn wir vormittags zum Arbeitsamt gingen, standen Hunderte von Männern in der Schlange. Versuchten wir uns zu nähern, wurden wir als *„junge Burschen"* angepöbelt, die sich nicht schämten, *„Familienvätern das Brot nehmen zu wollen."*

Wenn wir Geld hatten, gingen wir in die *Mitbach Poalim*, in das gewerkschaftliche Restaurant, um ohne Lebensmittelkarten Fischfilet und Kartoffelsalat zu essen. Dort trafen wir oft auf uns bekannte ehemalige Soldaten, die auch ohne Familie waren.

Manchmal begegnete ich auf der Straße einem Kameraden, mit dem ich im Negev gedient hatte. Meist fragte er mich, wie es mir denn gehe, und bevor ich eine Antwort geben konnte, erzählte er mir, dass er an der Universität oder am Technion, die technische Universität in Haifa, aufgenommen wurde und fleißig studiere. Neid verspürte ich nicht, aber es tat weh, dass mich keiner zu sich nach Hause zu einem Kaffee einlud. Vielleicht auch, weil die meisten in sehr kleinen Wohnungen lebten und sich dafür schämten.

Wir hörten von Kameraden, dass das Arbeitsamt Ausbildungskurse für entlassene Soldaten organisiert.

Im April 1950 gab es zwei Kurse, einen für Fliesenleger und der andere für Schiffskellner. Dan meinte, dass man zwar mit Fliesenlegen mehr Geld verdienen könne, als Schiffskellner aber was von der Welt sehen würde. So beschlossen wir, uns für diesen Kurs anzumelden. Es gab über hundert Kandidaten aber nur zwanzig Plätze. Wir sollten vor einer Kommission zu erscheinen. Unsere Kleider und Schuhe hatten allerdings ihre besten Tage bereits hinter sich. Da wir die gleiche Statur hatten, meinten wir, dass ich meine guten Hosen und die Schuhe von Dan tragen sollte, weil ich unter den ersten sein würde, die befragt werden. Zuvor hatten wir *Marktforschung* betrieben und uns bei Kameraden erkundigt, die abgelehnt wurden. Der eine wurde nach seinem Motiv befragt, und meinte, er interessiere sich für die Mädchen im Ausland, ein anderer wies auf die Möglichkeit hin, mehr Geld zu verdienen. Angenommen wurde schließlich einer, der schamlos gelogen und behauptet hatte, er möchte Schiffskellner werden, um den Brüdern und Schwestern bei der Einwanderung Hilfe zu leisten. Dies wollten wir ebenfalls als Begründung anführen. Dann kam ich dran und wurde zunächst nach meinem Geburtsort gefragt. Als ich Baden bei Wien sagte, meinte ein Kommissionsmitglied, die Österreicher seien als höfliche Menschen bekannt. Wobei es schon ein wenig komisch war, dass ich im Arbeitsamt von Haifa als *„höflicher Österreicher"* qualifiziert wurde, nur aus dem Grund, weil ich im schönen Alpenland geboren worden war. Dann kam die zweite Frage, warum ich denn Schiffskellner werden wolle. Ich erzählte, dass ich als 14-Jähriger ins Land gekommen war und es mein sehnlichster Wunsch wäre, den Brüdern und Schwestern, die ins Land strömten, mit Tat und Rat zu helfen. Nach fünf Minuten konnte ich gehen. Dan wartete draußen. Wir rannten ins WC, wo ich meine gute Hose und seine guten Schuhe auszog, damit er – ordentlich gekleidet – vor der Kommission erscheinen konnte. Man teilte uns mit, dass wir am nächsten Tag um 14 Uhr im Arbeitsamt die Liste derjenigen ausgehängt sehen könnten, die akzeptiert wurden. Als wir unsere Namen auf der Liste fanden und im Büro eine Zuweisung zum Kurs erhielten, fiel uns ein Stein vom Herzen. In der Stadt trafen wir einen Kameraden, der ebenfalls angenommen wurde und uns gratulierte. Wir erzählten ihm von unseren finanziellen Schwierigkeiten. Er lachte und sagte: *„Lauft schnell hinunter zum Hafen, zeigt dem Gewerkschaftssekretär der Hafenarbeiter eure Zuweisung und ihr werdet in der Nacht eine oder sogar zwei Schichten machen können und gutes Geld verdienen."* Wir taten das und bekamen einen Zettel, mit dem wir uns schon am gleichen Abend am Hafentor meldeten. Geschenkt wurde uns nichts. Wir mussten von einer Schaluppe 100 kg schwere, aus der Türkei importierte Zementsäcke über ein schmales Brett an Land schleppen. Am Morgen erhielten wir gleich unser Geld und einen Gutschein für einen Liter Milch. Das war vor Kursbeginn in der Nacht von Samstag auf Sonntag. Dann konnten wir noch einmal so eine Schicht in der Nacht von Mittwoch auf Donnerstag machen. Der Kurs zum Schiffskellner dauerte eine Woche. Ein ehemaliger Oberkellner aus Wien bildete uns aus und wir lernten zumindest die Grundregeln des Faches. Freitag morgen, bevor die Zeugnisse ausgeteilt wurden, sagte uns der Oberkellner: *„Ich hätte Euch durchfallen lassen müssen, weil Ihr einige Male geschlafen habt während des Unterrichts, aber Ihr wart Soldaten, habt gekämpft und ich habe gehört, dass Ihr auch im Hafen gearbeitet habt".* So bestanden wir den Kurs.

Doch dann sprach uns einer der Kursteilnehmer, Jizchak Tischler, an und forderte: *„Zahle mir 35 Piaster und unterschreibe hier!"* Ich fragte, was das sei. Er sagte: *„Deine Beitrittserklärung zur Mapai",* zur sozialdemokratischen Regierungspartei. Da ich wirklich neugierig war, wollte ich wissen: *„Und wenn ich nicht unterschreibe?" „Dann wirst Du keine Arbeit bekommen".* So einfach war das für ihn. Doch ich wurde wütend: *„Du Hurensohn, während Du Dich im Hinterland herumtriebst, war ich an der Front und wurde verwundet, ich glaube Dir kein Wort."* Dan unterstützte mich. Einige Kommunisten unterschrieben, wir jedoch blieben standhaft.

Nach ein paar Wochen hatten alle anderen schon eine Arbeit, nur wir beide nicht. Bald waren wir wieder in der finanziellen Lage, in der wir vor dem Kurs waren. Wir machten einen Versuch, beim Sekretär der Seefahrergewerkschaft vorzusprechen, kamen aber nicht an der Vorzimmerdame vorbei.

Wir steigerten uns in einen Hass gegen diesen Gewerkschaftssekretär. Als gelernter Pfadfinder hatte ich die Idee, seine Wohnadresse ausfindig zu machen. Er wohnte in Bat Galim, in einem Haus unmittelbar am Meer. Ich sagte Dan, der Kerl würde es verdienen, in der Früh abgepasst zu werden, dann könnten wir ihn erschlagen, in einen Sack tun, mit Steinen beschweren, mit einem der Ruderboote hinausrudern und ihn ins Meer schmeißen. Wir amüsierten uns über diese natürlich nicht ernst gemeinte *Idee.* Trotzdem griffen wir in unserer Verzweiflung zum Mittel der Gewaltandrohung. Wir stürmten in das Büro des Gewerkschaftssekretärs und ich sagte: *„Du Hurensohn, wir wissen alles über Dich, wir wissen wo Du wohnst ..."* Er unterbrach mich: *„Ich rufe jetzt die Polizei",* ich sagte ihm: *„Das kannst Du tun, aber mein Freund hier wurde als Sportlehrer ausgebildet. Die Polizei wird zehn Minuten brauchen, bis sie hier ist, wir werden Dir vorher alle Zähne ausbrechen und dich krankenhausreif schlagen."* Der Gewerkschaftssekretär war erschüttert: *„Jüdische Burschen wie könnt Ihr ..." „Nun wir sind hungrige jüdische Burschen ..." „Was wollt Ihr* *von mir" „Wir wollen nur Arbeit". „Gut, ich verspreche Euch, dass Ihr Arbeit bekommt". „Wie lange soll das dauern?" „Maximum drei Wochen"*. Wir gingen zu ihm, lächelten ihn an, drückten seine Hand und sagten *„abgemacht"*. Ich war der erste, der eine Zuweisung für das Einwandererschiff *Komemiut* bekam. Ich zahlte meine Mietschulden in Maon Dov, packte meine wenigen Habseligkeiten in einen Seesack und meldete mich beim Verpflegungsoffizier. Dieser wies mir eine Kabine gemeinsam mit einem älteren Wiener Kellner zu und sagte mir, *„der Kapitän erwartet Dich in seinem Büro"*. Der Kapitän schaute mich von oben bis unten an und meinte: *„Pass schön auf, dass Du Dir auf dem Schiff nichts zuschulden kommen lassen wirst, denn wir haben schon von Dir gehört, dass Du ein ‚Artist' bist"*, so nannte man diejenigen, die sich nicht einfügten, *„aber hier am Schiff bin ich auch der Richter und Dir werde ich nichts durchgehen lassen"*.

Das begann also gar nicht gut. Das Schiff sollte bald auslaufen und ich wurde als *Kellner* des vierten, untersten Stockes des Schiffes eingesetzt. Die *Komemiut* war ein Frachtschiff, das in ein Einwandererschiff umgebaut worden war. Unten angekommen, fiel ich fast in Ohnmacht, der Raum stank bestialisch, überall standen Stockbetten herum und der Boden war voll mit Unrat und den Spuren der Seekrankheit, an der die meisten Passagiere bei der letzten Fahrt nach Haifa gelitten hatten. Bald fuhr das Schiff hinaus aufs Meer und mein Kabinenkollege und ich gingen mit Eimer und Wasser daran, alles zu säubern, dann das Schmutzwasser die vier Stockwerke hochzubringen und in die See zu schütten. Meine erste Fahrt ging nach Venedig. Bevor wir dort angekommen waren, hatten wir einen Teil unserer Löhnung in Dollar erhalten. Viele der Seeleute machten sich auf ins nächste Bordell, ich aber suchte eine Delikatessenhandlung auf und kaufte Salami und Schinkenkonserven, denn ich wusste, wie schlecht die Verpflegung im Lande war.

Am Nachmittag mussten wir da sein, um die Einwanderer zu empfangen, die einen Zettel mit dem Stockwerk und der Nummer des Bettes hatten. Es gab für die Einwanderer keinen Speisesaal, sie mussten unten essen. Duschmöglichkeiten waren für sie nicht vorgesehen. Zu jeder Mahlzeit schleppten wir aus der Küche mehrere Riesenkessel mit 50 Liter Inhalt drei Stockwerke hinunter, um dann das reichliche Essen zu verteilen. Die Einwanderer kamen aus Ungarn, Rumänien und Polen. Nach unserer Rückkehr nach Haifa sagte mir der Verpflegungsoffizier, der mich mochte, ich könnte vor der nächsten Reise für vier Tage meinen Bruder in Jerusalem besuchen.

Seit November 1947 hatte ich meinen Bruder nicht mehr gesehen. Während des Unabhängigkeitskrieges hatte er als Offizier in Jerusalem gedient, war aber bereits im Januar 1949 demobilisiert worden. Am 17. April 1949 konnte Mia endlich nach Jerusalem kommen und einen Monat später fand ihre

Hochzeit statt. Sie waren so arm, dass sie sich die Ringe ausleihen mussten. In der Zeit nach meinem Ausscheiden aus der Armee hatte ich sie nicht besuchen können, da mir das Geld für eine Busfahrkarte fehlte. So kannte ich Mia und die am 22. Juni 1950 geborene kleine Ruthi nur von Bildern.

Von Haifa nahm ich den ersten Bus nach Jerusalem. Die Ansprüche an das Leben waren damals nicht sehr hoch. Mein Bruder, seine Frau Mia und das rothaarige Baby wohnten in einem Zimmer. Sie freuten sich sehr über die Lebensmittel, die ich aus Italien mitgebracht hatte. Ich sprach mit meiner Schwägerin Deutsch, denn Hebräisch konnte sie noch nicht und Englisch sprach ich noch nicht. Es war nicht einfach für sie in einem Land, dessen Sprache sie nicht beherrschte und dessen Gewohnheiten sie nicht kannte.

Dan erhielt später als ich auch eine Arbeit auf einem Schiff und musste nicht so schwer wie ich arbeiten. Wir trafen uns in Haifa, um unsere Eindrücke von der Arbeit auf den Schiffen auszutauschen.

Meine nächste Fahrt als Schiffskellner ging nach Tripolis in Libyen. Dort angekommen, warnte man uns, nicht allein in die arabischen Viertel zu gehen und wenn möglich, diese überhaupt nicht zu besuchen.

Der Einfluss der italienischen Kolonialherrschaft war überall zu spüren. Das monumentale Postamt war nicht das einzige Gebäude im typisch faschistischen Baustil der zwanziger bzw. dreißiger Jahre. Ich wollte nur eine Ansichtskarte an meinen Bruder aufgeben und es war eigenartig, im riesengroßen Saal mit nur einem offenen Schalter zu stehen. In Tripolis gönnte ich mir zum ersten Mal in einem italienischen Restaurant ein gutes Essen und ein paar Gläser Wein.

Am Nachmittag begannen wir, die jüdischen Einwanderer an Bord zu bringen. Wir mussten ihnen erklären, dass es streng verboten war, die mitgebrachten Petroleumkocher an Bord zu benützen. Sie waren streng religiös und sehr arm. Im Gegensatz zu den Juden, die wir aus Venedig gebracht hatten, beteten sie mehrmals am Tag. Wenn wir langsam Hebräisch sprachen, konnten wir uns mit ihnen verständigen. Sie empfanden große Erleichterung, Libyen zu verlassen. Jahre vor der Gründung Israels, vom 5. bis 7. November 1945, hatte eines der schlimmsten antisemitischen Pogrome der libyschen Geschichte stattgefunden: 121 Juden wurden ermordet, weitaus mehr verletzt; Synagogen, Hunderte von Wohnhäusern und Geschäften wurden ausgeplündert und zerstört. Erst am dritten Tag intervenierten die britischen Truppen. Diese Vorfälle bewirkten eine nachhaltige Verschlechterung der Beziehungen zwischen Juden und Moslems. In den Jahren 1950 und 1951 emigrierten mehr als 30 000 Juden nach Israel.

Ich machte noch eine Fahrt nach Tripolis und eine weitere nach Venedig. Danach bat ich um meine Entlassung, denn meine Verwandten aus Zürich hatten mich eingeladen, einen Kurs an der Schweizer Hotelfachschule in Luzern zu absolvieren. Aufgrund ihres Einladungsbriefes erhielt ich das Schweizer Einreisevisum und das italienische Transitvisum. Mit der Einladung ging ich zur israelischen Schifffahrtsgesellschaft, die mir eine Passage auf dem Schiff *Galiläa* nach Venedig zum Halbpreis ermöglichte. Ich verabschiedete mich von meinem Bruder und der Schwägerin und dachte, in ein bis zwei Jahren wiederzukommen.

Außerdem musste ich mich vom Reservedienst in der Armee abmelden und mir einen israelischen Laissez-passer, ein Reisedokument, besorgen, denn erst 1952 wurde ein israelisches Staatsbürgerschaftsgesetz erlassen. Als ich das Land verließ, war ich also kein israelischer Staatsbürger. Seit meiner Ausreise aus Ungarn war ich staatenlos und lebte unter dem Namen, auf den meine Einreiseerlaubnis 1943 ausgestellt worden war.

Der junge Staat Israel durchlebte gleich zu Beginn eine schwere Krise. Binnen kurzer Zeit verdoppelte sich die Einwohnerzahl des Landes. Die Wirtschaft lag nach einem kostspieligen Krieg am Boden. Und da mich die Erpressung empörte – nur dann eine Arbeit zu erhalten, wenn man einer Partei beitritt – und ich mir nicht vorstellen konnte, dieser nachzugeben, war ich froh, wegreisen zu können. Hätte jemand versucht, mich politisch zu überzeugen, so wäre ich sicher der Arbeiterpartei beigetreten, aber Zwang wollte ich nicht ertragen. Ich konnte mir nicht vorstellen, Parteisoldat zu werden. Auch wenn es mir im Leben Vorteile eingebracht hätte, bin ich auch später nie einer Partei beigetreten.

Ich war neugierig auf das, was mich in Europa erwarten würde. Im Kibbuz erzogen, im Krieg dem Tod entgangen, hatte ich das Gefühl, es könnte nur besser und interessanter werden. Ich war entschlossen, einen Beruf und noch weitere Sprachen zu erlernen.

Mit meinem Freund Dan war ich einer Meinung, in Zukunft keiner Partei zu folgen, sondern darauf zu bestehen, die *eigenen Fehler* machen zu dürfen. Er hoffte, von seinem Onkel aus Frankreich bald eine Einladung zu erhalten und wir wollten uns in Europa wiedersehen. Dan begleitete mich zum Schiff. Ich fragte ihn, ob er denn einen Mantel oder einen Blouson für den Winter hätte. Er verneinte, worauf ich mit einer brüderlichen Geste, meinen Blouson, den vor mir wahrscheinlich ein amerikanischer Pilot getragen hatte, auszog und ihm gab, denn ich dachte, in Europa diesen nicht mehr zu brauchen.

Ich genoss es, auf einem Passagierschiff nach Venedig zu fahren und ließ mich von einem Kollegen aus dem Schiffskellnerkurs bedienen. In Venedig, das ich bereits kannte, hatte ich nur ein paar Schritte vom Hafen zum Bahnhof St. Lucia zu gehen.

Doch weil ich den Nachtzug von Venedig nach Zürich nahm, fror ich erbärmlich, als wir über die Alpen fuhren. Abgesehen davon war es ein wunderbares Gefühl und ich war natürlich neugierig auf Europa.

Vom Zürcher Hauptbahnhof war der Stampfenbachplatz, wo die Familie meines Onkels wohnte, nur ein paar Minuten entfernt. Zürich war 1950 eine strahlend schöne Stadt, die sich, da sie im Krieg nicht gelitten hatte, von anderen Städten abhob. Meine Tante und mein Onkel, die mich seit meinem 10. Lebensjahr nicht mehr gesehen hatten, nahmen mich herzlich auf, ebenso meine Cousine Elsi, die inzwischen mit einem englischen Juden verheiratet war.

Ich war nun – im August 1950–, als ich bei meinen Verwandten in Zürich ankam, 22 Jahre alt, hatte einen Krieg mitgemacht und war voll von Optimismus und Idealismus. Was mir mangelte, war die praktische Vernunft und jedes Einfühlungsvermögen. Ich glaubte damals, dass der Kapitalismus es nicht lange schaffen und an seinen Widersprüchen zugrunde gehen würde. Und ich war naiv genug, diese Meinung nicht zu verheimlichen.

Die politische Erziehung, die ich in der Jugendbewegung und im Kibbuz erhalten hatte, war meinen Verwandten jedoch vollkommen fremd. Natürlich waren sie alle stolz auf den jüdischen Staat und keineswegs vorbereitet, auf das was ich ihnen – mit fanatischer Wahrheitsliebe – über Arbeitslosigkeit und politischen Zwang sowie über meine Erfahrungen im Unabhängigkeitskrieg erzählte. Sie verstanden mich nicht und waren empört. Auf Grund meiner Erziehung war ich auch unfähig, ihnen zu schmeicheln, oder etwas zu sagen, was ich nicht dachte, nur, um mir ihr Wohlwollen zu sichern.

Ihnen wiederum fehlte es zum damaligen Zeitpunkt an Einfühlungsvermögen für einen jungen Idealisten. Die familiäre Situation war also etwas gespannt. Trotzdem versuchte mein Onkel Lajos, mir auch die angenehmen Seiten des Lebens in der Schweiz zu erläutern. Er machte mich auf einen Unterschied zwischen dem protestantischen Zürich und der nahen katholischen Stadt Zug aufmerksam. Während etwa in Zürich ein unverheiratetes Paar in einem Hotel kein Zimmer erhielt, war dies in Zug möglich. Selbstverständlich hielt die Familie ihr Versprechen. Ich wurde in die Hotelfachschule Helvetia nach Luzern geschickt, wo mir meine Verwandten einen dreimonatigen Einführungskurs bezahlten. Auch erhielt ich ein bescheidenes monatliches Taschengeld. Es war ein sehr guter Kurs und ich lernte viel. Mein Freund Dan schrieb mir zu dieser Zeit einen verzweifelten Brief nach Luzern, er konnte das Land ohne Zustimmung des Militärs nicht verlassen und fragte, ob ich ihm eine Bestätigung seiner Aufnahme in die Hotelfachschule Luzern senden könne. Nichts war leichter als das, ich ging in das Sekretariat und erhielt die Bestätigung. Dan wollte zu seinem einzigen Verwandten, der während des Krieges in der französischen Widerstandsbewegung und nun in Grenoble Elektrikermeister und Mitglied der kommunistischen Partei war. Leider sollte er es auch bei seinem Onkel nicht lange aushalten.

Als ich Mitte Dezember zurückkam nach Zürich, sagte mir Tante Rózsi, weil ich so ein überzeugter Sozialist sei, möge ich nicht weitere Hilfe von ihnen erwarten, sondern arbeiten gehen. Sie dachte vielleicht, dass mich das erschrecken könnte und ich um weitere Unterstützung bitten würde. Tante Rózsi sprach Schwyzerdütsch mit einem schweren ungarischen Akzent und es ist mir bis heute unvergesslich, wie sie sagte: *„Unten muscht Du anfangen".* Ich nahm mir ihre Worte zu Herzen, bat nicht um weitere Hilfe, sondern suchte eine Stelle. Tatsächlich erhielt ich, vermittelt von der Hotelfachschule, sofort einen Posten als Kellnerpraktikant in einem Hotel in St. Moritz. Noch im Dezember konnte ich dort anfangen und wurde vom Pächter, Herrn Diethelm, empfangen. Dieser zeichnete sich durch extreme Sparsamkeit aus.

Alle anderen Kellner kamen aus Italien, nur unser Oberkellner war ein Schweizer aus dem italienischsprachigen Kanton Tessin. Obwohl ich damals kein Italienisch sprach, konnte ich mich mit Kollegen und Vorgesetzten sehr gut verständigen. Wie auch sonst üblich erhielten wir sogar am Heiligen Abend ein miserables Essen. Makkaroni mit Tomatensauce, ein paar Feigen und Nüsse. Danach mussten wir den Gästen – die meisten waren Deutsche – ein fünfgängiges Menü servieren. Schon davor hatte uns der Oberkellner gesagt: *„Heute Nacht – nach dem Service – kommt Ihr zu mir in mein Zimmer auf dem Dachboden und da habe ich was für Euch zum Essen, das Bier aber kann ich nicht organisieren, das müsst Ihr Euch selbst beim Kellermeister kaufen."* Kurz vor Mitternacht, nachdem wir die Tische abgeräumt hatten, gingen wir, jeder mit einer Flasche Bier, in die Mansarde. Uns erwartete eine knusprige Portion Truthahn. Wir verspeisten diese, schmissen die Knochen zum Fenster hinaus, tranken das Bier und waren fröhlich, als es plötzlich an der Tür klopfte. Es war der Herr Diethelm, der leicht empört uns mitteilte: *„Bei der Bonkontrolle kam ich drauf, dass mir sechs Portionen Truthahn fehlen".* Unser Oberkellner erwiderte etwas beleidigt: *„Herr Diethelm, Sie glauben doch nicht, dass ausgerechnet am Heiligen Abend einer von uns stehlen würde?"* Zerknirscht verließ dieser das Zimmer und wir mussten uns zurückhalten, sonst hätten wir laut gelacht. Die Saison ging zu Ende und ich erhielt einen Posten als Chasseur, also Türlschnapper, im Luxushotel Dolder in Zürich. Und ich beschloss Englisch zu lernen, kaufte mir ein englisches Sprachlehrbuch und stand immer eine halbe Stunde vor den anderen auf, um Vokabeln zu büffeln. Den einzigen Luxus, den ich mir leistete, war an freien Tagen ins Kino zu gehen und einen englischen oder amerikanischen Film anzuschauen. In der Schweiz war es nämlich nicht üblich, Filme zu synchronisieren. So konnte ich mein Englisch verbessern und hatte noch ein Vergnügen dazu. Wenn ich versuchte, meine neu erworbenen Kenntnisse bei Gästen anzuwenden, erntete ich jedoch vorerst meist noch ein amüsiertes Unverständnis.

Im Sommer 1951 schrieb mir Dan einen Brief aus Paris, in dem er mir mitteilte, er wohne in einem spottbilligen Hotel und ich solle doch bald kommen. Ich war – trotz Familie – ziemlich einsam und so plante ich, nach Paris zu fahren. Dazu benötigte ich ein französisches Visum. Ich beantragte ein solches am französischen Konsulat, doch die forderten ein Empfehlungsschreiben des israelischen Konsulats. Bei meinem ersten Besuch im israelischen Konsulat war ich schockiert, wie mich der Konsul in rüpelhaftem Ton darauf aufmerksam machte, dass ich nichts in Frankreich zu suchen hätte und schleunigst wieder nach Israel fahren solle, um meinen Reservedienst in der Armee zu leisten. Als ich aus seinem Büro konsterniert herauskam, sprach mich ein orthodoxer Jude an und fragte, weshalb ich so aufgebracht sei. Ich erzählte es ihm und er sagte mir erstaunt, dass er ohne jegliche Schwierigkeit dieses Schreiben erhalten hatte. Ich war gewohnt, schnelle Entschlüsse zu fassen und überlegte, am besten wäre es, wenn ich einen österreichischen Reisepass hätte. An eine Rückkehr nach Österreich dachte ich allerdings damals überhaupt nicht.

Ich war staatenlos, hatte eine falsche Identität, die mich um ein ganzes Jahr älter machte als ich war, und an die ich mich nicht gewöhnen konnte. Nichts war daher natürlicher als mein Wunsch, meinen eigenen Namen und meine Identität zurück zu gewinnen. Nach einer zweiten Vorsprache im israelischen Konsulat erhielt ich die gewünschte Empfehlung. Ich fuhr also nach Paris und übernachtete im Zimmer von Dan. Wir hatten uns lange nicht gesehen und sprachen fast die ganze Nacht durch. Tagsüber schauten wir uns die Stadt an und sparten am Essen. Oft war es nur ein Baguette und ein am Markt gekaufter Camembert, der uns am Leben hielt. Doch das Geld ging langsam zu Ende, als Dan die Idee hatte, wir könnten im jüdischen Obdachlosenheim gratis wohnen. Ich beschloss kurzerhand, meinen israelischen Laissez-passer zu entsorgen und meldete mich dort als Karl Pfeifer an. Mein Plan war natürlich alles andere als durchdacht. Ein paar Tage später sagte mir der Leiter des Asyls, die Polizei hätte sich schon erkundigt nach mir und eine Vorladung zur Polizeidirektion hinterlassen. Es war am Nachmittag, als ich mich bei der Polizei meldete und behauptete, ich wäre aus Ungarn geflüchtet. Der französische Polizist, der mich im fünften Stock der Polizeidirektion ohrfeigte, tat dies allerdings nicht mit voller Kraft. Er redete in Französisch und Jiddisch auf mich ein, endlich die Wahrheit zu sagen. *„Wahrscheinlich ein Jude"*, dachte ich mir. Zuvor hatte mich ein anderer Polizist kräftiger geohrfeigt. Ich verstand nur ein paar Wörter Französisch, Jiddisch nur jedes zweite Wort, weil es dem Deutschen so ähnlich klingt.

Meine Geschichte war natürlich erlogen. Dann wollte er wissen, weshalb ich mich nicht in Budapest bei der österreichischen Gesandtschaft gemeldet hätte, und wie ich aus Ungarn flüchten und bis Paris gelangen konnte, ohne dafür einen Zeugen zu haben, ohne meine Behauptung mit einem Beweis belegen zu können.

Nach einigen Stunden des handgreiflichen Zuredens ermüdete der Polizist. Sein Vorgesetzter kam ins Zimmer, schüttelte den Kopf und meinte, es hätte keinen Sinn. Daraufhin brachte man mich ins verschmutzte, stinkende Polizeigefängnis. In der Früh erhielten wir Gefangenen eine schwarze Brühe, genannt Kaffee, und ich wurde gemeinsam mit einem Pariser in eine Zelle gesteckt. Der junge Mann erklärte mir, er hätte einen *chéque sans provision*, einen ungedeckten Scheck, in Umlauf gebracht. Wortreich schlug er mir auf Französisch vor, doch in die gleiche Branche einzusteigen. Mit großen Gesten zeigte er mir, wie man mit dieser *Arbeit* Geld scheffeln könne. Der junge Mann war optimistisch und seine ganze Art belustigte mich.

Nach ungefähr einer Stunde wurde er abgeholt. Dann kam ich an die Reihe. Ich wurde in einen Gerichtssaal gebracht. Verteidiger hatte ich keinen. Ein Richter fragte etwas, was ich nicht verstand. Die Verhandlung dauerte keine Minute und schon war ich zu einer Woche Haft wegen unerlaubten Grenzübertritts verurteilt, die ich im Gefängnis *Santé* verbüßen musste. Die Zelle teilte ich mit einem älteren Franzosen, der mir erzählte, inhaftiert zu sein, weil er gegen die *Interdiction*, d. h. gegen das Aufenthaltsverbot in einer der drei großen Städte verstoßen hatte. Stolz berichtete er mir, in jungen Jahren seine Frau, die er mit einem anderen Mann erwischte, umgebracht zu haben. Danach hatte er in der Fremdenlegion gedient und nach dem Zweiten Weltkrieg, oder schon früher, war er als Einbrecher tätig.

Nicht ein einziges Mal durfte ich während dieser Woche duschen. Da es nichts zu lesen gab, verbrachte ich die Zeit mit Tagträumen. Mitten in der Woche belebte sich unsere Zelle, ein dritter Mann stieß hinzu, er war ein Baske, der aus Spanien geflüchtet war. Als ich mich einmal über die Haft beschwerte, tröstete mich der andere Häftling: „*Was ist schon eine Woche*", er sitze schließlich, da er sein Gelöbnis gebrochen hatte und in Paris erwischt worden war, in unbeschränkter Haft.

Am Ende der Woche durfte ich duschen und erhielt meine Sachen zurück, doch frei war ich noch nicht. Ein Polizeiauto brachte mich zum österreichischen Konsulat. Der Konsul, ein freundlicher Herr – ich glaube ein Vorarlberger – hörte sich meine Geschichte an und sagte mir unverblümt. „*Ich glaube*

Ihnen. Wenn also alles stimmt, dann sind Sie selbstverständlich österreichischer Staatsbürger."

Schon dachte ich, er würde mir ein Reisedokument ausstellen. Da schaute er mich von der Seite an und bemerkte nach einer Kunstpause: *„Sie werden denken, ich sei ein Antisemit. Ich bin es nicht. Doch eben weil ich es nicht bin, rate ich Ihnen, nicht nach Österreich zurückzukehren."* Sein Rat kam aber zu spät. Auch wenn ich plötzlich meine Geschichte anders erzählt hätte, die Franzosen hätten mich ausgewiesen. Wieder wurde ich in die Polizeidirektion gebracht – diesmal schlug man mich nicht – und erhielt einen Ausweisungsbefehl. Mein Geld reichte nur für eine Fahrkarte nach Straßburg, so dass sie mich ohne einen Groschen Geld, aber mit der Auflage, mich bei der Straßburger Polizei zu melden, in den Zug setzten. In Straßburg wurde ich schon am Bahnsteig von einem Polizisten erwartet, der mich freundlich fragte, warum ich eigentlich nach Frankreich gekommen war. Nach meiner Antwort, ich wolle Französisch lernen und in Frankreich bleiben, leuchteten seine Augen auf und er sagte mir, ich hätte die Möglichkeit dazu, allerdings nur, wenn ich der Fremdenlegion beitrete. Nach lediglich fünf Jahren Dienst könne ich sogar die französische Staatsbürgerschaft erhalten. Weil ich nicht wagte, sofort nein zu sagen, entgegnete ich ihm, mein sehnlichster Wunsch sei, Frankreich zu dienen. Ich wurde in das Rekrutierungsbüro der Legion gebracht. Der dort sitzende Unteroffizier schilderte mir die Vorteile der Legion mit schillernden Farben: *„Tous les jours du viande, du vin rouge et des femmes exotiques"*, täglich Fleisch, Rotwein und exotische Frauen. Doch ich hatte keine Lust. Ich besann mich auf Schwejk, zuckte nervös mit den Lippen und sagte, ich würde schon gerne mitmachen, hätte es aber mit den Nerven zu tun. Er schaute mich an und bedeutete meinem Begleiter, mich wieder mitzunehmen. Ich wurde nach Kehl überstellt, wo ich am Bahnhof in einem Zimmer mit deutschen Eisenbahnern warten musste. Diese wollten wissen, ob ich hungrig sei. Als ich bejahte, erhielt ich eine Wurstsemmel und da ich ohne einen Groschen war, sammelten sie auch ein wenig Geld für mich. Dann holte mich ein französischer Militärpolizist ab, legte mir Handschellen an und wir fuhren die ganze Nacht durch Deutschland. Vor Sonnenaufgang brachte er mich zur österreichischen Grenze bei Bregenz und mit der lapidaren Aufforderung: *„Alléz, vous êtes chéz vous"*, schickte er mich weg.

Am 15. September 1951 betrat ich zum ersten Mal nach dreizehn Jahren wieder österreichischen Boden.

Nachwort: Karl Pfeifer, bevor ich ihn kennenlernte. Von György Dalos

Fünfzehn Jahre - das ist der Unterschied zwischen unserem Geburtsdatum - sind historisch gesehen, keine allzu lange Zeit. In der Urgeschichte der Menschheit, über die naturgemäß keine schriftlichen Dokumente übriggeblieben sind, spielten laut der Meinung des australischen Archäologen Gordon Childe, fünfzigtausend Jahre hin oder her, keine bedeutende Rolle. Die Historie des Judentums schließt, an die tausend Jahre mit hinein, welche im rein wissenschaftlichen Sinn nicht belegbar sind. Von Salomo ahnen wir bereits, dass er im 10. Jahrhundert vor Christi Israels König war. Aber wann: Am Anfang, in der Mitte oder am Ende jenes Jahrhunderts? Und zwischen welchen Daten hat Homer gelebt und geschafft? *8. Jahrhundert vor unserer* Zeitrechnung, behaupten die klassischen Philologen. In welchem Jahr denn? Und wann begann er sein legendäres Poem zu schreiben: An einem kühlen Herbsttag oder an einem schwülen Nachmittag?

Diese und ähnliche Fragen blieben völlig irrerelevant, wäre das menschliche Leben nicht so verdammt kurz bemessen. Hundert Jahre, sagt die Biologie als Maximum zu, und selbst die ehrgeizigen Juden pochen lediglich auf *hundert und zwanzig*. Die fünfzehn Jahre zwischen der Geburtszeit von Karl Pfeifer und meiner Wenigkeit zeitigen eine enorme Differenz. Wenn jemand, wie er, aus einem jüdisch-ungarisch bürgerlichen Milieu kommend, 1928 das Licht der Welt erblickt, der hat grundsätzlich nur für diesen Zeitraum typische Erfahrungen. Die Familie erlebte Jahre der täuschenden Ruhe in dem damals „schwarz" regierten Baden bei Wien. Nach dem Anschluss flüchteten sie in das scheinbar gemütlichere Ungarn. Karl erschien der dortige Antisemitismus keineswegs erträglicher, als derjenige der Badener, und so wurde er in der frühen Pubertät zum Linkszionisten. Der junge Karl Pfeifer, dessen Mutter durch den frühen Krebstod vor den Folgen der ungarischen *Gemütlichkeit* gerettet wurde, während der Vater sich vor dem sicheren Tod versteckte, gelangte 1943 nach Palästina. Dort schloss er sich als Heranreifender den bewaffneten Verteidigern der laut seiner Vorstellung eindeutig sozialistischen „jüdischen Heimstätte" an. Er lernte den Waffengebrauch und beteiligte sich an militärischen Operationen, die, was nur wenige Zeitzeugen ahnten, auch als Teile des internationalen Spiels der Großmächte abliefen. Nach dem von der UNO vermittelten Waffenstillstand 1949 war der junge Staat Israel kaum in der Lage seine Helden in die Arbeitswelt zu integrieren. So geriet der immer noch sehr junge Pfeifer, in Ermangelung der noch nicht existierenden israelischen Staatsbürgerschaft, nach Europa zurück. Und da Ungarn aufgrund der antizionistischen Einstellung des kommunistischen Regimes kaum in Frage kam, musste er nach abenteuerlichen Versuchen das nicht weniger ambivalent empfundene Österreich wählen. Man schrieb das Jahr 1951, vier Jahre vor dem Staatsvertrag.

Den Helden dieses dramatischen Abenteuerbuches lernte ich erst um ein Menschenalter später kennen, als er in den Budapester Dissidentenkreisen auftauchte. Manches aus seinem Vorleben erzählte er, andere Sachen blieben eher verschwiegen. Vielleicht wollte er uns Oppositionelle jüdischer Abstammung nicht von unserer Rolle als Ungarn in einer Diktatur abschrecken. Er unterstützte die demokratische Bewegung, schmuggelte Manuskripte, organisierte Interviews, setzte sich für christliche Militärdienstverweigerer ein, bis er eines schönen Tages von der ungarischen Staatssicherheit am Budapester Ostbahnhof aufgehalten und jahrelang an der Einreise in die Volksrepublik gehindert wurde. Insgesamt wurde er in den wenigen Jahren zwischen 1980 und 1987 vier Mal ausgewiesen. Ehrlich gesagt, die Gesichtspunkte der Volksrepublik verstehe ich, die Haltung der 1989 ausgerufenen Republik viel weniger. Wieso würdigten niemals unsere frei gewählten Herrschaften die Verdienste eines Karl Pfeifers und anderer westlicher Freunde um die ungarische Demokratie? Die Polen erwiesen sich jedenfalls in diesen Fragen eindeutig großzügiger als unser Land.

Glossar

AHC: Arab Higher Committee, im November 1945 auf Initiative der Mandatsmacht gegründet.

Alija: (hebr.: Aufstieg) jüdische Einwanderung nach Erez Israel.

Aschkenasim: aus Mittel- und Osteuropa stammende Juden.

Aw: 11. Monat des hebräischen Kalenders.

Barmizwa: (hebr.: Sohn der Pflicht) religiöse Mündigkeit, Jungen erreichen sie im Alter von dreizehn Jahren.

Betar: rechtsgerichtete zionistische Jugendorganisation, 1923 in Riga (Lettland) von Zeev Jabotinsky gegründet.

Bnei Akiva: religiös zionistische Jugendorganisation, 1927 in Jerusalem gegründet.

Dhimmi: (arab.: Schutzbefohlener) nichtmuslimischer Untertan einer muslimischen Obrigkeit, muss eine spezielle Kopfsteuer entrichten.

Etzel: Irgun Z`vai Leumi (hebr.: Nationale Militärorganisation) auch Irgun, IZL; zionistische Terrororganisation 1937–1948.

Fellache: arabischer Bauer.

Gadna: Organisation der Hagana, später der israelischen Armee, die Jugendliche auf den Militärdienst vorbereitet.

Hagana: (hebr.: Verteidigung) jüdische Verteidigungsorganisation in Palästina von 1920–1948.

Haggada: Nacherzählung des im Buch Exodus der Bibel beschriebenen Auszugs der Israeliten aus Ägypten, wird während des Sederabends verlesen und erläutert.

Haskala: (hebr.) jüdische Aufklärung, die mit Moses Mendelssohn begann.

Hatikva: (hebr.: die Hoffnung) seit 1897 Hymne der zionistischen Bewegung, ab 1948 Nationalhymne Israels.

Histradut: Gewerkschaft in Israel, 1920 als jüdische Organisation gegründet.

Jewish Agency: 1929 gegründet, zur Vertretung jüdischer Interessen in Palästina, dann in Israel.

Jischuv: (hebr.: Besiedlung) Bezeichnung für jüdisches Siedlungsgebiet und die jüdische Bevölkerungsgruppe in Palästina bis zur Staatsgründung Israels 1948.

Joint: American Jewish Joint Distribution Committee (auch JDC), 1914 als Hilfsorganisation gegründet.

Jom Kippur: (hebr.: Tag der Sühne) Versöhnungstag, höchster jüdischer Feiertag, der im September oder Oktober als Fasttag begangen wird.

Keffiye: (arab.) männliche Kopfbedeckung.

Ken: (hebr.: Nest), Heim der linkszionistischen Jugendgruppen.

Kibbuz: Mehrzahl: Kibbuzim (hebr.: Sammlung oder Kollektiv) selbstverwaltete Siedlung im Gemeinschaftsbesitz.

Kikar: (hebr.) Platz.

KKL: Keren Kayemeth Leisrael, 1901 in Basel gegründet, Fonds zum Erwerb von Boden im Heiligen Land und seiner Nutzbarmachung durch Bewässerung und Wiederaufforstung.

Lechi: radikal zionistische paramilitärische Untergrundorganisation während des britischen Mandats, 1940 als Abspaltung von Etzel gegründet.

Levente: ungarische Organisation seit 1921 zur Vorbereitung der 12- bis 21jährigen Jungen auf den Militärdienst, für Juden Pflicht, diese mussten ab 1941 eine gelbe Armbinde tragen.

Mandat: Britische Verwaltung Palästinas von 1920–1948 als Mandat des Völkerbunds, 1922 wurde Transjordanien (das heutige Jordanien) ausgegliedert.

Mapam: Vereinigte Arbeiterpartei, ursprünglich eine marxistisch orientierte Partei, am 23.2.1948 gegründet, war die Partei der linken Kibbuzbewegung.

Mazzes: ungesäuertes Brot, das während des Pessach-Festes gegessen wird.

Mossad Alia Bet: Organisation zur Unterstützung der illegalen Einwanderung von Juden ins Heilige Land, aus ihr ging später der jüdische Geheimdienst Mossad hervor.

Nakba: (arab.: Katastrophe oder Unglück) wird im arabischen Sprachgebrauch verwendet für die Flucht (und Vertreibung) von 600 000–700 000 arabischen Palästinensern aus dem Teil des britischen Mandatsgebietes, der als Staat Israel am 14. Mai 1948 seine Unabhängigkeit erlangte.

Palmach: am 19. Mai 1941 durch die Hagana gegründete Einsatztruppe.

Pessach: achttägiges Fest, das an den Auszug aus Ägypten und die Befreiung der Israeliten aus ägyptischer Sklaverei erinnert.

Pfeilkreuzler: genannt nach dem Parteisymbol, ein dem Hakenkreuz ähnliches Pfeilkreuz. Faschistische Gruppen, die erstmals im Dezember 1931 in Ungarn auftraten. Die Februar 1939 gegründete Pfeilkreuzler Bewegung hatte bereits im Gründungsjahr 300 000 Mitglieder und erhielt bei den Wahlen 1939 mehr als eine Million Stimmen (in Budapest 30 %). Nachdem sich Horthy um einen Waffenstillstand mit den Alliierten bemühte, setzte die Besatzungsmacht die Übernahme der Regierungsgewalt durch die Pfeilkreuzler durch.

Porschim: (hebr.) Abtrünnige.

Roter Magen David: Partnerorganisation des Internationalen Roten Kreuz.

Sabre: (hebr.: Kaktus) in Palästina/Israel geborener Jude.

Schnorrer: (jidd.) Bettler.

Schoa: (hebr.: Unheil oder große Katastrophe) nationalsozialistischer Völkermord an den europäischen Juden.

Schomer Hazair: internationale sozialistisch-zionistische Jugendorganisation, 1913 gegründet.

Schomrim: Mitglieder des Schomer Hazair.

Seder: großes Festmahl am Vorabend von Pessach.

Sefardim: aus Portugal und Spanien stammende Juden.

Simchat Tora: Fest der Tora, der letzte der Herbstfeiertage.

Ständestaat: für das austrofaschistische System 1934–1938. Österreich lehnte sich damals an den Faschismus Mussolinis an und teilte mit den übrigen faschistischen Strömungen folgende Merkmale: Führerprinzip, Militarismus, Nationalismus, Antimarxismus und Demokratiefeindlichkeit.

T`nach: Altes Testament der Bibel.

Tnua: (hebr.) Bewegung.

Tora: Die fünf Bücher Moses.

Ustascha: kroatische separatistische und faschistische Bewegung, die gestützt von Nazideutschland am 10.4.1941 den Staat Kroatien ausrief und eine Terrorherrschaft mit dem Konzentrations- und Vernichtungslager Jasenovac für Serben, Juden und Roma ausübte.

Wadi: Trockental; Flusslauf, der nur nach Regenfällen mit Wasser gefüllt ist.

Weißbuch: White Paper, im Mai 1939 von den Briten erlassen, beschränkte es die Einwanderung von Juden nach Palästina sowie den Landerwerb durch Juden.

WIZO: Internationale zionistische Frauenorganisation, 1920 in Großbritannien gegründet.

Zionismus: jüdisch-nationale Befreiungsbewegung für die Errichtung eines jüdischen Staates in Palästina. Der Name bezieht sich auf den Hügel Zion, der oft als Synonym für Jerusalem verwendet wird.

Literaturverzeichnis

Deutsch

Albrich, Thomas (Hg.): Flucht nach Eretz Israel. Die Bricha und der jüdische Exodus durch Österreich nach 1945, Studien Verlag, 1989
Bethell, Nicholas: Das Palästina Dreieck Juden und Araber im Kampf um das britische Mandat 1935 bis 1948, Propyläen-Verlag, 1979
Gensicke, Klaus: Der Mufti von Jerusalem und die Nationalsozialisten Eine politische Biographie Amin el-Husseinis, Wissenschaftliche Buchgesellschaft Darmstadt, 2007
Gorys, Erhard: Heiliges Land Dumont Kunst-Reiseführer, DuMont Buchverlag, 1999
Gutman, Israel (Hrsg.): Enzyklopädie des Holocaust, Argon, 1993
Guttstadt, Corry: Die Türkei, die Juden und der Holocaust, Assoziation A, 2008
Herzl, Theodor: Tagebücher, Band 1, Jüdischer Verlag Berlin, 1922
Laqueur, Walter: Der Weg zum Staat Israel. Geschichte des Zionismus, Europaverlag, 1975
Krämer, Gudrun: Geschichte Palästinas, C. H. Beck, 2002
Lozowick, Yaacov: Israels Existenzkampf, Eine moralische Verteidigung seiner Kriege, Konkret Literatur Verlag, 2006
Mallmann, Klaus-Michael, Cüppers Martin: Halbmond und Hakenkreuz. Das dritte Reich, die Araber und Palästina, Wissenschaftliche Buchgesellschaft Darmstadt, 2006
O´Brien, Conor Cruise: Belagerungszustand Die Geschichte des Zionismus und des Staates Israel, Deutscher Taschenbuchverlag, 1991
Poliakov, Leon/Wulf, Josef: Das Dritte Reich und seine Diener, Dokumente, Verlag Volk und Welt, 1975
Schärf, Thomas E.: Jüdisches Leben in Baden, Mandelbaum Verlag, 2005
Steininger, Rolf: Der Nahostkonflikt, Fischer Taschenbuchverlag, 2003
Tarach, Tilman: Der ewige Sündenbock, Edition Telok, 2010
Yishar, S.: Geschichten von Krieg und Frieden, Suhrkamp Verlag 1997

Englisch

Bauer, Yehuda: Flight and Rescue:Brichah Random House, 1970
Bauer, Yehuda: From Diplomacy to Resistance A History of Jewish Palestine 1939-1945, Atheneum, 1970
Braham, L. Randolph: The Politics of Genocide/ The Holocaust in Hungary, Columbia University Press, Vol. 1, 1994
Cohen, Aharon: Israel and the Arab World, Funk & Wagnalls, 1970
Crossman, Richard: Palestine Mission. A Personal Record, Hamish Hamilton
Friling, Tuvia: Arrows in the Dark David Ben-Gurion, the Yishuv Leadership, and Rescue Attemps during the Holocaust, Vol.1 and 2, The University of Wisconsin Press, 2005
Government of Palestine: Memorandum on the Administration of Palestine under the Mandate, Palestine Jerusalem, 1947
Horowitz, David: Statement before the United Nations Special Committee on Palestine, Jerusalem, 1947
Karsh, Efraim: Palestine Betrayed, Yale University Press, 2011
Litvak, Meir/Webman, Esther: From Empathy to Denial, Arab Responses to the Holocaust Hurst & Company, 2009
Morris, Benny: 1948 The First Arab-Israeli War, Yale University Press, 2008
Morris, Benny: Righteous Victims A History of the Zionist-Arab Conflict, 1881–2001, Vintage Books, a Division of Random House, 2001
Parker, James: Whose Land? A History of the Peoples of Palestine, Penguin Books, 1971
Protocoll of the meeting of the Jewish Agency Executive, Jerusalem, 7 May 1944, CZA, S. 100
Rabin, Yitzhak: The Rabin Memoirs by Yitzak Rabin, Little, Brown and Company, 1979
Report to General Assembly by the UN-Special Committee on Palestine, 31.8.1947

Ro`i, Yaacov: Soviet decision making in practice The USSR and ISRAEL, Transaction Books, 1980
Sneh, Dr. Moshe: The Problems of the Jewish People and their solution International Symposium "Marxism and the Jewish Question"
Shapira, Anita/Penslar, Derek J.: Israeli Historical Revisionism From Left to Right, Frank Cass, 2003
United Nations Security Council Official Records, S/Agenda/58, 16. 4. 1948

Hebräisch

Bibel
Chamishim Shana leKibbuz Schaar Haamakim 1935–1985
50 Jahre Schaar Haamakim 1935–1985
Chativat Hanegev Palmach baMaaracha, Zwa Hagana leJisrael, Hozaat Maarchot, 1950, Verlag Maarchot, 1950 (Die Negev Division des Palmach im Kampf Israelische Verteidigungsarmee)
Cohen, Ardon/ Cohen, Michael (Miki)/Mendelsson, Amos: Chativat Hanegev beMilchemet Haazmaut, Misrad haBitachon Oktober 2011 (Die Negev Division im Unabhängigkeitskrieg)
Gelber, Yoav: Kommemiut veNakba, Kinneret, Zmora-Bitan, Dvir, 2004 (Unabhängigkeit versus Nakba)
Morris, Benny: Leidata schel Baajat haPlitim haPalestinim 1947–1949 Am Oved, Sifriat Ofakim, 1991, (Die Entstehung des palästinensischen Flüchtlingsproblems, aufgrund der erweiterten und ausgebesserten englischen Originalausgabe, die 1987 in Cambridge University Press erschienen ist.)
Pail, Meir/Sohar, Avraham: Palmach, Plugot haMachaz schel ha "Hagana", 1941–1949 Misrad haBitachon 2008 (Palmach, die Stoßtruppen der „Hagana" und der israelischen Verteidigungsarmee, 1941–1949)
Porat, Dina: Hanhaga beMilkud / haJischuv nochach haSchoa 1942–1945 Am Oved, Sifriat Ofakim, 1986 (Die Führung in der Falle / Der Jischuv angesichts der Schoa 1942–1945)
Porat, Dina: Meever legaschmi, Paraschat Chajav schel Aba Kovner, Am Oved, 2000 (Aba Kovner Biographie)
Ronen, Avihu: Hakrav al haChaim, HaSchomer hazair beHungaria 1944, Jaari, 1994 (Der Kampf für das Leben, der Schomer Hazair in Ungarn 1944)
Shapira, Anita: Cherev haJona, Hazionut vehaKoach 1881–1948, Am Oved, Sifriat Ofakim, 1992 (Das Schwert der Taube, Der Zionismus und die Gewalt 1881–1948)
Shapira, Anita: Jigal Alon, Biografia, HaKibbuz Hameuchad, Sifria Chadascha, 2004 (Jigal Alon Biographie)
Tnach, Jedioth Achronoth Tel Aviv, 1997
Weitz, Jechiam (Hgb): Palmach – Schtei Schibolim veCherev, Misrad Habitachon, 2000 (Palmach – zwei Ähren und das Schwert) Verteidigungsministerium

Ungarisch

Pelle, János: Az utolsó vérvádak Magyarországon, Budapest, 1996 [Die letzten Ritualmordbeschuldigungen in Ungarn]

Anton Maegerle: Vom Obersalzberg bis zum NSU: Die extreme Rechte und die politische Kultur der Bundesrepublik 1988 – 2013. NS-Verherrlichung, rassistische Morde an Migranten, Antisemitismus und Holocaustleugnung,

Berlin: Edition Critic, 2013

Dieses Buch versammelt eine Auswahl an Analysen, Kritiken, Recherchen und Reportagen zur extremen Rechten und der politischen Kultur der Bundesrepublik aus den letzten 25 Jahren. Detail-, kenntnis- und faktenreich wird Einblick in die „Welt" des Rechtsextremismus gegeben.

Die Textzusammenstellung orientiert sich auch an der Frage, in welcher Beziehung die extreme Rechte und die Morde des „Nationalsozialistischen Untergrunds" stehen. War die tödliche Gefahr eines aufkeimenden Rechtsterrorismus Mitte der 90er Jahre so abwegig, wie damals von den zuständigen Stellen gebetsmühlenartig behauptet?

The Berlin International Center for the Study of Antisemitism (BICSA)/Studien zum Rechtsextremismus und zur Neuen Rechten, Band 1
409 Seiten, Index, 14,8×21 cm, Broschur
ISBN 978-3-9814548-6-4, 20€
http://www.EditionCritic.de

Anton Maegerle ist freier Journalist, Buch- und TV-Autor, langjähriger Mitarbeiter des SPD-nahen Fachportals *blick nach rechts* und des ARD-Politmagazins *Report Mainz*. 2007 wurde er mit dem „Leuchtturm"-Preis für „besondere publizistische Leistungen" des Netzwerks Recherche ausgezeichnet.

„Erschreckt muss man feststellen, dass es nach 1945 eine große Zahl von altgedienten Nazis von den Schaltstellen des ‚Dritten Reiches' bruchlos an diejenigen der jungen Bundesrepublik schaffte.
Ein fast 30 Seiten starker Index mit Personen- und Organisationsangaben macht aus dem Buch ein Nachschlagewerk, das der Leser öfters zur Hand nehmen wird."
Matthias Dohmen, *vorwärts*

„‚Vom Obersalzberg bis zum NSU' erzählt keine kontinuierliche Geschichte des Rechtsextremismus, vielmehr werden einzelne Aspekte des Rechtsextremismus beleuchtet. Das Buch vermittelt den Eindruck einer heterogenen Bewegung und weist so auf die Gefahren, die von dieser ausgehen, hin.
Bemerkenswert ist, dass auch Fehleinschätzungen – wie die Annahme von 1989, dass es zu einer Etablierung einer Rechts-Partei kommen wird – in den entsprechenden Berichten belassen wurden."
Julian Feldmann, *blick nach rechts*

Dr. phil. Clemens Heni ist Autor von vier Büchern und Direktor des Berlin International Center for the Study of Antisemitism (BICSA). 2006 promovierte er in Innsbruck bei Prof. Anton Pelinka über die »Salonfähigkeit der Neuen Rechten« am Beispiel Henning Eichberg. Schwerpunkte seiner Forschung sind Rechtsextremismus, die Neue Rechte, die politische Kultur in der Bundesrepublik, Antisemitismus, Islamismus, deutsche Geschichte, der Holocaust und Erinnerung an den Holocaust.

»Clemens Henis neues Buch Schadenfreude ist eine mutige und Aufmerksamkeit erregende Herausforderung für die Vertreter/innen der üblichen Weisheiten in der deutschen und europäischen Wissenschaft in den Bereichen der Antisemitismus- und Nahostforschung.«
Prof. Dr. Robert S. Wistrich, Direktor, The Vidal Sassoon International Center for the Study of Antisemitism (SICSA), Hebräische Universität Jerusalem

»Das Buch des Politikwissenschaftlers Heni ist sowohl eine brisante wie auch brillante Analyse der Zustände der Islamforschung in Deutschland nach den Anschlägen vom 11. September 2001.«
Karl Pfeifer, www.juedische.at

Clemens Heni: Schadenfreude.
Islamforschung und Antisemitismus in Deutschland
nach 9/11
Studien zum Antisemitismus,
Band 1

410 Seiten 16x24 cm Broschur
19,90 € (D)
ISBN 978-3-9814548-0-2

Bestellungen unter:
editioncritic@email.de

Aus dem Inhalt:

- Kaiser Wilhelm II. und die Ausrufung des Jihad im Jahr 1914
- Beziehung des Großmuftis Muhammad Amin al-Husaini zu den Nazis
- Entwicklung des Islamismus in Deutschland seit 1958
- Scharia, Jihad, Kopftuch und Islamic banking
- Was ist Islamismus?
- Was ist Antisemitismus?
- Ist Israelfeindschaft genauso wie die Ausgrenzung von Hartz IV-Empfängern Ausdruck von »gruppenbezogener Menschenfeindlichkeit«?
- Welche Bedeutung haben modische Theorien wie »Postorientalismus« und »Postkolonialismus«?

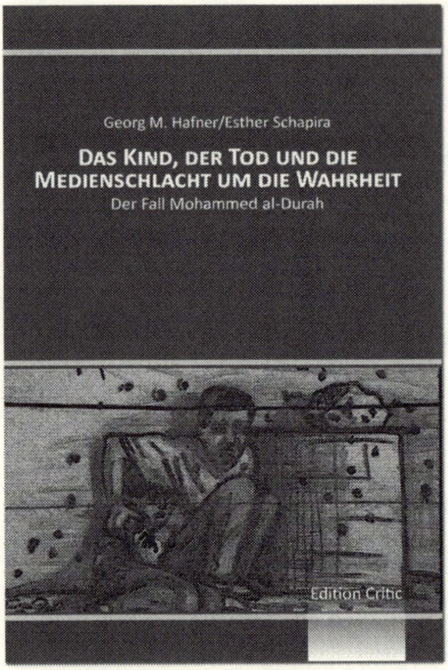

ISBN 978-3-9814548-7-1
164 Seiten | 22 Abbildungen | 18€
22,86 cm x 15,24 cm | Paperback
http://www.EditionCritic.de

Esther Schapira ist seit 2013 Abteilungsleiterin der Fernsehredaktion Politik und Gesellschaft beim Hessischen Rundfunk und Kommentatorin bei den ARD-Tagesthemen. Als Autorin vieler TV-Dokumentationen erhielt sie mehrere Preise. Zu ihren Buchveröffentlichungen gehört „Die Akte Alois Brunner".

Georg M. Hafner war seit 1988 leitender Fernsehredakteur bei der ARD und Autor zahlreicher Filmdokumentationen, zuletzt des Dokumentarfilms „München 1970 – Als der Terror zu uns kam". Für seine Filme erhielt er zahlreiche Auszeichnungen. Seit 2013 ist er freier Autor und Publizist in Frankfurt am Main.

Georg M. Hafner/Esther Schapira

Das Kind, der Tod und die Medienschlacht um die Wahrheit

Der Fall Mohammed al-Durah

Das Bild ging um die Welt: Ein Vater kauert mit seinem kleinen Sohn hinter einem Betonfass. Verzweifelt versucht er sich und sein Kind in einem mörderischen Kugelhagel zu retten. Vergeblich. Der 12-jährige Palästinenserjunge Mohammed al-Durah stirbt in den Armen seines Vaters an der Netzarim-Kreuzung in Gaza. Das war am 30. September 2000. Der Junge starb vor laufender Kamera, ein Kameramann des französischen Senders France 2 hatte die dramatischen Bilder gedreht.

Mittlerweile gibt es mehr Zweifel an der Szene als Gewissheiten. Wurde der Junge von Palästinensern erschossen oder von Israelis? Wurde er überhaupt erschossen? War die Szene eine Propagandainszenierung? Über ein Jahrzehnt nach dem gefilmten Tod des kleinen Mohammed al-Durah steht nicht einmal mehr fest, ob er damals starb oder vielleicht sogar noch lebt.

Esther Schapira und Georg M. Hafner haben den Fall Mohammed al-Durah von Anfang an verfolgt und journalistisch immer wieder aufgegriffen, in filmischen Dokumentationen, in Aufsätzen, Kommentaren und zahllosen Gesprächen mit allen, die in diesen Fall verwickelt sind. Sie haben Dokumente durchsucht, Untersuchungsberichte studiert, Experten befragt und kommen zu einem dramatischen Ergebnis. Den Weg dahin schildert dieses Buch. Es ist die erste komplette Zusammenstellung zu dem Fall. Eine erschütternde Fallstudie des Medienkrieges, ein journalistischer Lagebericht über die mangelnde Sorgfalt im täglichen Kampf um die besten Bilder und die beste Story.

Prof. Dr. Robert S. Wistrich (Jg. 1945) ist Professor für moderne europäische Geschichte an der Hebräischen Universität Jerusalem. Er ist Autor von 17 Büchern und einer der weltweit bekanntesten Antisemitismusforscher. Seine preisgekrönten Bücher sind in 18 Sprachen übersetzt, 2010 veröffentlichte er die derzeit umfangreichste und umfassendste Geschichte des Antisemitismus, »A Lethal Obsession«.

Die eminente Bedeutung von Wistrichs Text zeigt sich auch vor dem Hintergrund der üblichen Abwehrmaßnahmen innerhalb der Geschichtswissenschaft, Soziologie, Politologie, Islam- und Nahostforschung, Literaturwissenschaft, Amerikanistik und Arabistik, Irankunde und Antisemitismusforschung.

Dort schwelgen viele Forscherinnen und Forscher lieber in postkolonialer und postorientalistischer Theorie und schüren antiwestliche Ressentiments, anstatt sich mit der Realität des mörderischen, weltweit agierenden Jihad und islamischen Antisemitismus´ zu befassen und daran Kritik zu üben.

Mit dem vorliegenden Buch liegt Wistrichs Klassiker der gegenwärtigen internationalen Antisemitismusforschung endlich auch in deutscher Übersetzung vor.

Robert S. Wistrich: Muslimischer Antisemitismus. Eine aktuelle Gefahr
Studien zum Antisemitismus, Band 2

161 Seiten 12,8x21 cm Broschur
28 Abbildungen 2., durchgesehene Auflage April 2012 14,90€ (D)
ISBN 978-3-9814548-1-9

Bestellungen unter:
editioncritic@email.de

Die Political Correctness spielt ihre ganz eigene, den Westen lähmende Rolle, sobald ein Wissenschaftler oder Journalist versucht sich mit einem beliebigen Aspekt des Islam zu befassen. Selbst die fürchterlichsten Taten derer, die ohne zu zögern unschuldige Zivilisten im Namen des Jihad gegen die »Feinde des Islam« opferten, führten zu zweideutigen und zögerlichen westlichen Reaktionen, wenn es darum ging, die involvierten Doktrinen des Islam zu kritisieren.

Der Krieg gegen Al-Qaida wurde von den Präsidenten Bush und Obama sinnentleert als ein »Krieg gegen den Terror« bezeichnet, um eine Beleidigung des Islam als Religion zu vermeiden – dabei wurde doch der Islam aus politischen Gründen bereits von den Jihadisten gekapert.

Clemens Heni: Kritische Theorie und Israel. Max Horkheimer und Judith Butler im Kontext von Judentum, Binationalismus und Zionismus,

Wie stand die Kritische Theorie von Max Horkheimer, Theodor W. Adorno, Erich Fromm, Herbert Marcuse und Leo Löwenthal zu Israel? Diese Frage bewegte viele, als 2012 die amerikanische Genderforscherin Judith Butler den Adorno-Preis in der Frankfurter Paulskirche überreicht bekam.

Hat sie den Preis verdient? Was hätte wohl Adorno zu dieser Preisträgerin gesagt? Wird Israel von der Geschichtswissenschaft und im Bereich Jüdische Studien in Deutschland von führenden Vertretern als jüdischer Staat akzeptiert? Was hat es mit dem sogenannten Binationalismus im Nahen Osten auf sich?

Welche Rolle spielt hierbei der führende Vertreter der Frankfurter Schule, Jürgen Habermas? Was würde der berühmte israelische Philosoph Gershom Scholem zur heutigen Debatte über Israel und Binationalismus sowie zu Horkheimers und Butlers Verständnis von Judentum sagen? Gibt es schließlich eine nicht-paternalistische linke Pro-Israel-Haltung oder ist das eine Chimäre?

The Berlin International Center for the Study of Antisemitism (BICSA)/Studien zum Nahen Osten, Band 2
178 Seiten, 15,2×22,8 cm, Broschur
ISBN 978-3-9814548-8-8, 18€
http://www.EditionCritic.de

Dr. phil. Clemens Heni (Jg. 1970), ist Politikwissenschaftler und Direktor des Berlin International Center for the Study of Antisemitism (BICSA). 2008/2009 war er als Post-Doc an der Yale University in den USA angestellt. Er ist Verfasser von fünf Büchern und vieler Artikel in Deutsch und Englisch zu den Themenbereichen Antisemitismus, Antizionismus, Israel, deutsche Geschichte, Holocaust und Holocausterinnerung, Rechtsextremismus, Neue Rechte, politische Kultur, Antiamerikanismus, Islamismus, Jihad und Terror.

„Es geht um ganze fünf Worte. Diese Worte würden den Nahen Osten von heute auf morgen zu einer fast ganz normalen Region unter anderen machen. Es würde fortan um konkrete Verhältnisse in allen möglichen Ländern der Region, um Sehnsüchte, Realitäten, Sorgen, Hoffnungen, Ängste, Tollheiten, Wünsche und Unmöglichkeiten, um Demokratie, Korruption, um Wasser, Energie jenseits nicht regenerativer Ressourcen, um Ernährung, Militär, Patriarchalismus, Feminismus, Sexismus, Homophobie, um Kunst, Kultur, klassische Musik, Jazz, Pop und Heavy Metal, Freiheit von Religion wie um Religionsfreiheit, um Sport, Verkehr, Bildung, zu hohe Mieten, industrielle wie handwerkliche oder bäuerliche Produktion der dort lebenden Araber, Muslime, Christen, Drusen, Kurden, Juden und anderer mehr gehen.“

38961298R00102

Made in the USA
Charleston, SC
21 February 2015